大學學測數學
滿級分 II
excellent!

A+

林振義 博士 著

$$\tan\theta = \frac{\sin\theta}{\cos\theta} = \frac{1}{\cot\theta}$$

序

我在大學教授「工程數學」課程，我的教法是：先將工程數學的每種題型整理出來，再寫下其解題步驟，編製成講義後影印給學生。在解題時，先找出該題目的題型，再將數據帶入其解題步驟內，就可以很容易地將題目給解答出來。我還有錄製教學影片，供學生課後自由下載。

我的學生很能適應此種教法，有學生在期末教學評鑑（學生打老師的教學成績）上寫著：「工數很難，老師把它變得很簡單，而且老師上課非常認真，讓我有心學好工數」、「老師很厲害，把一科很不容易學會的科目，一一講解的很詳細」、「在老師的教導下，工數就跟小學的數學一樣的簡單，還有教學影片，上課漏掉的地方可以補充」、「高三那年我放棄了數學，自從上您的課後開始有了變化，而且還有教學影片可以在家裡複習，重點是上課也很有趣」，學生反應很好。所以我認為將各類題型整理出來、寫下其解題步驟後印成講義，再錄製教學影片，可以讓學生有很好的學習效果。

我小孩在讀高中時，問我一題數學，題目類似 $a_1 = 2$，$a_{n+1} = 2a_n + 3$（$n \geq 1$），他說只要題目改一下，他就不會做。我心裡想：為什麼不參照我的教學方式，將題型整理出來、寫下其解題步驟，再把相關的題目整理在一起，以方便學生閱讀呢？

本書的寫法就是根據上面的原則所寫成的。本書的每章會先介紹名詞的定義、原理、公式，再將各類題型及其解題步驟和其相關的題目整理在一起，最後才是練習題。例如：貝氏定理此種題型的解題步驟通常是：

(1)將題目的已知機率值列出來；

(2)將要求的問題的機率式子列出來：通常是求 $P(A_i \,|\, B) = \dfrac{P(A_i \cap B)}{P(B)}$；

(3)由(1)的已知，可以求得(2)的 $P(B)$；

(4)由(1)的已知，可以求得(2)的 $P(A_i \cap B)$；

(5)由(3)(4)的結果代入(2)內，即可將答案算出來。

1

又如：遞迴定義此種題型，在99高中新課綱的相關的題目有下列三種：

(1) $a_1 = 3$，$a_{n+1} = a_n + 2n + 1$（$n \geq 1$），（a_{n+1} 和 a_n 前的係數同，且有常數項）。

(2) $a_1 = 2$，$a_{n+1} = 3a_n$（$n \geq 1$），（a_{n+1} 和 a_n 前的係數不同，且沒有常數項）。

(3) $a_1 = 2$，$a_{n+1} = 2a_n + 3$（$n \geq 1$），（a_{n+1} 和 a_n 前的係數不同，且有常數項）。

本書會將它整理出來，以方便學生做比較。當讀者了解基本知識後，才來做練習題，如此不僅可以解出基本的題目，即使題目有一點變化，還是可能解得出來。

　　本書在每章的最後面都附有「83年到102年學測題目」，供讀者知道哪章的內容最常考，哪些類型的題目考得最多次。

　　本書的特色為：

　(一)完全依據99課程綱要撰寫──本書內容分成三部分：

　　(1)課程綱要有明確規定是學測內容；

　　(2)課程綱要沒有明確規定，但是延伸題（標☆者）；

　　(3)課程綱要有明確規定是指考內容（標◎者）。

　(二)包含83年到102年學測題目，且分配到各章內。

　(三)強調基本觀念──每節會先解釋名詞，如：「遞迴定義」、「隨機試驗」等，再介紹其相關內容。

　(四)同一題型的相關題目整理在一起──將相關題目整理在一起，如：「遞迴定義」、「重覆組合」等，方便讀者做比較。

　(五)題型有解題步驟──每種題型會列出解題步驟，如：機率的「貝氏定理」，讀者只要依照步驟，即可解出題目。

　(六)有教學影片和83年到102年學測題目解析供讀者下載。其中「教學影片」存放在「http://120.105.39.250/jylin/jylin.htm」內，點選「高中教學」即可看到，而「83年到102年學測題目」存放在「http://webhd.must.edu.tw/」內，在其下的「網路硬碟社群分享」欄位內輸入「數學學測解析」即可。

　　本書得以出版，我要由衷的感謝五南對本書內容的肯定，以及五南同仁們大力的幫忙。本書雖然一再校正，但錯誤在所難免，尚祈各界不吝指教。

林振義

明新科技大學電機系

jylin@must.edu.tw

目錄

Chapter 8 三角

99年課程綱要

1. 直角三角形的邊角關係

1.1 直角三角形的邊角關係（正弦、餘弦）、平方關係、餘角關係（cot, sec, csc 置於數學甲 I、數學乙 I）

2. 廣義角與極坐標

2.1 廣義角的正弦、餘弦、正切、平方關係、補角

2.2 直角坐標與極坐標的變換

3. 正弦定理、餘弦定理

3.1 正弦定理、餘弦定理

4. 差角公式

4.1 差角、和角、倍角、半角公式（不含和差化積、積化和差公式）

5. 三角測量

5.1 三角函數值表（可使用計算器求出三角函數值）

5.2 平面與立體測量

99年課程綱要細部說明

本章探討一般三角形的邊角關係及其應用。角度的概念由直角三角形的邊角關係切入，再延伸到極坐標下的正、餘弦。極坐標是以觀測者為中心的自然坐標系，正、餘弦函數則是極坐標轉換到直角坐標下的媒介。在極坐標的範疇，廣義角度只需談

±360°，向徑 $r \geq 0$ 的範圍即可；三角函數在超過 360° 的週期意涵留待三角函數章節時再處理。三角形的邊角關係先介紹銳角的正弦與餘弦，對廣義角三角函數的求值則透過參考角與補角關係來處理。學生應先透過特殊角的三角函數的求值，熟悉直角坐標與極坐標的變換。

不同週期的三角函數的疊合，不需在高中時處理，故予刪除。

最後透過平面與立體的三角測量，讓學生學會三角的應用。三角測量應注意測量的策略與實用性，不宜出太困難的問題。

1. 直角三角形的邊角關係

1.1 直角三角形的邊角關係（正弦、餘弦）、平方關係、餘角關係：只談正弦、餘弦的定義，以及正弦、餘弦的平方與餘角關係。

2. 廣義角與極坐標

2.1 廣義角的正弦、餘弦、正切及平方關係與補角關係：

(1) 引進參考角的概念，利用補角關係，將廣義角的三角函數求值化為銳角三角函數的求值。參考角 α 的定義為廣義角 θ 與 X 軸的銳夾角，如：$\theta = \pm 150°$，$\alpha = 30°$；$\theta = \pm 225°$，$\alpha = 45°$；$\theta = \pm 300°$，$\alpha = 60°$。此處只需談正弦、餘弦和正切即可。

(2) 單位圓的坐標為 $(\cos\theta, \sin\theta)$，由單位圓的坐標，易推得正弦、餘弦的補角關係。

2.2 直角坐標與極坐標的變換：

極坐標中 r, θ 的範圍為 $0 \leq r < \infty$，$0 \leq \theta < 360°$.

3. 正弦定理、餘弦定理

(1) 將三角形切割成兩個直角三角形，再透過直角三角形的面積公式及畢氏定理推得正弦、餘弦定理的證明。

(2) 用坐標幾何方式來處理一般三角形的正弦、餘弦定理，例如以下三個定理。

(3) 面積與正弦定理：$\triangle$ ABC 面積 $= \dfrac{1}{2} \cdot b \cdot c \sin A = \dfrac{1}{2} a \cdot c \sin B = \dfrac{1}{2} a \cdot b \sin$.

(4) 長度與餘弦定理：將 $\triangle$ ABC 的 A 點置於原點，B 置於 (c, 0)，則 C 點的坐標為 $(b\cos A, b\sin A)$，由距離公式得 $a^2 = (b\cos A - c)^2 + (b\sin A)^2 = b^2 + c^2 - 2bc\cos A$.

(5) 海龍公式。

4. 差角公式：$\cos(\alpha - \beta) = \cos\alpha\cos\beta - \sin\alpha\sin\beta$.

4.1 差角、和角、倍角、半角公式

(1) 差角公式：$\cos(\theta_1 - \theta_2) = \cos\theta_1\cos\theta_2 - \sin\theta_1\sin\theta_2$.

(2) 和角、倍角、半角公式：包括 $\cos(\theta_1 + \theta_2)$、$\sin(\theta_1 + \theta_2)$、$\tan(\theta_1 + \theta_2)$、$\cos(2\theta)$、$\sin(2\theta)$、$\cos\left(\dfrac{\theta}{2}\right)$、$\sin\left(\dfrac{\theta}{2}\right)$.

(3) 求 $\cos 15°$ 的值。

5. 三角測量

三角測量應注意測量的策略及其實用性。

5.1 三角函數值表：在教學過程中可複習內插法。

5.2 平面與立體測量

本 章 內 容

第一單元　三角基本觀念

1.【三角函數的定義】$\triangle ABC$ 中，若 $\angle C = 90°$，且 $\angle A$、$\angle B$ 和 $\angle C$ 的對邊長分別為 a, b, c，則定義：

(a) $\angle A$ 的正弦 $= \sin A = \dfrac{a}{c}\left(\dfrac{對邊}{斜邊}\right)$；(b) $\angle A$ 的餘弦 $= \cos A = \dfrac{b}{c}\left(\dfrac{鄰邊}{斜邊}\right)$；

(c) $\angle A$ 的正切 $= \tan A = \dfrac{a}{b} = \dfrac{\sin A}{\cos A}$；(d) $\angle A$ 的餘切 $= \cot A = \dfrac{b}{a} = \dfrac{1}{\tan A} = \dfrac{\cos A}{\sin A}$；

(e) $\angle A$ 的正割 $= \sec A = \dfrac{c}{b} = \dfrac{1}{\cos A}$；

(f) $\angle A$ 的餘割 $= \csc A = \dfrac{c}{a} = \dfrac{1}{\sin A}$；

以上這六個恆等式稱為三角函數的餘角關係。

例1　$\triangle ABC$ 中，$\angle C = 90°$ 且 $a = 4, b = 3$，求 $\sin A, \cos A$ 之值。

　作法：由作圖法及商高定理，可求出三角形的三個邊長。

解：

例2　$\triangle ABC$ 中，$\angle C = 90°$ 且 $\tan A = \dfrac{4}{3}$，求 $\sin A, \cos A$ 之值。

解：

2.【特殊角度值】一些特殊角度的 $\sin\theta$ 與 $\cos\theta$ 值（$\tan\theta, \cot\theta\cdots$ 等，直接可由 $\sin\theta$、$\cos\theta$ 得到）。

函數＼角度	0°	30°	45°	60°	90°	180°	270°	360°
$\sin\theta$	0	$\dfrac{1}{2}$	$\dfrac{\sqrt{2}}{2}$	$\dfrac{\sqrt{3}}{2}$	$\dfrac{\sqrt{4}}{2}=1$	0	-1	0
$\cos\theta$	1	$\dfrac{\sqrt{3}}{2}$	$\dfrac{\sqrt{2}}{2}$	$\dfrac{1}{2}$	0	-1	0	1

所以 $\sin 30° = \dfrac{1}{2}$，$\cos 30° = \dfrac{\sqrt{3}}{2}$．

例 3 求 $\dfrac{\sin 30° \cdot \cos 30° + \sin 60°}{\tan 60°}$ 之值。

解：

---

3. **【三角函數間的關係】** 三角函數間的關係：

(1) $\sin(90° - \theta) = \cos\theta$，$\sin(180° - \theta) = \sin\theta$．

(2) $\sin(90° + \theta) = \cos\theta$，$\sin(180° + \theta) = -\sin\theta$．

(3) $\cos(90° - \theta) = \sin\theta$，$\cos(180° - \theta) = -\cos\theta$．

(4) $\cos(90° + \theta) = -\sin\theta$，$\cos(180° + \theta) = -\cos\theta$．

(5) $\sin^2\theta + \cos^2\theta = 1$．

(6) $1 + \tan^2\theta = \sec^2\theta$．

(7) $1 + \cot^2\theta = \csc^2\theta$．

(8) $\sin(2k\pi + \theta) = \sin\theta\,(k \in z)$．

(9) $\cos(2k\pi + \theta) = \cos\theta\,(k \in z)$．

(10) $(\sin\theta + \cos\theta)^2 = 1 + 2\sin\theta\cos\theta$．

(11) $(\sin\theta - \cos\theta)^2 = 1 - 2\sin\theta\cos\theta$．

例 4 已知 $\sin\theta + \sin^2\theta = 1$，求 (1) $\sin\theta$；(2) $\cos^2\theta$．

解：

例 5　若 $2\cos^2\theta = \sin\theta$，求 $\sin\theta$ 之值。

　　作法：利用 $\cos^2\theta = 1 - \sin^2\theta$ 代入，可得 $\sin\theta$ 的二次方程式

　　　　　但因 $2\cos^2\theta = \sin\theta$，所以 $\sin\theta$ 要大於等於 0，且小於等於 1.

　　解：

例 6　已知 $x^2 + kx + k = 0$ 之二根為 $\sin\theta, \cos\theta$，求 k 值。

　　解：

例 7　已知 $\tan\theta = 2$，求 (1) $\dfrac{\sin\theta + \cos\theta}{\cos\theta - 3\sin\theta}$；(2) $\dfrac{\sin^2\theta + 2\cos^2\theta}{\cos^2\theta + 2\sin\theta\cos\theta}$.

　　作法：若分子和分母的每一項都是 sin 和 cos 或是 sin 和 cos 的平方，則可利用

　　　　　$\tan\theta = \dfrac{\sin\theta}{\cos\theta}$ 來解。

　　解：

4.【三角函數的正負值】三角函數在各象限的正負號：

	$\sin\theta$	$\cos\theta$	$\tan\theta$	$\cot\theta$	$\sec\theta$	$\csc\theta$
第一象限	+	+	+	+	+	+
第二象限	+	−	−	−	−	+
第三象限	−	−	+	+	−	−
第四象限	−	+	−	−	+	−

（註：只要記住 $\sin\theta$ 和 $\cos\theta$，其餘的就可以推導出來。）

例8 若 $\sin\theta < 0$ 且 $\cos\theta > 0$，則 θ 在第幾象限。

解：

例9 求 $y = \dfrac{\sin x}{|\sin x|} + \dfrac{\cos x}{|\cos x|} + \dfrac{\tan x}{|\tan x|}$ 之可能的值。

☝**作法**：將 x 分成在第一、二、三、四象限內討論，其不可能在 x 或 y 軸上。

解：

例10 若 $90° < \alpha + \beta < 120°$，$30° < \alpha - \beta < 60°$，求 $\alpha + 3\beta$ 之範圍。

☝**作法**：利用 $\alpha + 3\beta = a(\alpha + \beta) + b(\alpha - \beta)$，求出 a,b 後，再求其範圍；不可以先求出 α, β 的範圍，再求出 $\alpha + 3\beta$ 的範圍。

解：

例11 若 θ 在第二象限且其邊上有一點座標為 $(-2, 3)$，求 $\sin\theta, \cos\theta$ 之值。

解：

例12 求 (1) $\sin 0° + \sin 1° + \sin 2° + \cdots\cdots + \sin 360°$

(2) $\cos 0° + \cos 1° + \cos 2° + \cdots\cdots + \cos 180°$

(3) $\sin^2 0° + \sin^2 1° + \sin^2 2° + \cdots\cdots + \sin^2 180°$

解：

5. 【廣義角的 $\sin\theta, \cos\theta$ 值】廣義角的 $\sin\theta, \cos\theta$ 值（底下的公式，可將 θ 想像成 $0 \le \theta < 90°$，雖然 θ 不一定在此一範圍內），k 為整數。

$\sin\theta, \cos\theta$ 值	k 是偶數	k 是奇數
(1) $\sin(k\pi + \theta)$	$\sin\theta$	$-\sin\theta$
(2) $\cos(k\pi + \theta)$	$\cos\theta$	$-\cos\theta$
(3) $\sin\left(k\pi + \dfrac{\pi}{2} + \theta\right)$	$\cos\theta$	$-\cos\theta$
(4) $\cos\left(k\pi + \dfrac{\pi}{2} + \theta\right)$	$-\sin\theta$	$\sin\theta$
(5) $\sin(k\pi - \theta)$	$-\sin\theta$	$\sin\theta$
(6) $\cos(k\pi - \theta)$	$\cos\theta$	$-\cos\theta$
(7) $\sin\left(k\pi + \dfrac{\pi}{2} - \theta\right)$	$\cos\theta$	$-\cos\theta$
(8) $\cos\left(k\pi + \dfrac{\pi}{2} - \theta\right)$	$\sin\theta$	$-\sin\theta$

註：(1) 若有加 $\dfrac{\pi}{2}$，則 sin 變 cos、cos 變 sin；否則不變；

(2) $\tan\theta$ 可由上面結果推得。

例 13 求 (1) $\sin(-930°)$，(2) $\cos\left(-\dfrac{23}{6}\pi\right)$ 之值。

作法：將角度轉換成介於 0 到 360° 之間。

解：

例 14 求 (1) $\sin 1230°$，(2) $\cos 1230°$，(3) $\sin(-1230°)$，(4) $\cos(-1230°)$，(5) $-\sin 1230°$.

解：

例 15 求下列各式之值：

(1) $\sin(180° + \theta)\cos(90° + \theta) - \sin(90° - \theta)\cos(180° - \theta)$.

(2) $\dfrac{\sin(180° + \theta)\tan^2(180° - \theta)}{\cos(270° + \theta)} - \dfrac{\sin(270° - \theta)}{\sin(90° + \theta)\cos^2\theta}$.

解：

例 16 若 θ 在第三象限，求 (1) 2θ，(2) $\dfrac{\theta}{2}$，(3) $\dfrac{\theta}{3}$ 在第幾象限？

☞作法：θ 在第三象限，可令 $2k\pi + \pi < \theta < 2k\pi + \dfrac{3}{2}\pi$，來解。

解：

例 17 已知角 θ 的頂點在原點，其一邊與 $+x$ 軸重疊，其另一邊上有一點座標為 $(2t, -4t)$ （t 已知且 $t \neq 0$），求 $\sin\theta$ 和 $\cos\theta$.

☞作法：要先確定點在哪一象限，再解之。

解：

6.【直角坐標與極坐標】xy 平面上的一點 P，若其直角坐標為 (x, y)，且原點 O 和 P 點的連線 $\overline{OP}$ 與正 x 軸的夾角為 θ 角（$0° \leq \theta < 360°$），則 P 點的極坐標為 (r, θ)，其中 $r = \sqrt{x^2 + y^2} > 0$，且 $x = r \cdot \cos\theta$，$y = r \cdot \sin\theta$.

例 18 點 $P = (3\sqrt{3}, 3)$，點 $Q = (-3, 3\sqrt{3})$，求點 P 和點 Q 的極坐標表示法。

解：

例 19 點 P 的極坐標表示法為 $(10, 120°)$，求點 P 的直角坐標值？

解：

第二單元　正弦定理、餘弦定理

7.【三角形的定理】$\triangle ABC$ 中，若 a、b、c 分別表示 $\angle A$、$\angle B$、$\angle C$ 的對邊長，則：

(1) 三角形的面積 $= \dfrac{1}{2}ab\sin C = \dfrac{1}{2}bc\sin A = \dfrac{1}{2}ca\sin B$

$= \sqrt{s(s-a)(s-b)(s-c)}$，其中 $s = \dfrac{a+b+c}{2}$（此稱為海龍公式）。

(2) 正弦定理：$\dfrac{a}{\sin A} = \dfrac{b}{\sin B} = \dfrac{c}{\sin C} = 2R$（$R$ 為 $\triangle ABC$ 外接圓的半徑）。

(3) 餘弦定理：$c^2 = a^2 + b^2 - 2ab\cos C$

$\qquad\qquad a^2 = b^2 + c^2 - 2bc\cos A$

$\qquad\qquad b^2 = a^2 + c^2 - 2ac\cos B$

8.【三角形的定理】$\triangle ABC$ 中，若 a、b、c 分別表示 $\angle A$、$\angle B$、$\angle C$ 的對邊長，則只要知道下列資訊，就可以將其它資訊算出來。

(1) 三邊（SSS）；

(2) 二邊及其夾角（SAS）；

(3) 一邊及二個角（AAS）；

(4) 二邊及非其夾角（SSA）：此情況可能是無解、一個解或二個解；

(5) 二邊及三角形的外接圓半徑（遇見外接圓半徑，就要想到正弦定理）；

(6) 二個角及三角形的外接圓半徑（遇見外接圓半徑，就要想到正弦定理）；

(7) 一邊、非其對角及三角形的外接圓半徑。

9.【解三角形的未知數】解三角形的三個邊，三個角、及其面積（已知三個值）。

(1) 已知 SSS（三邊 (a, b, c)），則面積 $= \frac{1}{2}\sqrt{s(s-a)(s-b)(s-c)}$，其中 $s = \frac{a+b+c}{2}$，角 A、B、C 則用 $c^2 = a^2 + b^2 - 2ab\cos C$ 來解。

(2) 已知 SAS（二邊 (a, b) 及其夾角 (C)），則面積 $= \frac{1}{2}ab\sin C$，另一邊 $c^2 = a^2 + b^2 - 2ab\cos C$；另二個角則用 $\frac{a}{\sin A} = \frac{b}{\sin B} = \frac{c}{\sin C}$ 來解。

(3) 已知 ASA（二角 (A, B) 及其夾邊 (c)），則另一角 $C = 180° - (A + B)$，其餘二邊可用 $\frac{a}{\sin A} = \frac{b}{\sin B} = \frac{c}{\sin C}$ 求得。

(4) 已知 AAS（二角 (A, B) 及非其夾邊 (a)），則另一角 $C = 180° - (A + B)$，如此就與 (3) 同。

(5) 已知 SSA（二邊 (a, b) 及非其夾角 (A)），則此種情況可能有三種情況：(a) 解不出其它邊及角，(b) 有一解，(c) 有二解。

例 20 $\triangle ABC$ 中，若 $a : b : c = 2 : 4 : 5$，求 $\cos A : \cos B : \cos C$ 之值。

解：

例 21 已知 $\triangle ABC$ 的三邊長為 a, b 和 c，而其對角為 $\angle A$，$\angle B$ 和 $\angle C$，且 $a + 2b - 2c = 0$，$a - 2b + c = 0$，求 $\sin A : \sin B : \sin C = $？

☞ 作法：由 $a + 2b - 2c = 0$ 和 $a - 2b + c = 0$，可求出 $a : b : c$（此特性，必須其常數項為 0），再由 $\frac{\sin A}{a} = \frac{\sin B}{b} = \frac{\sin C}{c}$，可知 $\sin A : \sin B : \sin C = a : b : c$ 而得。

解：

例 22 已知三角形的二邊為 4 和 6 而其夾角為 30°，求其面積及第三邊長。

解：

例 23 $\triangle ABC$ 中，$\angle B = 45°$，$a = \sqrt{3}$，$b = \sqrt{2}$ 求此三角形的另二個角及一邊。

（註：此題是 SSA 型，$\sin 15° = \dfrac{\sqrt{6}-\sqrt{2}}{4}$，$\cos 15° = \dfrac{\sqrt{6}+\sqrt{2}}{4}$.）

解：

例 24 $\triangle ABC$ 中，若 $\angle A = 60°$，邊長 $b = 1$，面積 $= \sqrt{3}$，求邊長 a 和邊長 c 之值。

解：

例 25 $\triangle ABC$ 中，若 $\sin 2A = \sin 2B$，則 $\triangle ABC$ 為何種三角形？

解：

例 26 $\triangle ABC$，求當下列等式成立時，各為何種三角形？

(1) $a \sin^2 A = b \sin^2 B$；

(2) $a \cos B - b \cos A = c$.

👉**作法**：遇到 $\sin\theta$ 就利用正弦定理代入，遇到 $\cos\theta$ 就利用餘弦定理代入。

解：

例 27 已知△ ABC 中，$\angle A : \angle B : \angle C = 3 : 4 : 5$，其外接圓半徑為 2，求△ ABC 的面積。

$$\left(註 : \sin 75° = \frac{\sqrt{6}+\sqrt{2}}{4} \ , \ \cos 75° = \frac{\sqrt{6}-\sqrt{2}}{4} . \right)$$

✍**作法**：遇到「外接圓半徑」就利用正弦定理代入。

解：

☆☆ **10.【圓內接、外切正 n 邊形】在半徑為 r 的圓中：**

(1) 其內接正 n 邊形的：

(a) 邊長 $= 2r \sin \dfrac{180°}{n}$ ，(b) 周長 $= 2nr \sin \dfrac{180°}{n}$ ，(c) 面積 $= nr^2 \sin \dfrac{180°}{n} \cos \dfrac{180°}{n}$.

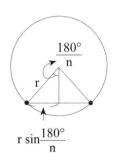

(2) 其外切正 n 邊形的：

(a) 邊長 $= 2r \tan \dfrac{180°}{n}$ ，(b) 周長 $= 2nr \tan \dfrac{180°}{n}$ ，(c) 面積 $= nr^2 \tan \dfrac{180°}{n}$.

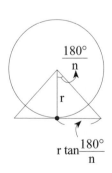

例 28 在半徑為 r 的圓中，試証明：

(1) 其內接正 n 邊形的 (a) 邊長 $= 2r\sin\dfrac{180°}{n}$ ，(b) 面積 $= nr^2\sin\dfrac{180°}{n}\cos\dfrac{180°}{n}$.

(2) 其外切正 n 邊形的 (a) 邊長 $= 2r\tan\dfrac{180°}{n}$ ，(b) 面積 $= nr^2\tan\dfrac{180°}{n}$.

解：

例 29 在半徑為 2 的圓中，若：

(1) 其內接正 6 邊形的 (a) 邊長 $= ?$ (b) 面積 $= ?$

(2) 其外切正 6 邊形的 (a) 邊長 $= ?$ (b) 面積 $= ?$

解：

第三單元　差角公式

11. 【和差公式】三角函數的和角，差角公式：

(1) $\sin(\alpha + \beta) = \sin\alpha\cos\beta + \sin\beta\cos\alpha$.

(2) $\sin(\alpha - \beta) = \sin\alpha\cos\beta - \sin\beta\cos\alpha$.

(3) $\cos(\alpha + \beta) = \cos\alpha\cos\beta - \sin\alpha\sin\beta$.

(4) $\cos(\alpha - \beta) = \cos\alpha\cos\beta + \sin\alpha\sin\beta$.

(5) $\tan(\alpha + \beta) = \dfrac{\tan\alpha + \tan\beta}{1 - \tan\alpha\cdot\tan\beta}$.

(6) $\tan(\alpha - \beta) = \dfrac{\tan\alpha - \tan\beta}{1 + \tan\alpha\cdot\tan\beta}$.

12. 【和差推廣公式】由上面公式可推得下列公式：

(a) 由 (1)(2) 二式相加可推得：

$$\sin\alpha\cos\beta = \frac{\sin(\alpha+\beta)+\sin(\alpha-\beta)}{2}.$$

(b) 由 (3)(4) 二式相加可推得：

$$\cos\alpha\cos\beta = \frac{\cos(\alpha+\beta)+\cos(\alpha-\beta)}{2}.$$

(c) 由 (3)(4) 二式相減可推得：

$$\sin\alpha\sin\beta = \frac{\cos(\alpha-\beta)-\cos(\alpha+\beta)}{2}.$$

例 30 求 $\sin 40° \cos 10° - \sin 10° \cos 40°$ 之值。

解：

例 31 （99 課綱範例） 求 $\sin 15°$、$\cos 15°$ 和 $\tan 15°$ 之值。

解：

例 32 已知 $0 < \alpha < 90°$，$90° < \beta < 180°$，且 $\sin\alpha = \dfrac{3}{5}$，$\sin\beta = \dfrac{5}{13}$，求 (1) $\sin(\alpha - \beta) = $ ？

(2) $\cos(\alpha + \beta) = $ ？

解：

例 33 求 $\dfrac{\tan 20^\circ + \tan 40^\circ}{1 - \tan 20^\circ \cdot \tan 40^\circ} = ?$

解：

例 34 $\triangle ABC$ 中，已知 $\tan A = \dfrac{1}{3}$，$\tan B = \dfrac{1}{2}$，求 $\angle C = ?$

解：

13.【二倍角公式】二倍角公式：

(1) $\sin(2\theta) = 2\sin\theta\cos\theta$（因 $\sin(\alpha + \beta) = \sin\alpha\cos\beta + \sin\beta\cos\alpha$）．

(2) $\cos(2\theta) = \cos^2\theta - \sin^2\theta = 1 - 2\sin^2\theta = 2\cos^2\theta - 1$

$\Rightarrow \sin^2\theta = \dfrac{1 - \cos 2\theta}{2}$．

$\Rightarrow \cos^2\theta = \dfrac{1 + \cos 2\theta}{2}$．

(3) $\tan(2\theta) = \dfrac{2\tan\theta}{1 - \tan^2\theta}$（因 $\tan(\alpha + \beta) = \dfrac{\tan\alpha + \tan\beta}{1 - \tan\alpha\tan\beta}$）．

$\Rightarrow \sin 2\theta = \dfrac{2\tan\theta}{1 + \tan^2\theta}$，$\cos(2\theta) = \dfrac{1 - \tan^2\theta}{1 + \tan^2\theta}$．

例 35 若 θ 在第二象限上，且 $\sin\theta = \dfrac{3}{5}$，求 $\sin(2\theta)$，$\cos(2\theta)$ 和 $\tan(2\theta)$ 之值。

解：

例 36 若 $\sin\theta + \cos\theta = \dfrac{1}{3}$，求 $\sin(2\theta)$，$\cos(2\theta)$ 和 $\tan(2\theta)$ 之值。

解：

14.【三倍角公式】三倍角公式：

(1) $\sin3\theta = 3\sin\theta - 4\sin^3\theta.$

(2) $\cos3\theta = 4\cos^3\theta - 3\cos\theta.$

例 37 若 $\sin3\theta + \sin\theta = 0$，求 $\sin\theta$ 之值。

解：

15.【半角公式】半角公式：

(1) $\sin\dfrac{\theta}{2} = \pm\sqrt{\dfrac{1-\cos\theta}{2}}$

（✋推導：$\sin^2\alpha = \dfrac{1-\cos2\alpha}{2}$，令 $\alpha = \dfrac{\theta}{2} \Rightarrow \sin^2\dfrac{\theta}{2} = \dfrac{1-\cos\theta}{2} \Rightarrow \sin\dfrac{\theta}{2} = \pm\sqrt{\dfrac{1-\cos\theta}{2}}$.）

(2) $\cos\dfrac{\theta}{2} = \pm\sqrt{\dfrac{1+\cos\theta}{2}}$

（✋推導：$\cos^2\alpha = \dfrac{1+\cos2\alpha}{2}$，令 $\alpha = \dfrac{\theta}{2} \Rightarrow \cos^2\dfrac{\theta}{2} = \dfrac{1+\cos\theta}{2} \Rightarrow \cos\dfrac{\theta}{2} = \pm\sqrt{\dfrac{1+\cos\theta}{2}}$.）

(3) $\tan\dfrac{\theta}{2} = \dfrac{\sin\dfrac{\theta}{2}}{\cos\dfrac{\theta}{2}} = \pm\sqrt{\dfrac{1-\cos\theta}{1+\cos\theta}}$

註：結果的正負值必須視 $\dfrac{\theta}{2}$ 所在的象限而定（例如：若 $\dfrac{\theta}{2}$ 在第一、二象限，則 $\sin\dfrac{\theta}{2}$ 為正值；若 $\dfrac{\theta}{2}$ 在第三、四象限，則 $\sin\dfrac{\theta}{2}$ 為負值）。

例 38 求 (1) $\sin 22.5°$；(2) $\cos 22.5°$ 之值。

解：

例 39 若 θ 在 $90°$ 到 $180°$ 之間，且 $\sin\theta = \dfrac{3}{5}$，求 $\sin\left(\dfrac{\theta}{2}\right)$，$\cos\left(\dfrac{\theta}{2}\right)$ 和 $\tan\left(\dfrac{\theta}{2}\right)$ 之值。

解：

☆☆ **16.**【化簡 $y = a\sin x + b\cos x$】 $y = a\sin x + b\cos x$ 可化簡成：

$$y = \sqrt{a^2 + b^2}\left(\frac{a}{\sqrt{a^2 + b^2}}\sin x + \frac{b}{\sqrt{a^2 + b^2}}\cos x\right) \cdots\cdots\cdots\cdots (a)$$

(1) 將 (a) 式化簡成 $\sin$ 形式 $\Rightarrow$ 令 $\dfrac{a}{\sqrt{a^2 + b^2}} = \cos(y)$，則 $\sin(y) = \dfrac{b}{\sqrt{a^2 + b^2}}$．

$(a) \Rightarrow y = \sqrt{a^2 + b^2}(\sin x \cos y + \sin y \cos x) = \sqrt{a^2 + b^2}\sin(x + y)$．

(2) 將 (a) 式化簡成 $\cos$ 形式 $\Rightarrow$ 令 $\dfrac{a}{\sqrt{a^2 + b^2}} = \sin(y)$，則 $\cos(y) = \dfrac{b}{\sqrt{a^2 + b^2}}$．

$(a) \Rightarrow y = \sqrt{a^2 + b^2}(\sin x \sin y + \cos x \cos y) = \sqrt{a^2 + b^2}\cos(x - y)$．

因 $-1 \le \sin(x + y) \le 1$

$\Rightarrow -\sqrt{a^2 + b^2} \le \sqrt{a^2 + b^2}\sin(x + y) \le \sqrt{a^2 + b^2}$

$\Rightarrow -\sqrt{a^2 + b^2} \le a\sin x + b\cos x \le \sqrt{a^2 + b^2}$

☞重要結論：$y = a\sin x + b\cos x$ 最大值為 $\sqrt{a^2 + b^2}$；最小值為 $-\sqrt{a^2 + b^2}$．

17.【三角函數的極值】常見的求三角函數的極值的型式有：

(1) 求 $a\sin x + b\cos x + c$ 的最大及最小值：

解：因 $-\sqrt{a^2 + b^2} \le a\sin x + b\cos x \le \sqrt{a^2 + b^2}$

$$\Rightarrow -\sqrt{a^2 + b^2} + c \le a\sin x + b\cos x + c \le \sqrt{a^2 + b^2} + c$$

(2) 求 $a\sin^2 x + b\cos^2 x + c\sin x\cos x$ 的最大及最小值：

特色：三角函數的每一項都是 $\sin x$ 和 $\cos x$ 的二次方的組合，

因 $\sin^2 x = \dfrac{1 - \cos 2x}{2}$，$\cos^2 x = \dfrac{1 + \cos 2x}{2}$，$\sin x\cos x = \dfrac{1}{2}\sin 2x$ 代入原式，得：

$$a \cdot \dfrac{1 - \cos 2x}{2} + b \cdot \dfrac{1 + \cos 2x}{2} + \dfrac{c}{2}\sin 2x$$

$$= \dfrac{c}{2}\sin 2x - \left(\dfrac{a}{2} - \dfrac{b}{2}\right)\cos 2x + \left(\dfrac{a}{2} + \dfrac{b}{2}\right)，則可用 (1) 的方式解之。$$

18.【三角量測】

(1) 將一繩子吊一物體垂直朝下，此繩子的方向稱為「鉛直線」，與此鉛直線垂直的方向均稱為「水平線」。

(2) 視線與水平線的夾角，若視線在水平線的上方，此夾角稱為「仰角」，在下方稱為「俯角」。

例 40 如下圖，欲量測 $\overline{OP}$ 的高度，在 A 點觀測到 P 點的仰角為 $30°$，在 B 點觀測到 P 點的仰角為 $45°$，且 $\overline{AB} = 20$，$\angle AOB = 60°$，求 $\overline{OP}$ 的長度。

解：

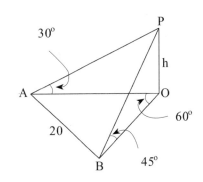

83 年 到 102 年 學 測 題 目

1. （83 學測）若 $\dfrac{3\pi}{2} < \theta < 2\pi$ 且 $\sin\theta + \cos\theta = \dfrac{1}{5}$，則 $\cos\theta = $ ？

2. （84 學測）$\cos 74° - \cos 14°$ 等於下列那些式子？

  (A) $\cos 60°$；   (B) $2\sin 30°\sin 44°$；   (C) $2\cos 30°\cos 44°$；

(D)sin16° − sin76°； (E) sin164° + cos166°.

3. （84 學測）一汽艇在湖上沿直線前進，有人用儀器在岸上先測得汽艇在正前方偏左 50°，距離為 200 公尺。一分鐘後，於原地再測，知汽艇駛到正前方偏右 70°，距離為 300 公尺。那麼此艇在這一分鐘內行駛了幾公尺。

4. （84 學測）設 $f(x) = (\sin x + \cos x)^2 + 4(\sin x + \cos x)$，則 $f(x)$ 的最小值為何？

5. （86 學測）已知圓內接四邊形的各邊長為 $\overline{AB} = 1$，$\overline{BC} = 2$，$\overline{CD} = 3$，$\overline{DA} = 4$。則對角線 $\overline{BD}$ 的長度為何？

6. （87 學測）下列敘述何者為真？

(A) sin50° < cos50°； (B) tan50° < cot50°； (C) tan50° < sec50°；

(D) sin230° < cos230°； (E) tan230° < cot230°.

7. （87 學測）如圖㈣，A、B 分別位於一河口的兩岸邊。某人在通往 A 點的筆直公路上，距離 A 點 50 公尺的 C 點與距離 A 點 200 公尺的 D 點，分別測得 ∠ACB = 60°，∠ADB = 30°，則 A 與 B 的距離為多少公尺。

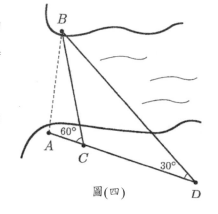

圖㈣

8. （88 學測）設 △ABC 的三頂點 A, B, C 所對邊的邊長分別為 a, b, c，$\overline{AH}$ 為高，則 $\overline{AH}$ 之長為：

(A) $b \cdot \sin B$； (B) $c \cdot \sin C$；

(C) $b \cdot \sin C$； (D) $c \cdot \sin B$；

(E) $a \cdot \sin A$；

9. （88 學測）在 △ABC 中，已知 ∠C = 60°，$\overline{AC} = 3000$ 公尺，$\overline{BC} = 2000$ 公尺，則 ∠A 為幾度。（度以下四捨五入）（參考資料：$\sqrt{3} \approx 1.732$，$\sqrt{7} \approx 2.646$，$\sqrt{21} \approx 4.583$.）

10. （89 學測）在某海防觀測站的東方 12 海浬處有 A、B 兩艘船相會之後，A 船以每小時 12 海浬的速度往南航行，B 船以每小時 3 海浬的速度向北航行。問幾小時後，觀測站及 A、B 兩船恰成一直角三角形？

11. （89 學測）氣象局測出在 20 小時期間，颱風中心的位置由恆春東南方 400 公里直線移動到恆春南 15° 西的 200 公里處，試求颱風移動的平均速度為公里／時。（整數以下，四捨五入。）

12. （89 學測）如下圖所示，有一船位於甲港口的東方 27 公里北方 8 公里 A 處，直朝位於港口的東方 2 公里北方 3 公里 B 處的航標駛去，到達航標後即修正航向以便直線駛入港口。試問船在航標處的航向修正應該向左轉多少度？（整數以下，四捨五入。）

甲港口

13. （90 學測）若 $\sin x = \dfrac{3}{5}$，$\dfrac{\pi}{2} < x < \pi$，則下列選項何者為真？

(A) $\cos x = \dfrac{4}{5}$；　　　　(B) $\tan x = \dfrac{3}{4}$；　　　　(C) $\cot x = -\dfrac{4}{3}$；

(D) $\sec x = -\dfrac{5}{4}$；　　　　(E) $\csc x = \dfrac{5}{3}$．

14. （90 學測）在坐標平面的 x 軸上有 $A(2, 0), B(-4, 0)$ 兩觀測站，同時觀察在 x 軸上方的一目標 C 點，測得 $\angle BAC$ 及 $\angle ABC$ 之值後，通知在 $D\left(\dfrac{5}{2}, -8\right)$ 的砲台此兩個角的正切值分別為 $\dfrac{8}{9}$ 及 $\dfrac{8}{3}$。那麼砲台 D 至目標 C 的距離為多少？

15. （91 學測）在 $\triangle ABC$ 中，下列哪些選項的條件有可能成立？

(A) $\sin A = \sin B = \sin C = \dfrac{\sqrt{3}}{2}$；　　　　(B) $\sin A, \sin B, \sin C$ 均小於 $\dfrac{1}{2}$；

(C) $\sin A, \sin B, \sin C$ 均大於 $\dfrac{\sqrt{3}}{2}$；　　　　(D) $\sin A = \sin B = \sin C = \dfrac{1}{2}$；

(E) $\sin A = \sin B = \dfrac{1}{2}$，$\sin C = \dfrac{\sqrt{3}}{2}$．

16. （91 學測）某人隔河測一山高，在 A 點觀測山時，山的方位為東偏北 60°，山頂的仰角為 45°，某人自 A 點向東行 600 公尺到達 B 點，山的方位變成在西偏北 60°，則山有多高？

17. （91 補考）如圖：

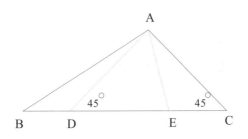

三角形 ABC 中，BC 邊上兩點 D、E 分別與 A 連線。假設 $\angle ACB = \angle ADC = 45°$，三角形 ABC, ABD, ABE 的外接圓直徑分別為 c, d, e。試問下列何者為真？

(A) $c < e < d$；　　　(B) $d < e < c$；　　　(C) $e < c, d < c$；

(D) $d = c < e$；　　　(E) $d = c > e$.

18. （91 補考）如圖：

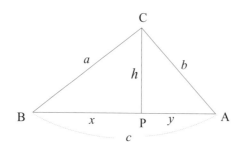

三角形 ABC 的對邊分別為 a, b, c，P 為 C 點的垂足，h 為高，$BP = x$，$AP = y$，則下列選項哪些必定為真？

(A) $\cos C = \dfrac{h}{a} + \dfrac{h}{b}$；　　(B) $\cos C = \dfrac{x}{a} + \dfrac{y}{b}$；　　(C) $\cos C = \cos(A + B)$；

(D) $\cos C = \dfrac{a^2 + b^2 - c^2}{2ab}$；　　(E) $\cos C = \dfrac{h^2 - xy}{ab}$.

19. （91 補考）函數 $f(x) = \dfrac{1}{2}(\cos 10x - \cos 12x)$，$x$ 為實數。則下列選項哪些為真？

(A) $f(x) = \sin 11x \sin x$ 恒成立；　　　(B) $|f(x)| \le 1$ 恒成立；

(C) $f(x)$ 的最大值是 1；　　　　　　(D) $f(x)$ 的最小值是 -1；

(E) $f(x) = 0$ 的解有無窮多個。

20. （92 學測）若 $(4 + 3i)(\cos\theta + i\sin\theta)$ 為小於 0 的實數，則 θ 是第幾象限角？

(A) 第一象限角；　　　(B) 第二象限角；　　　(C) 第三象限角；

(D) 第四象限角；　　　(E) 條件不足，無法判斷。

21. （92 補考）下列選項當中何者的值最大？

(A) $\sin 20° \cos 20°$；　　(B) $\sin 35° \cos 35°$；　　(C) $\sin 50° \cos 50°$；

(D) $\sin 65° \cos 65°$；　　(E) $\sin 80° \cos 80°$.

22. （92 補考）某君在一廣場上從某一點出發，先往東北方前進 50 公尺後轉往正西方向行進，一段時間後測得原出發點在他的南偏東 $60°$ 方向；則此時他距原出發點大約

(A) 35 公尺；　　　(B) 43 公尺；　　　(C) 50 公尺；

(D) 71 公尺； (E) 87 公尺。

23. （93 薦甄）設 △ABC 為一等腰直角三角形，∠BAC = 90°。若 P、Q 為斜邊 $\overline{BC}$ 的三等分點，則 tan ∠PAQ = ？（化成最簡分數）

24. （93 薦甄）設 270° < A < 360° 且 $\sqrt{3}\sin A + \cos A = 2\sin 2004°$. 若 A = m°，則 m = ？

25. （94 學測）若 $0 < \theta < \dfrac{\pi}{4}$，試問以下哪些選項恆成立？

    (A) $\sin\theta < \cos\theta$；   (B) $\tan\theta < \sin\theta$；   (C) $\cos\theta < \tan\theta$；

    (D) $\sin 2\theta < \cos 2\theta$；   (E) $\tan\dfrac{\theta}{2} < \dfrac{1}{2}\tan\theta$.

26. （94 學測）如右圖所示，在 △ABC 中，∠BAC 的平分線 AD 交對邊 $\overline{BC}$ 於 D；已知 $\overline{BD}$ = 3，$\overline{DC}$ = 6，且 $\overline{AB} = \overline{AD}$，則 cos ∠BAD 之值為何？（化成最簡分數）

    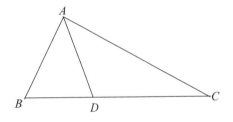

27. （95 學測）右圖是由三個直角三角形堆疊而成的圖形，且 $\overline{OD}$ = 8。問：直角三角形 OAB 的高 $\overline{AB}$ 為何？

    (A) 1；   (B) $\sqrt{6} - \sqrt{2}$；

    (C) $\sqrt{7} - 1$；   (D) $\sqrt{3}$；

    (E) 2.

    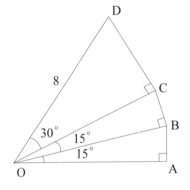

28. （95 學測）下列哪一個數值最接近 $\sqrt{2}$？

    (A) $\sqrt{3}\cos 44° + \sin 44°$ (B) $\sqrt{3}\cos 54° + \sin 54°$

    (C) $\sqrt{3}\cos 64° + \sin 64°$ (D) $\sqrt{3}\cos 74° + \sin 74°$

    (E) $\sqrt{3}\cos 84° + \sin 84°$

29. （95 學測）下圖為一正立方體，若 M 在線段 $\overline{AB}$ 上，$\overline{BM} = 2\overline{AM}$，N 為線段 $\overline{BC}$ 之中點，則 cos ∠MON = _____ $\sqrt{10}$。（分數要化成最簡分數）

    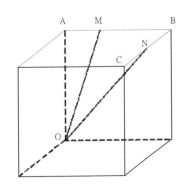

30. （96 學測）在 $\triangle ABC$ 中，M 為 $\overline{BC}$ 邊之中點，若 $\overline{AB}=3$，$\overline{AC}=5$，且 $\angle BAC = 120°$，則 $\tan \angle BAM = ?$。（化成最簡根式）

31. （97 學測）廣場上插了一支紅旗與一支白旗，小明站在兩支旗子之間。利用手邊的儀器，小明測出他與正東方紅旗間的距離為他與正西方白旗間距離的 6 倍；小明往正北方走了 10 公尺之後再測量一次，發現他與紅旗的距離變成他與白旗距離的 4 倍。試問紅白兩旗之間的距離最接近下列哪個選項？

(A) 60 公尺；   (B) 65 公尺；   (C) 70 公尺；

(D) 75 公尺；   (E) 80 公尺。

32. （97 學測）試問：在坐標平面上，下列哪些選項中的函數圖形完全落在 x 軸的上方？

(A) $y = x + 100$；   (B) $y = x^2 + 1$；   (C) $y = 2 + \sin x$；

(D) $y = 2^x$；   (E) $y = \log x$.

33. （98 學測）假設甲、乙、丙三鎮兩兩之間的距離皆為 20 公里。兩條筆直的公路交於丁鎮，其中之一通過甲、乙兩鎮而另一通過丙鎮。今在一比例精準的地圖上量得兩公路的夾角為 45°，則丙、丁兩鎮間的距離約為？

(A) 24.5 公里；   (B) 25 公里；   (C) 25.5 公里；

(D) 26 公里；   (E) 26.5 公里。

34. （99 學測）設、θ_1、θ_2、θ_3、θ_4 分別為第一、第二、第三、第四象限角，且都介於 0 與 2π 之間。已知 $|\cos\theta_1| = |\cos\theta_2| = |\cos\theta_3| = |\cos\theta_4| = \dfrac{1}{3}$，請問下列哪些選項是正確的？

(A) $\theta_1 < \dfrac{\pi}{4}$ (B) $\theta_1 + \theta_2 = \pi$ (C) $\cos\theta_3 = -\dfrac{1}{3}$

(D) $\sin\theta_4 = \dfrac{2\sqrt{2}}{3}$ (E) $\theta_4 = \theta_3 + \dfrac{\pi}{2}$

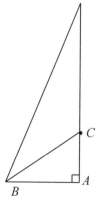

35. （99 學測）如右圖，直角三角形 ABD 中，$\angle A$ 為直角，C 為 $\overline{AD}$ 邊上的點。已知 $\overline{BC}=6$，$\overline{AB}=5$，$\angle ABD = 2\angle ABC$，則 $\overline{BD} = ?$。（化成最簡分數）

36. （99 學測）已知 $\triangle ABC$ 中，$\overline{AB}=2$、$\overline{BC}=3$ 且 $\angle A = 2\angle C$，則 $\overline{AC} = ?$（化成最簡分數）

37. （100 學測）已知 $\sin\theta = -\dfrac{2}{3}$ 且 $\cos\theta > 0$，請問下列哪些選項是正確的？

(A) $\tan\theta < 0$；   (B) $\tan^2\theta > \dfrac{4}{9}$；

(C) $\sin^2\theta > \cos^2\theta$；   (D) $\sin 2\theta > 0$；

(E) 標準位置角 θ 與 2θ 的終邊位在不同的象限。

38. （100 學測）空間中一長方體如下圖所示，其中 $ABCD$ 為正方形，$\overline{BE}$ 為長方體的一邊。

已知 $\cot \angle AEB = \dfrac{2\sqrt{6}}{5}$，則 $\cot \angle CED = ?$

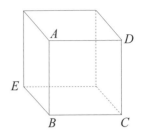

39. （101 學測）在坐標平面上，廣義角 θ 的頂點為原點 O，始邊為 x 軸的正向，且滿足 $\tan\theta = \dfrac{2}{3}$。若 θ 的終邊上有一點 P，其 y 坐標為 -4，則下列哪些選項一定正確？

(A) P 的 x 坐標是 6；　　(B) $\overline{OP} = 2\sqrt{13}$；　　(C) $\cos\theta = \dfrac{3}{\sqrt{13}}$；

(D) $\sin2\theta > 0$；　　(E) $\cos\dfrac{\theta}{2} < 0$.

40. （101 學測）小明在天文網站上看到以下的資訊「可利用北斗七星斗杓的天璇與天樞這兩顆星來尋找北極星：由天璇起始向天樞的方向延伸便可找到北極星，其中天樞與北極星的距離為天樞與天璇距離的 5 倍。」今小明將所見的星空想像成一個坐標平面，其中天璇的坐標為 (9, 8) 及天樞的坐標為 (7, 11)。依上述資訊可以推得北極星的坐標為 (　,　)。

41. （102 學測）莎韻觀測遠方等速率垂直上升的熱氣球。在上午 10:00 熱氣球的仰角為 30°，到上午 10:10 仰角變成 34°。請利用下表判斷到上午 10:30 時，熱氣球的仰角最接近下列哪一個度數？

θ	30°	34°	39°	40°	41°	42°	43°
$\sin\theta$	0.500	0.559	0.629	0.643	0.656	0.669	0.682
$\cos\theta$	0.866	0.829	0.777	0.766	0.755	0.743	0.731
$\tan\theta$	0.577	0.675	0.810	0.839	0.869	0.900	0.933

(A) 39°　　　　　　(B) 40°　　　　　　(C) 41°

(D) 42°　　　　　　(D) 43°

42. （102 學測）設銳角三角形 ABC 的外接圓半徑為 8。已知外接圓圓心到 $\overline{AB}$ 的距離為 2，而到 $\overline{BC}$ 的距離為 7，則 $\overline{AC} = $ _____。（化成最簡根式）

解答：1. $\dfrac{4}{5}$　　　　2. DE　　　　3. $100\sqrt{19}$　　　　4. $2-4\sqrt{2}$　　　　5. $\sqrt{\dfrac{77}{5}}$　　　　6. CD

7. $50\sqrt{7}$　　　　8. CD　　　　9. 41　　　　10. 2　　　　11. 17　　　　12. 45

13. CDE　　　　14. 13　　　　15. ABE　　　　16. 600　　　　17. E　　　　18. DE

19. ABDE　　　　20. B　　　　21. C　　　　22. D　　　　23. $\dfrac{3}{4}$　　　　24. 306

25. AE　　　　26. $\dfrac{3}{4}$　　　　27. D　　　　28. D　　　　29. $\dfrac{4}{15}$　　　　30. $5\sqrt{3}$

31. A　　　　32. BCD　　　　33. A　　　　34. BC　　　　35. $\dfrac{90}{7}$　　　　36. $\dfrac{5}{2}$

37. AB　　　　38. $\dfrac{7}{5}$　　　　39. BD　　　　40. $-3,26$　　　　41. C　　　　42. $4\sqrt{15}$

Chapter 9 直線與圓

99 年 課 程 綱 要

1. 直線方程式及其圖形

1.1 點斜式

1.2 兩線關係（垂直、平行、相交）、聯立方程式

2. 線性規劃

2.1 二元一次不等式

2.2 線性規劃（目標函數為一次式）

3. 圓與直線的關係

3.1 圓的方程式

3.2 圓與直線的相切、相割、不相交的關係及其代數判定（不含兩圓的關係）

99 年 課 程 綱 要 細 部 說 明

1. 直線方程式及其圖形

1.1 點斜式：其他型式如兩點式不需特別提及公式，可在例題中推導。

1.2 兩線關係（垂直、平行、相交）、聯立方程式：過直線外一點與該直線平行、垂直的直線方程式。

2. 線性規劃

2.1 二元一次不等式：能夠在坐標平面上標示滿足二元一次不等式的區域。

2.2 線性規劃（目標函數為一次式）：學生應了解平行直線系 $ax + by = k$ 線性規劃

中目標函數限爲一次式。

3. 圓與直線的關係

3.1 圓的方程式

3.2 圓與直線的相切、相割、不相交的關係及其代數判定：指圓與直線的聯立方程式有重根解（相切）、兩相異解（相割）、無實數解（不相交）。

本章內容

第一單元　直線方程式

1.【直線方程式】通過平面上的二點 $P(x_1, y_1)$ 和 $Q(x_2, y_2)$ 的直線方程式為：

(a) 若 $x_1 \neq x_2$，則為 $y - y_1 = \dfrac{y_2 - y_1}{x_2 - x_1}(x - x_1)$，其中 $m = \dfrac{y_2 - y_1}{x_2 - x_1}$ 為此直線的斜率。

(b) 若 $x_1 = x_2$ 則通過 P、Q 二點的直線沒有斜率（平行 y 軸或垂直 x 軸）。

此直線方程式為 $x = x_1$.

例 1　求過點 $(1, 3)$、$(2, 1)$ 的直線方程式。

解：

例 2　求過點 $(2, 3)$、$(2, 1)$ 的直線方程式。

解：

2.【斜率與直線關係】直線方程式 $y = mx + b$ 中：

(1) (a) 若斜率 $m > 0$，表此直線的方向為從左下角到右上角的方向（m 愈小，表愈平行 x 軸；m 愈大，表愈平行 y 軸）；

(b) 若斜率 $m = 0$，表此直線平行 x 軸（或垂直 y 軸）；

(c) 若斜率 $m < 0$，表此直線的方向為從左上角到右下角的方向（m 愈小（即絕對值愈大），表愈平行 y 軸；m 愈大（即絕對值愈小），表愈平行 x 軸）；

(d) 若斜率 m 不存在，表此直線平行 y 軸（或垂直 x 軸）。

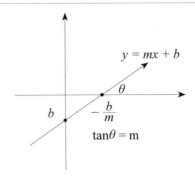

$$y = mx + b$$
$$\theta$$
$$b \qquad -\frac{b}{m}$$
$$\tan\theta = m$$

(2) 由上可知，直線逆時針旋轉一圈的斜率變化如下：

直線逆時針旋轉一圈	斜率(m)的變化
① 直線平行 x 軸時	$m = 0$
② 當直線逆時針旋轉一個小角度	m 為一個小正數
③ 當逆時針旋轉到和 x 軸夾 45 度	$m = 1$（m 從 0 增大到 1）
④ 再逆時針旋轉到快和 y 軸平行	m 趨近於 $+\infty$
⑤ 再逆時針旋轉到和 y 軸平行	此時沒有斜率
⑥ 再逆時針旋轉離開 y 軸一小角度	m 趨近於 $-\infty$
⑦ 再逆時針旋轉到和 x 軸夾 135 度	$m = -1$
⑧ 再逆時針旋轉到快和 x 軸平行	m 為一個小負數
⑨ 再逆時針旋轉到和 x 軸平行	$m = 0$

(4) 設直線 L 的斜率為 m，且此直線與正 x 軸的夾角為 θ 角，則：

(a) 若 $\theta \neq 90°$，則 $\tan\theta = m$；

(b) 若 $\theta = 90°$，則此直線無斜率。

(5) 若直線方程式為 $ax + by = c$，則：

(a) 此直線的斜率為 $m = -\dfrac{a}{b}$（$b \neq 0$）；

(b) 若 $b = 0$，則此直線無斜率。

例3 下列哪條直線的斜率最大？哪條直線的斜率最小？

(1) 與 x 軸平行的直線；　　　(2) 與正 x 軸夾 10 度的直線；

(3) 與正 x 軸夾 80 度的直線；　　　(4) 與正 x 軸夾 100 度的直線；

(5) 與正 x 軸夾 170 度的直線。

解：

例 **4** 直線 $x + 2y = 3$ 的斜率為何？其與正 x 軸夾角的 tan 值是多少？

解：

例 **5** 若點 $A(1, a)$、$B(3, 2)$、$C(-1, 3)$ 共線，求 a 之值？

解：

例 **6** 直線 L 通過點 $(2,1)$，其與正 x 軸的夾角為 θ，且 $\tan\theta = -\dfrac{1}{2}$，求此直線方程式？

解：

3. 【截距、直線方程式】若直線與 x、y 軸的交點座標分別為 a、b，則 a 稱為此直線的 x 截距；b 稱為此直線的 y 截距，

(1) 若 a、$b \neq 0$，則此直線方程式為 $\dfrac{x}{a} + \dfrac{y}{b} = 1$。

(2) 也可以用二點 $(a, 0)$ 和 $(0, b)$ 來求此直線方程式，即為

$$y = \frac{b-0}{0-a}(x-a) \Rightarrow y = \frac{-b}{a}(x-a)$$

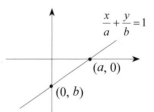

4.【**直線方程式的求法**】平面上的直線方程式可由下列方式求得：

(1) 兩點式：已知二點 $(x_1，y_1)$ 和 $(x_2，y_2)$，則為 $\begin{cases} y - y_1 = \dfrac{y_2 - y_1}{x_2 - x_1}(x - x_1)，& 若 x_2 \neq x_1 \\ x = x_1，& 若 x_2 = x_1 \end{cases}$

(2) 點斜式：已知一點 $(x_1，y_1)$ 和直線的斜率 m，則為 $y - y_1 = m(x - x_1)$

(3) 截距式：已知 x、y 軸的截距分別為 a、b $(a、b \neq 0)$，則為 $\dfrac{x}{a} + \dfrac{y}{b} = 1$

例 7 若直線與 x、y 軸的交點座標分別為 3、4，求此直線方程式？

解：

例 8 求通過點 $(3，5)$ 且和 x、y 二軸在第一象限所圍成的最小面積的直線方程式？

解：

5.【**二直線平行、垂直**】已知二條直線 L_1 和 L_2，其斜率分別為 m_1 和 m_2，則

(1) 若 $L_1 /\!/ L_2$ 或 $L_1 = L_2$，則 $m_1 = m_2$；

(2) 若 $L_1 \perp L_2$，則 $m_1 \times m_2 = -1$.

6.【**過一定點求平行線、垂直線**】已知一直線 $ax + by + c = 0$ 及線外一點 $(x_0，y_0)$，

(1) 過此點與此直線平行的直線方程式為：$ax + by = a \cdot x_0 + b \cdot y_0$（二直線斜率相同）。

(2) 過此點與此直線垂直的直線方程式為：$bx - ay = b \cdot x_0 - a \cdot y_0$（二直線斜率乘積等於 -1）。

例 9 求通過點（1，2）且平行 $3x + y = 1$ 的直線方程式？

解：

例 10 求通過點（1，2）且垂直 $3x + y = 1$ 的直線方程式？

解：

例 11 求通過二直線 $x + y = 2$ 和 $2x + y = 3$ 的交點及點（2，3）的直線方程式？

解：

7.【二直線關係】二條直線 $L_1 : a_1x + b_1y = c_1$ 和 $L_2 : a_2x + b_2y = c_2$ 之間的關係有下列三種關係：

(1) 交於一點，表示 $\dfrac{a_1}{a_2} \neq \dfrac{b_1}{b_2}$（若 a_2、$b_2 \neq 0$）或表示 $a_1b_2 \neq a_2b_1$；

(2) 平行，表示 $\dfrac{a_1}{a_2} = \dfrac{b_1}{b_2} \neq \dfrac{c_1}{c_2}$（若 a_2、b_2、$c_2 \neq 0$）或表示 $a_1b_2 = a_2b_1$ 且 $a_1c_2 \neq a_2c_1$；

(3) 重疊，表示 $\dfrac{a_1}{a_2} = \dfrac{b_1}{b_2} = \dfrac{c_1}{c_2}$（若 a_2、b_2、$c_2 \neq 0$）或表示 $a_1b_2 = a_2b_1$ 且 $a_1c_2 = a_2c_1$.

例 12 求二直線 $L_1 : x + 2y = 4$ 和 $L_2 : 2x - 3y = 1$ 的交點坐標？

解：

例 13 求 m 值使得二直線 $L_1 : x + 2y = 4$ 和 $L_2 : 2x + my = 1$，(1) 交於一點；(2) 平行；

(3) 垂直？

解：

☆☆ 8.【三直線關係】三線條不能圍成三角形的條件為：(1) 至少有二條線重疊或平行，或

(2) 三直線交一點。

例 14 若三直線 $L_1 : x + 2y = 4$、$L_2 : 2x - 3y = 1$ 和 $L_3 : mx - y = 4$ 不能圍成三角形，求 m 值？

解：

第二單元　線性規劃

9.【直線分割平面】一條直線 $ax + by + c = 0$ 將 xy 平面分成 A、B 二個半平面，若半平面

A 上的某一點 (x_i, y_i) 代入此一直線方程式，使得 $ax_i + by_i + c > 0$，則

(1) 半平面 A 上的任何一點 (x_j, y_j) 代入此直線，其均是 $ax_j + by_j + c > 0$；

(2) 半平面 B 上的任何一點 (x_k, y_k) 代入此直線，其均是 $ax_k + by_k + c < 0$。

10.【同側點】 xy 平面上的一條直線 $ax + by + c = 0$ 和平面上二點 $A(x_1, y_1)$、$B(x_2, y_2)$

(a) 若 A、B 二點在直線的同一側，則 $(ax_1 + by_1 + c)(ax_2 + by_2 + c) > 0$；

(b) 若 A、B 二點在直線的不同側，則 $(ax_1 + by_1 + c)(ax_2 + by_2 + c) < 0$；

(c) 若 A、B 有一點在直線上，則 $(ax_1 + by_1 + c)(ax_2 + by_2 + c) = 0$。

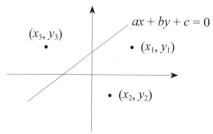

點 (x_1, y_1) 和點 (x_2, y_2) 在同一側，它們和點 (x_3, y_3) 在不同側。

例 15 xy 平面上的一條直線 $x + 2y = 3$ 和平面上二點 $A(2, 5)$、$B(-5, 3)$，請問點 A、B 二點在直線的同一側或不同側？

解：

例 16 xy 平面上的一條直線 $2x + my = 3$ 和平面上二點 $A(2, 5)$、$B(-5, 3)$，若點 A、B 二點在直線的同一側，此時 m 的範圍為何？

解：

11.【線性規劃】

(1) xy 平面上有一 n 邊形，其頂點分別為 (x_1, y_1)、(x_2, y_2)、$\cdots$、(x_n, y_n)；

(2) 有一多項式 $f(x, y)$（稱為目標函數）；

(3) 若要從此「n 邊形內」的點，找出二點 (x_i, y_i) 和 (x_j, y_j)，代入多項式 $f(x, y)$ 內，使得 $f(x_i, y_i)$ 為最大值，$f(x_j, y_j)$ 為最小值；

(4) 此 (x_i, y_i) 和 (x_j, y_j) 二點必為 n 邊形頂點上的點。

12.【應用題作法】 線性規劃應用題作法如下：

(1) 依題意列出不等式和目標函數 $f(x, y)$；

(2) 將所有的不等式畫到 $x - y$ 平面上，求其 n 邊形的頂點；

(3) 將 n 個頂點坐標代入目標函數，找出 $f(x_i, y_i)$ 為最大值，$f(x_j, y_j)$ 為最小值；

(4) 若要求的解是整數解（如：幾個人或幾頭牛），而 n 邊形的頂點坐標不是整數，則要代入頂點附近在「n 邊形內」的整數值到目標函數內。

例 17 求二直線 $(-x) + 2y = 4$ 與 $x + 2y = 8$ 在第一象限所圍成的點中，哪個點坐標會使得 $f(x, y) = 2x + 3y$ 最大值？，哪個點坐標會使得 $f(x, y)$ 最小值？

解：

例 18 有一農夫養雞和豬，他不想養超過 16 隻雞和豬，其中雞不超過 10 隻。他花 15 元養一隻雞和 45 元養一隻豬，而他只有 540 元可用。若每隻雞的利潤為 7 元，若每隻豬的利潤為 20 元，請問他可賺取的最大利潤是多少元？

解：

例 19 某種動物每天至少要吃 30 克蛋白質和 20 克脂肪。食物 A 每單位 18 元，可提供 2 克蛋白質和 4 克脂肪，食物 B 每單位 12 元，可提供 6 克蛋白質和 2 克脂肪。食物 B 每次要使用至少 2 單位的量，請問此二種食物每次要吃多少單位才能使成本最小？

解：

第三單元　圓與直線的關係

13.【定距離的集合】底下為：與一定點等距離的所有的點所有的集合

(1) 在一條直線上，與一定點等距離的所有的點所有的集合，為二點；

(2) 在一平面上，與一定點等距離的所有的點所有的集合，為一圓，而此等距離值就是此圓的半徑。

14.【圓方程式】圓心為 (h, k)，半徑為 r，則此圓方程式可以用下列方式表示：

(1) 標準式：$(x - h)^2 + (y - k)^2 = r^2$.

☆☆ (2) 參數式：$x = h + r\cos\theta, y = k + r\sin\theta$，其中 $0 \leq \theta \leq 2\pi$.

15.【圓常見的問題 1】求圓方程式

(1) 已知圓的某一「直徑」的二端點座標為 (x_1, y_1) 和 (x_2, y_2)，則此圓方程式為：

$$圓心為 \left(\frac{x_1 + x_2}{2}, \ \frac{y_1 + y_2}{2} \right), \ 半徑為 \ r = \sqrt{\left(\frac{x_1 + x_2}{2} - x_1 \right)^2 + \left(\frac{y_1 + y_2}{2} - y_1 \right)^2}$$

(2) 不共線的三點 $(x_1, y_1), (x_2, y_2), (x_3, y_3)$ 可決定出一圓，可令圓方程式為：

$x^2 + y^2 + dx + ey + f = 0$，三點代入，可解出 d, e, f.

(3) 圓方程式內沒有 xy 項，且 x^2 項係數等於 y^2 項係數，即為 $x^2 + y^2 + dx + ey + f = 0$.

例 **20** (1) 若平面上一圓，其圓心為 $(1, 2)$，半徑為 3，求此圓方程式。

(2) 若有一圓，其直徑的二個端點座標分別為 $(1, 2)$ 和 $(5, 6)$，求此圓方程式。

解：

例 **21** 平面上一圓，其圓心為 $(1, 2)$，且經過點 $(3, 4)$，求此圓方程式。

解：

例 **22** 平面上一圓，其圓心在直線 $2x - y = 1$ 上，且經過點 $(2, 1)$ 和 $(4, 3)$，求此圓方程式。

解：

例 **23** 若圓的方程式為 $2x^2 + kxy + 2y^2 + 6x - 4y = 4$，求 (1) k 之值；(2) 圓心；(3) 半徑。

解：

例 **24** 求通過三點 $(1, -1)$，$(-2, 2)$，$(1+\sqrt{8}, 1)$ 的圓方程式。

✐ 作法：將此三點代入圓方程式 $x^2 + y^2 + ax + by + c = 0$，求出 a, b, c.

解：

16. 【圓常見的問題 2】二次方程式圖形

(3) 若方程式為 $x^2 + y^2 + dx + ey + f = 0$，則其圖形為何？

解：必須先把此方程式化解成 $\left(x + \dfrac{d}{2}\right)^2 + \left(y + \dfrac{e}{2}\right)^2 = \dfrac{1}{4}\left(d^2 + e^2 - 4f\right)$．

(a) 若 $d^2 + e^2 - 4f > 0$，則此方程式為一圓，

其圓心為 $\left(-\dfrac{d}{2}, -\dfrac{e}{2}\right)$，半徑為 $\dfrac{\sqrt{d^2 + e^2 - 4f}}{2}$．

(b) 若 $d^2 + e^2 - 4f = 0$，則此方程式為一點，此點座標為 $\left(-\dfrac{d}{2}, -\dfrac{e}{2}\right)$．

(c) 若 $d^2 + e^2 - 4f < 0$，則此方程式不為任何圖形。

例 25 方程式 $x^2 + y^2 + kx + 3y + 4 = 0$，求 k 的範圍，使得此方程式：(1) 為一圓；(2) 為一點；(3) 不為任何圖形。

解：

☆☆ 17. 【圓常見的問題 3】圓與點的關係：

(4) 若圓方程式為 $x^2 + y^2 + dx + ey + f = 0$，則點 $P(x_0, y_0)$ 和此圓的關係為：

(a) 點 P 在圓內 $\Leftrightarrow x_0^2 + y_0^2 + dx_0 + ey_0 + f < 0$；

(b) 點 P 在圓上 $\Leftrightarrow x_0^2 + y_0^2 + dx_0 + ey_0 + f = 0$；

(c) 點 P 在圓外 $\Leftrightarrow x_0^2 + y_0^2 + dx_0 + ey_0 + f > 0$．

(5) 圓心為 O，半徑為 r 的圓，圓上的點與點 P 的最長距離與最短距離為：

(a) 若點 P 在圓外，則最長距離 $= \overline{OP} + r$，最短距離 $= \overline{OP} - r$；

(b) 若點 P 在圓內，則最長距離 $= r + \overline{OP}$，最短距離 $= r - \overline{OP}$．

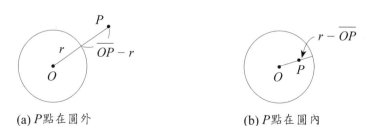

(a) P 點在圓外　　　　(b) P 點在圓內

(6) 「圓上」的一點 $p(x_0, y_0)$，通過此點，做一切線與圓相切，此切線是唯一的，其可以用以下方法將此唯一的切線方程式求出來。

(a) 若圓方程式為 $(x - h)^2 + (y - k)^2 = r^2$，則切線方程式為：

$$(x - h)(x_0 - h) + (y - k)(y_0 - k) = \mathrm{r}^2$$

(b) 若圓方程式為 $x^2 + y^2 + dx + ey + f = 0$，則切線方程式為：

$$x_0 x + y_0 y + d \cdot \frac{x + x_0}{2} + e \frac{y + y_0}{2} + f = 0$$

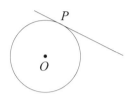

圓上一點 P 做切線，此切線是唯一的。

另解：(a) 令切線方程式為 $y - y_0 = m(x - x_0) \Rightarrow y = m(x - x_0) + y_0$（此時 m 未知）。

(b) 其斜率 m 與 (x_0, y_0) 和圓心連線的斜率垂直，其兩相乘 $= -1$，可求出 m.

(7) 「圓外」一點 $p(x_0, y_0)$，通過此點向圓做切線，可以做出兩條切線，此兩條切線的求法為：

(a) 令切線方程式為 $y - y_0 = m(x - x_0)$（此時 m 未知）。

(b) 利用圓心 (h, k) 到此切線方程式的距離等於半徑 r，即 $\dfrac{|mh - k + y_0 - mx_0|}{\sqrt{m^2 + 1}} = r$.

(c) 兩邊平方，可得 m 的二次方程式，可解出 2 個 m 值，即可求得此二條切線方程式，但若只求出一 m 值，表示另一條切線通過 (x_0, y_0) 且垂直 x 軸（沒有 m 值），其方程式為 $x = x_0$.

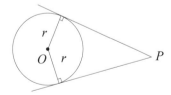

圓外一點 P 做切線會有 2 條切線

例 26 圓方程式 $x^2 + y^2 + kx + 3y + 4 = 0$，求 k 的範圍，使得點 $(1, 1)$ 在：(1) 圓的外部；(2) 圓上；(3) 圓的內部。

✍作法：要先求出 k 的範圍，使此方程式為圓的方程式。

解：

例 **27** 平面上一圓 $(x-10)^2+(y-8)^2=1$，求直線 $x+2y=2$ 距離此圓最近距離為何？最遠距離為何？此最近距離、最遠距離在圓上的點座標及直線點座標為何？

作法：最近的距離在「圓心到此直線的距離減半徑長」，最遠的距離在「圓心到此直線的距離加半徑長」，此二點位置在通過圓心且垂直於 $x+2y=2$ 的直線上。

解：

例 **28** 圓方程式 $x^2+y^2-4x-2y-20=0$ 及圓上一點 $(6, 4)$，求通過此點的切線方程式。

解：

例 **29** 圓 $(x-2)^2+(y-3)^2=4$ 及圓外一點 $(4, 0)$，求過此點與圓相切的二條切線方程式。

解：

例 **30** 過點 $P(2, -1)$ 做與圓 $x^2+y^2-2x-4y+3=0$ 相切的直線，交此圓於 A、B 二點，求
(1) 此二切線方程式；(2) 切線長。

解：

18.【圓常見的問題 4】圓與直線的關係

(8) 若圓方程式為 $(x-h)^2 + (y-k)^2 = r^2$，要求直線 $ax+by=c$ 和此圓的關係時，我們必須先求出圓心到此直線的距離 $d = \dfrac{|ah+bk-c|}{\sqrt{a^2+b^2}}$，則：

(a) 直線 $ax+by=c$ 與此圓交於二點 $\Leftrightarrow d < r$

(b) 直線 $ax+by=c$ 與此圓的切線（交於一點）$\Leftrightarrow d = r$

(c) 直線 $ax+by=c$ 與此圓不相交（交於 0 點）$\Leftrightarrow d > r$

(9) 求上述 (a) 的二個交點座標或 (b) 的切點座標方法為：

解 $\begin{cases} (x-h)^2 + (y-k)^2 = r^2 \\ ax+by=c \end{cases}$，消去 x（或 y），得 y（或 x）的二次方程式。若此二次方程式的判別式為 D，則：

(a) $D > 0 \Leftrightarrow$ 表相交於 2 點，可解出此二點座標；

(b) $D = 0 \Leftrightarrow$ 表相交於 1 點，可解出此點座標；

(c) $D < 0 \Leftrightarrow$ 沒有交點。

(10) 已知某直線的斜率是 m 且其和圓 $(x-h)^2 + (y-k)^2 = r^2$ 相切，

則一定會有二條切線，此切線方程式可設為 $y = mx + b$（b 為未知數），再利用圓心 (h, k) 到此切線的距離為 r，即 $\dfrac{|m \cdot h - k + b|}{\sqrt{m^2+1}} = r$，可求出 2 個 b 值。

例 31 圓方程式為 $x^2 + y^2 + 4x - 6y - 3 = 0$，直線 $3x - 4y = k$，k 為何值時，此圓與此直線：
(1) 相交於 2 點；(2) 相切；(3) 不相交？

解：

例 32 圓方程式為 $x^2 + y^2 + 4x - 6y - 3 = 0$ 與直線 $x + y = 1$ 交於二點，求此二交點的坐標？

解：

例 33 圓方程式為 $x^2 + y^2 + 4x - 6y - 3 = 0$ 與斜率為 2 的直線相切，求此切線方程式？

解：

★★ 19.【圓常見的問題 5】弦長、切線長：

(11) 已知圓半徑 r 內的一弦，若圓心到此弦的距離為 d，則此弦長為：$2 \times \sqrt{r^2 - d^2}$．

(12) 如下圖：$\overline{PT}$ 與圓相切於 T 點，則 $\overline{PT}$ 的長度為：$\overline{PT}^2 = \overline{PO}^2 - r^2$．

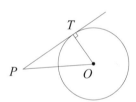

例 34 一半徑為 10 的圓形，若有一弦離圓心 6，求此弦的長度。

解：

例 35 有一圓，圓心座標為 (0, 0)，半徑為 2，圓外有一點 P 座標為 (3, 4)，過 P 點做一切線與此圓交於 T 點，求 $\overline{PT}$ 長。

解：

☆☆ 20.【圓常見的問題 6】最大值、最小值：

(13)圓方程式為 $(x - h)^2 + (y - k)^2 = r^2$，若用來求到某個函數的最大值或最小值時，常假設 $x = h + r\cos\theta,\ y = k + r\sin\theta$ 來解。

例 36 若 $x, y \in R$，且 $(x + 2)^2 + (y - 1)^2 = 9$，求 $3x + 4y$ 的最大值和最小值。

解：

---

83 年 到 102 年 學 測 題 目

1. （83 學測）平面上四點 $A(-1, 2)$，$B(4, 2)$，$C(2, -1)$ 和 $O(0, 0)$. 過 B 點作直線 OC 的平行線交直線 OA 於 D 點，則 D 點的坐標為_____。

2. （83 學測）已知 $A(1, 2)$ 與 $B(3, 4)$ 為兩定點，$P(x, y)$ 為直線 $x + 2y = 3$ 上一點。問 $\overline{PA} = \overline{PB}$ 時，P 的坐標為何？

3. （83 學測）若直線 $L：y = mx + 3$ 與圓 $x^2 + y^2 + 2x = 3$ 相切，則 $m = ?$。

4. （84 學測）右圖中 A、B、C、D、E 為坐標平面上的五個點。將這五點的坐標 (x, y) 分別代入 $x - y = k$，問那一點所得的 k 值最大？

   (A)A   (B)B   (C)C
   (D)D   (E)E

5. （84 學測）有四條直線 $L_1：x - y = 1$，$L_2：x + y = 4$，$L_3：8x + y = -10$ 和 $L_4：x = 2$. 這四條直線圍出一個四邊形。請問此四邊形較短的對角線長度為多少？

6. （85 學測）坐標平面上點 $A(1, 2)$ 到直線 L 的垂足是 $D(3, 2)$。問 A 對於 L 的對稱點是下列那一點？

   (A) $(-2, 0)$ (B) $(-1, 2)$ (C) $(2, 0)$

(D) (2, 2)　　　　　　　　　(E) (5, 2)

7. （85學測）圓心在原點的兩個同心圓，面積分別為 75π 和 27π. 設 P 點在第一象限。若 P 點到大圓、小圓、X 軸的距離均相等，則 P 點的坐標為何？

8. （86學測）坐標平面上兩直線之斜率分別為 $\sqrt{3}$ 及 $\dfrac{1}{\sqrt{3}}$，則下列何者為其一交角？

(A) $30°$　　　　　　　　(B) $36°$　　　　　　　　(C) $45°$

(D) $60°$　　　　　　　　(E) $90°$

9. （86學測）已知三角形由三直線 $y = 0$，$3x - 2y + 3 = 0$，$x + y - 4 = 0$ 所圍成，則其外接圓之直徑為何？

10. （87學測）設不共點的三直線之方程式分別為：$ax - 4y = 1$; $(a + 1)x + 3y = 2$; $x - 2y = 3$，其中 a 為實數。試問 a 為何值時，上述三直線會圍出一個直角三角形？

(A) -8　　　　　　　　(B) -4　　　　　　　　(C) 1

(D) 3　　　　　　　　(E) 5

11. （88學測）一個正三角形的面積為 36，今截去三個角（如右圖），使成為正六邊形，此正六邊形的面積為何？

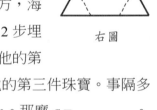
右圖

12. （88學測）一位海盜欲將三件珠寶埋藏在一個島上的三個地方，海盜就以島上的一棵大王椰子樹為中心，由大王椰子樹向東走 12 步埋他的第一件珠寶；由大王椰子樹向東走 4 步，再往北走 a 步埋他的第二件珠寶；最後由大王椰子樹向東走 a 步，再往南走 8 步埋他的第三件珠寶。事隔多年之後，海盜僅記得 $a > 0$ 及埋藏珠寶的三個地方在同一直線上。那麼 $a = $ _____。

13. （89學測）在坐標平面上，根據方程式 $x + 5y - 7 = 0$, $2x + y + 4 = 0$, $x - y - 1 = 0$ 畫出三條直線 L_1, L_2, L_3，如圖所示。試選出方程式與直線間正確的配置？

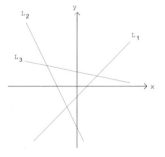

(A) $L_1 : x + 5y - 7 = 0$；$L_2 : 2x + y + 4 = 0$；$L_3 : x - y - 1 = 0$

(B) $L_1 : x - y - 1 = 0$；$L_2 : x + 5y - 7 = 0$；$L_3 : 2x + y + 4 = 0$

(C) $L_1 : 2x + y + 4 = 0$；$L_2 : x + 5y - 7 = 0$；$L_3 : x - y - 1 = 0$

(D) $L_1 : x - y - 1 = 0$；$L_2 : 2x + y + 4 = 0$；$L_3 : x + 5y - 7 = 0$

(E) $L_1 : 2x + y + 4 = 0$；$L_2 : x - y - 1 = 0$；$L_3 : x + 5y - 7 = 0$

14. （91補考）平面上有一個直角三角形，其三邊的斜率為實數 m_1, m_2, m_3，並假設 $m_1 > m_2 > m_3$。則下列選項哪些必定為真？

(A) $m_1 m_2 = -1$　　　　　　(B) $m_1 m_3 = -1$　　　　　　(C) $m_1 > 0$

(D) $m_2 \leq 0$ (E) $m_3 < 0$

15. 如右圖，兩直線 L_1、L_2 之方程式分別為 $L_1 : x + ay + b = 0$，$L_2 : x + cy + d = 0$；試問下列哪些選項是正確的？

    (A) $a > 0$ (B) $b > 0$ (C) $c > 0$

    (D) $d > 0$ (E) $a > c$

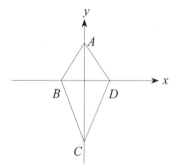

16. 在坐標平面上，下列哪些方程式的圖形可以放進一個夠大的圓裡面？

    (A) $3x = 2y^2$ (B) $3x^2 + 2y^2 = 1$ (C) $3x^2 - 2y^2 = 1$

    (D) $|x + y| = 1$ (E) $|x| + |y| = 1$

17. （93 薦甄）坐標平面上的圓 $C : (x - 7)^2 + (y - 8)^2 = 9$ 上有幾個點與原點的距離正好是整數值。

18. （94 學測）如右圖所示，坐標平面上一鳶形 $ABCD$，其中 A, C 在 y 軸上，B, D 在 x 軸上，且 $\overline{AB} = \overline{AD} = 2$，$\overline{BC} = \overline{CD} = 4$，$\overline{AC} = 5$。令 m_{AB}、m_{BC}、m_{CD}、m_{DA} 分別表直線 AB、BC、CD、DA 之斜率。試問以下哪些敘述成立？

    (A) 此四數值中以 m_{AB} 為最大

    (B) 此四數值中以 m_{BC} 為最小

    (C) $m_{BC} = -m_{CD}$

    (D) $m_{AB} \times m_{BC} = -1$

    (E) $m_{CD} + m_{DA} > 0$

19. （95 學測）設 $A(0, 0), B(10, 0), C(10, 6), D(0, 6)$ 為坐標平面上的四個點。如果直線 $y = m(x - 7) + 4$ 將四邊形 $ABCD$ 分成面積相等的兩塊，那麼 $m =$ ？

20. （96 學測）試問共有多少個正整數 n 使得坐標平面上通過點 $A(-n, 0)$ 與點 $B(0, 2)$ 的直線亦通過點 $P(7, k)$，其中 k 為某一正整數？

    (A) 2 個   (B) 4 個   (C) 6 個

    (D) 8 個   (E) 無窮多個

21. （96 學測）坐標空間中，在 xy 平面上置有三個半徑為 1 的球兩兩相切，設其球心分別為 A, B, C。今將第四個半徑為 1 的球置於這三個球的上方，且與這三個球都相切，並保持穩定。設第四個球的球心為 P，試問下列哪些選項是正確的？

(A) 點 A, B, C 所在的平面和 xy 平面平行；

(B) 三角形 ABC 是一個正三角形；

(C) 三角形 PAB 有一邊長為 $\sqrt{2}$；

(D) 點 P 到直線的距離為 $\sqrt{3}$；

(E) 點 P 到 xy 平面的距離為 $1 + \sqrt{3}$。

22. （96 學測）設 P, A, B 為坐標平面上以原點為圓心的單位圓上三點，其中 P 點坐標為 $(1, 0)$，A 點坐標為 $\left(\dfrac{-12}{13}, \dfrac{5}{13}\right)$，且 $\angle APB$ 為直角，則 B 點坐標為何？（化成最簡分數）

23. （97 學測）設 $\Gamma : x^2 + y^2 - 10x + 9 = 0$ 為坐標平面上的圓。試問下列哪些選項是正確的？

(A) Γ 的圓心坐標為 $(5, 0)$；

(B) Γ 上的點與直線 $L : 3x + 4y - 15 = 0$ 的最遠距離等於 4；

(C) 直線 $L_1 : 3x + 4y + 15 = 0$ 與 Γ 相切；

(D) Γ 上恰有兩個點與直線 $L_2 : 3x + 4y = 0$ 的距離等於 2；

(E) Γ 上恰有四個點與直線 $L_3 : 3x + 4y - 5 = 0$ 的距離等於 2。

24. （97 學測）在坐標平面上，設 A 為直線 $3x - y = 0$ 上一點，B 為 x 軸上一點。若線段 $\overline{AB}$ 的中點坐標為 $\left(\dfrac{7}{2}, 6\right)$，則點 A 的坐標為（ ， ， ），點 B 的坐標為（ ，0）。

25. （97 學測）坐標平面上，以原點 O 為圓心的圓上有三個相異點 $A(1, 0), B, C$，且 $\overline{AB} = \overline{BC}$。已知銳角三角形 OAB 的面積為 $\dfrac{3}{10}$，則 $\triangle OAC$ 的面積為何？（化為最簡分數）

26. （98 學測）試問坐標平面上共有幾條直線，會使得點 $O(0, 0)$ 到此直線之距離為 1，且點 $A(3, 0)$ 到此直線之距離為 2？

(A) 1 條　　　　　　　(B) 2 條　　　　　　　(C) 3 條

(D) 4 條　　　　　　　(E) 無窮多條。

27. （98 學測）如下圖，坐標平面上四條直線 L_1, L_2, L_3, L_4 與 x 軸、y 軸及直線 $y = x$ 的相關位置如圖所示，其中 L_1 與 L_3 垂直，而 L_3 與 L_4 平行。設 L_1, L_2, L_3, L_4 的方程式分別為 $y = m_1 x,\ y = m_2 x,\ y = m_3 x$ 以及 $y = m_4 x + c$。試問下列哪些選項是正確的？

(A) $m_3 > m_2 > m_1$

(B) $m_1 \cdot m_4 = -1$

(C) $m_1 < -1$

(D) $m_2 \cdot m_3 < -1$

(E) $c > 0$.

28. （98 學測）坐標平面上有兩條平行直線。它們的 x 截距相差 20，y 截距相差 15。則這兩條平行直線的距離為何？

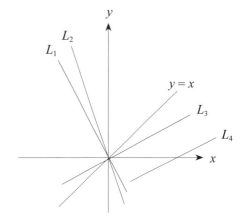

29. （100 學測）考慮坐標平面上以 $O(0, 0)$、$A(3, 0)$、$B(0, 4)$ 為頂點的三角形，令 C_1、C_2 分別為 △OAB 的外接圓、內切圓。請問下列哪些選項是正確的？

(A) C_1 的半徑為 2

(B) C_1 的圓心在直線 $y = x$ 上

(C) C_1 的圓心在直線 $4x + 3y = 12$ 上

(D) C_2 的圓心在直線 $y = x$ 上

(E) C_2 的圓心在直線 $4x + 3y = 6$ 上

30. （102 學測）坐標平面上，一圓與直線 $x - y = 1$ 以及直線 $x - y = 5$ 所截的弦長皆為 14。則此圓的面積為_____π.

解答：1. $(-\dfrac{8}{3}, \dfrac{16}{3})$　　2. $(7, -2)$　　3. $-1 \pm \dfrac{2\sqrt{6}}{3}$　　4. (E)　　5. 5　　6. E

7. $(3\sqrt{5}, \sqrt{3})$　　8. A　　9. $\sqrt{26}$　　10. ABDE　　11. 24　　12. 16

13. D　　14. CE　　15. DE　　16. BE　　17. 12　　18. BCE

19. $\dfrac{1}{2}$　　20. B　　21. ABD　　22. $(\dfrac{12}{13}, \dfrac{-5}{13})$　　23. ABD

24. $A = (4,12)$; $B = (3,0)$　　25. $\dfrac{12}{25}$　　26. C　　27. BCD　　28. 12

29. CD　　30. 51

Chapter 10 平面向量

1. 平面向量的表示法

    1.1 幾何表示、坐標表示,加減法、係數乘法

    1.2 線性組合、平面上的直線參數式

2. 平面向量的內積

    2.1 內積與餘弦的關聯、正射影與高、柯西不等式

    2.2 直線的法向量、點到直線的距離、兩向量垂直的判定

3. 面積與二階行列式

    3.1 面積公式與二階行列式的定義與性質、兩向量平行的判定

    3.2 兩直線幾何關係的代數判定、二階克拉瑪公式

    向量是只有長度、方向意涵,而不管起始點的抽象符號。位置向量的線性組合、內積與外積是向量幾何的重點。

    平面向量的線性組合題材包括向量的合成與分解。向量的合成包括分點公式、直線的參數式、以及兩向量所張出的平行四邊形。平面上的任意向量可分解為兩特定不平行向量的線性組合。

    內積的應用包括兩向量的直交化(將一向量分解成平行與垂直另一向量的兩個分量)、直線的法向量、點與直線的距離、直線與圓的關係(柯西不等式的應用)、兩直線的夾角和兩直線垂直的判定等。

1. 平面向量的表示法

1.1 幾何表示、坐標表示，加減法、係數乘法

向量爲位置向量的坐標表示法，包括橫式與直式。

1.2 線性組合、平面上的直線參數式

向量的合成：分點公式、三角形的重心、內心。

(1) 直線的參數式與直線上的運動。

(2) 能在平面上標示出 $\left\{ x\begin{bmatrix} 1 \\ 2 \end{bmatrix} + y\begin{bmatrix} 2 \\ 1 \end{bmatrix}, 0 \le x \le 1, 0 \le y \le 1 \right\}$ 的區域。

(3) 向量的分解，如將 $\begin{bmatrix} 4 \\ 5 \end{bmatrix}$ 分解爲 $\begin{bmatrix} 1 \\ 2 \end{bmatrix}$ 與 $\begin{bmatrix} 2 \\ 1 \end{bmatrix}$ 的線性組合。

2. 平面向量的內積

2.1 內積與餘弦定理的關聯、正射影與高、柯西不等式。

(1) 內積與餘弦定理

向量內積性質：$\vec{a} \cdot \vec{b} = \vec{b} \cdot \vec{a}$、$(\vec{a} + \vec{b}) \cdot \vec{c} = \vec{a} \cdot \vec{c} + \vec{b} \cdot \vec{c}$、$\vec{a} \cdot \vec{a} = |\vec{a}|^2$.

(2) 平行四邊形相關定理的證明。

(3) 柯西不等式：$|ax + by|^2 \le (a^2 + b^2)(x^2 + y^2)$，可處理圓與直線關係。

(4) 三角不等式：$|\vec{a} + \vec{b}| \le |\vec{a}| + |\vec{b}|$.

(5) 兩向量的直交化：將向量 $(4, 5)$ 分解爲與向量 $(1, 2)$ 垂直與平行的兩個分量。

(6) 三角形的外心。

2.2 點到直線的距離、兩向量垂直的判定。

3. 面積與二階行列式

3.1 面積公式與二階行列式的定義與性質、兩向量平行的判定。

(1) 三角形面積的行列式公式

(2) 行列式的性質 $\begin{vmatrix} a_1 & b_1 \\ a_2 & b_2 \end{vmatrix} = \begin{vmatrix} a_1 & a_2 \\ b_1 & b_2 \end{vmatrix} = -\begin{vmatrix} b_1 & a_1 \\ b_2 & a_2 \end{vmatrix}$，$\begin{vmatrix} a_1 + c_1 & b_1 \\ a_2 + c_2 & b_2 \end{vmatrix} = \begin{vmatrix} a_1 & b_1 \\ a_2 & b_2 \end{vmatrix} + \begin{vmatrix} c_1 & b_1 \\ c_2 & b_2 \end{vmatrix}$，

$\begin{vmatrix} ca_1 & b_1 \\ ca_2 & b_2 \end{vmatrix} = c\begin{vmatrix} a_1 & b_1 \\ a_2 & b_2 \end{vmatrix}$

3.2 兩直線幾何關係的代數判定、二階克拉瑪公式：

(1) 聯立方程組 $\begin{cases} a_1x + b_1y = c_1 \\ a_2x + b_2y = c_2 \end{cases}$，其幾何關係是指兩線相交、平行或重合，其線性

組合關係是指 $\vec{c}$ 可否表現爲 $\vec{a}$、$\vec{b}$ 的線性組合，其代數判定是指 $\vec{a}$、$\vec{b}$ 所

形成的行列式是否爲 0。

(2) 二階克拉瑪公式。

本 章 內 容

第一單元 平面向量的表示法

1. 【向量的定義】

(1) 向量是一個有大小和方向的量，例如：向量 AB，以 $\overrightarrow{AB}$ 表之，其中 A 是起點，B 是終點。

(2) 向量 $\overrightarrow{AB}$ 的大小以 $|\overrightarrow{AB}|$ 表之，其方向則由 A 點到 B 點（見下圖）。

(3) 向量是只有長度、方向意涵，而不管起始點的位置。

2. 【向量與常數】向量是一個有大小和方向的量，而常數是只有大小沒有方向的量。

例如：「2、5 或 1000」均為常數；「北方 10 公里」為向量。

3. 【向量的分量和長度】

(1) 若 O 為原點，$P(a, b)$ 為座標平面上的任一點，

則向量 $\overrightarrow{OP} = (a, b)$，其中 a 稱為 $\overrightarrow{OP}$ 的 x 分量，b 稱為 $\overrightarrow{OP}$ 的 y 分量。

(2) 若 $A(x_1, y_1)$、$B(x_2, y_2)$，則 $\overrightarrow{AB} = (x_2 - x_1, y_2 - y_1)$，$\overrightarrow{AB}$ 的長度

$$|\overrightarrow{AB}| = \sqrt{(x_2 - x_1)^2 + (y_2 - y_1)^2}$$

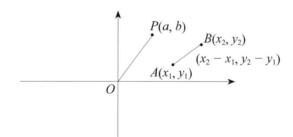

4. 【向量的表示法】若 $\overrightarrow{AB} = (a, b)$，此為橫式（row）表示法，也可以表示成 $\overrightarrow{AB} = \begin{pmatrix} a \\ b \end{pmatrix}$，此為直式（column）表示法。

5. 【向量的相等】若 $\overrightarrow{AB} = (a,b)$ 和 $\overrightarrow{CD} = (c,d)$ 相等（記作 $\overrightarrow{AB} = \overrightarrow{CD}$），表示它們的大小相等，且方向相同，即 $a = c$，$b = \mathrm{d}$．

6. 【向量的大小】若向量 $\overrightarrow{AB} = (a,b)$，則 $\overrightarrow{AB}$ 的大小表示成 $|\overrightarrow{AB}| = \sqrt{a^2 + b^2}$．

7. 【向量的相加減】若 $\overrightarrow{AB} = (a,b)$ 和 $\overrightarrow{CD} = (c,d)$，則：

(1) $\overrightarrow{AB} + \overrightarrow{CD} = (a+c, b+d)$

(2) $-\overrightarrow{AB}$ 表示和 $\overrightarrow{AB}$ 方向相反、大小相等的向量，我們以 $\overrightarrow{BA}$ 表之，即 $-\overrightarrow{AB} = \overrightarrow{BA} = (-a, -b)$；

(3) $\overrightarrow{AB} - \overrightarrow{CD} = \overrightarrow{AB} + \overrightarrow{DC} = (a,b) - (c,d) = (a,b) + (-c,-d) = (a-c, b-d)$

(4) $k \cdot \overrightarrow{AB} = k \cdot (a,b) = (ka, kb)$

8. 【零向量】零向量是起點和終點均在同一點上，以 $\vec{0}$ 表之，而其大小 $|\vec{0}| = 0$，例如：$\overrightarrow{AA}$、$\overrightarrow{BB}$ 都是零向量。

9. 【單位向量】單位向量是長度等於 1 的向量，例如：$\vec{a}$ 的單位向量為 $\dfrac{\vec{a}}{|\vec{a}|}$（$\vec{a} \neq 0$）

例 1 已知點 $A(1, 2)$，點 $B(4, 6)$，求 (1) $\overrightarrow{AB}$；(2) $|\overrightarrow{AB}|$；(3) $\overrightarrow{AB}$ 的單位向量；(4) 5 倍的 $\overrightarrow{AB}$；(5) $\overrightarrow{AA}$；(6) $|\overrightarrow{AA}|$。

解：

10. 【向量的特性】向量的一些特性（其中 $\vec{a}$、$\vec{b}$ 為向量，r、$s \in R$）：

(1) 交換律：$\vec{a} + \vec{b} = \vec{b} + \vec{a}$

(2) 結合律：$\vec{a} + (\vec{b} + \vec{c}) = (\vec{a} + \vec{b}) + \vec{c}$

(3) $\vec{a} + (-\vec{a}) = \vec{0}$

(4) $0 \cdot \vec{a} = \vec{0}$，$\vec{0} + \vec{a} = \vec{a}$（第一個 0 為常數，後二個 $\vec{0}$ 為向量）

(5) $1 \cdot \vec{a} = \vec{a}$，$-1 \cdot \vec{a} = -\vec{a}$

(6) $r(\vec{a} + \vec{b}) = r\vec{a} + r\vec{b}$

(7) $(r+s)\vec{a} = r\vec{a} + s\vec{a}$

(8) $(r+s)(\vec{a} + \vec{b}) = r\vec{a} + r\vec{b} + s\vec{a} + s\vec{b}$

例 2 下列二題中，給定點 P 及向量 $\vec{y}$，求點 Q 使得 $\overrightarrow{PQ} = \vec{y}$：

(a) $P = (2, 3)$ 及 $\vec{y} = (1, 2)$；(b) $P = (1, -4)$ 及 $\vec{y} = (-4, 4)$

解：

例 3 已知平行四邊形的三個頂點坐標為 $A(1,2)$、$B(3,0)$ 及 $C(0,4)$。求此平行四邊形的第四個頂點 D 的坐標。

作法：若題目沒說是平行四邊形 $ABCD$，則有三個點滿足此一條件。

解：

例 4 設 $\vec{a} = (x + y, 2x + y)$、$\vec{b} = (3, 2y)$，若 $\vec{a} = \vec{b}$，求 x、y 之值和 $|\vec{a}|$.

解：

例 5 設 $\vec{a} = (3, 4)$，求 $\vec{a}$ 的單位向量？

解：

例 6　設平面上三點的座標分別為 $A(2, 1)$、$B(4, 5)$，$C(-2, 3)$，求：

(1) $2\overrightarrow{AB} + 3\overrightarrow{BC} - \overrightarrow{CA}$ 之值；(2) $\overrightarrow{AB}$ 的單位向量。

解：

例 7　設 $\overrightarrow{OA} = (2, 1)$，$\overrightarrow{OB} = (3, 4)$，求 $|t\overrightarrow{OA} + \overrightarrow{OB}|$ 最小值時的 t 值和此最小值。

解：

例 8　若 $0 \leq \theta < 2\pi$，向量 $\overrightarrow{OP} = (\cos\theta, \sin\theta)$，$\overrightarrow{OQ} = (2 + \sin\theta, 2 - \cos\theta)$，求 $|\overrightarrow{PQ}|$ 及其最大值，並求最大值的 θ．

解：

例 9　下列敘述是否正確：

(1) 平行的二向量，若起點不同，則終點也一定不同；

(2) 每個單位向量均相等；

(3) 任何向量和它的反向量不會相等；

(4) 若向量 $\overrightarrow{AB}$ 平行向量 $\overrightarrow{CD}$，則 A、B、C、D 四點共線。

解：

例 10 設 $\vec{A}$ 為不等於 0 的任意向量。求使 $|t\vec{A}| = 1$ 的常數 t。

解：

11.【向量的相加】$\vec{a} + \vec{b}$ 表示：$\vec{a}$ 的「終點」連接到 $\vec{b}$ 的「起點」後，從 $\vec{a}$ 的起點到 $\vec{b}$ 的
終點的向量，如下圖：

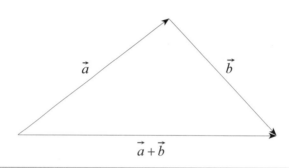

12.【向量的倍數】若 $r \in R$，則 $r\vec{a}$ 表示其方向與 $\vec{a}$ 相同，而其大小為 $|\vec{a}|$ 的 r 倍
（註：一實數乘以一向量其結果為一向量，而 $(r\vec{a})$ 不等於 $r|\vec{a}|$，前者為一向量，後者
為一常數。）

13.【向量的平行】若二向量 $\vec{a} = (a_1, a_2)$、$\vec{b} = (b_1, b_2)$ 共線或平行，則：

(1) $\dfrac{a_1}{b_1} = \dfrac{a_2}{b_2}$ （$b_1, b_2 \neq 0$）；

(2) 存在一個 $r \in R$，使得 $\vec{b} = r\vec{a}$ （$r \neq 0$）。

例 11 在下列的情況下，向量的終點所成的集合為何種圖形？
(1) 將平行某一直線（L）的所有向量的起點放在同一點（A）上；
(2) 將平行某一直線的所有單位向量的起點放在同一點上；
(3) 將平面上所有的單位向量的起點，放在同一點上。

解：

例 **12** 若向量 $\vec{a} = (2, 5)$、$\vec{b} = (-4, x)$ 平行，則 $x = ?$

解：

例 **13** 正六邊形 $ABCDEF$ 中，若 $\overrightarrow{AB} = \vec{a}$，$\overrightarrow{BC} = \vec{b}$，請將下列問題以 $\vec{a}$、$\vec{b}$ 表之

(1) $\overrightarrow{CD} = ?$ $\overrightarrow{DE} = ?$ $\overrightarrow{EF} = ?$ $\overrightarrow{FA} = ?$

(2) $\overrightarrow{AB} + \overrightarrow{BC} + \overrightarrow{CD} = ?$ $\overrightarrow{AB} + \overrightarrow{BD} = ?$

(3) $\overrightarrow{AC} + \overrightarrow{CE} + \overrightarrow{EA} = ?$

解：

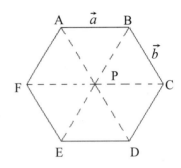

14. 【向量的三角不等式】若 $\vec{a}$、$\vec{b}$ 為二向量，則

(1) $\|\vec{a}| - |\vec{b}\| \le |\vec{a} - \vec{b}| \le |\vec{a}| + |\vec{b}|$，（當 $\vec{a}$、$\vec{b}$ 平行且方向相同時，第一個等號成立；當 $\vec{a}$、$\vec{b}$ 平行且方向相反時，第二個等號成立）

(2) $\|\vec{a}| - |\vec{b}\| \le |\vec{a} + \vec{b}| \le |\vec{a}| + |\vec{b}|$，（當 $\vec{a}$、$\vec{b}$ 平行且方向相反時，第一個等號成立；當 $\vec{a}$、$\vec{b}$ 平行且方向相同時，第二個等號成立。）

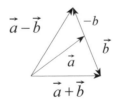

例 **14** 設 $\vec{a} = (3, 4)$、$\vec{b} = (5, 12)$，比較 $\|\vec{a}| - |\vec{b}\|$、$|\vec{a} - \vec{b}|$、$|\vec{a} + \vec{b}|$ 和 $|\vec{a}| + |\vec{b}|$ 的大小

解：

15.【i、j】我們會以向量 $\vec{i}$、$\vec{j}$ 表示 $(1, 0)$ 和 $(0, 1)$，即 $\vec{i} = (1, 0)$；$\vec{j} = (0, 1)$；

所以向量 $(r, s) = r\vec{i} + s\vec{j}$。例如：向量 $(2, 3) = 2\vec{i} + 3\vec{j}$。

16.【向量的分解】

(1) 若 $\vec{a}$、$\vec{b}$ 為「平面上」兩不平行向量，則對於任一向量 $\vec{u}$，必存在 r、$s \in R$，使得 $\vec{u} = r \cdot \vec{a} + s \cdot \vec{b}$，表示 $\vec{u}$ 可以表成 $\vec{a}$ 和 $\vec{b}$ 的線性組合。

(2) 此時 $\vec{a}$、$\vec{b}$ 稱為「基底」。（平面上不平行的兩向量，均可當成基底）

(3) 例如：$\vec{i}$、$\vec{j}$ 不平行，則任一向量 $(2, 3) = 2\vec{i} + 3\vec{j}$。

17.【兩向量的直交化】若 $\vec{a} = (a_1, a_2)$、$\vec{b} = (b_1, b_2)$ 為不平行且不垂直的兩向量，若要將向量 $\vec{a} = (a_1, a_2)$ 分解成與向量 $\vec{b} = (b_1, b_2)$ 垂直與平行的兩個分量，其作法為：

(1) 找出與向量 $\vec{b} = (b_1, b_2)$ 垂直的向量，其為 $\vec{c} = (b_2, -b_1)$ 或 $\vec{c} = (-b_2, b_1)$

(2) 找出 r, s，使得 $\vec{a} = r \cdot \vec{b} + s \cdot \vec{c}$

(3) $r \cdot \vec{b}$ 和 $s \cdot \vec{c}$ 即是向量 $\vec{a}$ 分解成與向量 $\vec{b}$ 平行與垂直的兩個分量。

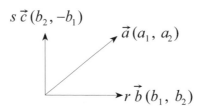

例 **15** （99課綱範例）證明向量 $(1, 2)$ 與 $(2, 1)$ 可當成基底，請將向量 $(4, 5)$ 分解為 $(1, 2)$ 與 $(2, 1)$ 的線性組合。

解：

註：若 $\vec{a}$、$\vec{b}$ 兩向量平行，則無此性質。例如：$\vec{a} = (1, 2)$、$\vec{b} = (3, 6)$，則無法用 $\vec{a}$、$\vec{b}$ 二向量來表示向量 $(4, 5)$。

例 **16** 將向量 $(4, 5)$ 分解為與向量 $(1, 2)$ 垂直與平行的兩個分量？

解：

18.【方向角】若 $\vec{u} = \overrightarrow{OP} = (a, b)$，則從正 x 軸起，逆時針方向旋轉到 $\vec{u}$ 的角度 θ，稱為 $\vec{u}$ 的方向角，而 $\vec{u}$ 的長度為 $r = \sqrt{a^2 + b^2}$。此 P 點的極坐標表示法為：(r, θ).

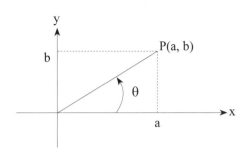

例 17　求下列向量的方向角和長度：(1) $\vec{u} = (3, 4)$、(2) $\vec{u} = (-3, 4)$、(3) $\vec{u} = (-3, -4)$（註：$sin37° = \dfrac{3}{5}$）

解：

第二單元　向量的內積

19.【向量的夾角】若 $\overrightarrow{AB}$ 和 $\overrightarrow{CD}$ 為二非零向量，則 $\overrightarrow{AB}$ 和 $\overrightarrow{CD}$ 的夾角是將它們的兩個起點 A、C 重疊後，夾角小於 $180°$ 的角，即

(1) 若 $\overrightarrow{AB} // \overrightarrow{CD}$ 且二方向相同 $\Rightarrow$ 夾角 $= 0°$

(2) 若 $\overrightarrow{AB} // \overrightarrow{CD}$ 且二方向相反 $\Rightarrow$ 夾角 $= 180°$

(3) 若 $\overrightarrow{AB} \perp \overrightarrow{CD} \Rightarrow$ 夾角 $= 90°$

20.【向量的內積 1】若二向量 $\vec{a}$、$\vec{b}$ 的夾角為 θ，則其內積為：$\vec{a} \cdot \vec{b} = |\vec{a}||\vec{b}| \cos\theta$. 其中：

(1) 內積的結果為一實數，而非一向量。

(2) 若 $\vec{a} \cdot \vec{b} = 0$ 表示 (a) $\vec{a} = \vec{0}$，或 (b) $\vec{b} = \vec{0}$，或 (c) $\vec{a} \perp \vec{b}$；

(3) 若 $\vec{a} \cdot \vec{b} > 0$，表其夾角 θ 為銳角（小於 90°）；

(4) 若 $\vec{a} \cdot \vec{b} < 0$，表其夾角 θ 為鈍角（大於 90°）；

(5) 若 $\vec{a} \perp \vec{b}$，則 $\vec{a} \cdot \vec{b} = 0$.

21.【向量的內積 2】若二向量 $\vec{a} = (x_1, y_1)$、$\vec{b} = (x_2, y_2)$，且其夾角為 θ，則：

(1) $\vec{a} \cdot \vec{b} = x_1 x_2 + y_1 y_2 = |\vec{a}||\vec{b}| \cos\theta$

(2) 其夾角 θ 的 $\cos\theta = \dfrac{x_1 x_2 + y_1 y_2}{|\vec{a}||\vec{b}|}$。

例 18 $\vec{x} = (1, -1)$，$\vec{y} = (2, 1)$，求 (1) $|\vec{x}|$，(2) $|\vec{y}|$，(3) $\vec{x} \cdot \vec{y}$，(4) $\vec{x}$ 和 $\vec{y}$ 的夾角的餘弦值。

解：

例 19 令 $\vec{a} = (1, 2)$、$\vec{b} = (2, 4)$，求 (1) $\vec{a} \cdot \vec{b}$；(2) 其夾角的 cos 值。

解：

例 20 $\triangle ABC$ 中，若 $\overline{AB} = 5$，$\overline{BC} = 6$，$\overline{AC} = 7$，求：

(1) $\overrightarrow{AB} \cdot \overrightarrow{AC}$

(2) $\overrightarrow{AB} \cdot \overrightarrow{BC}$

解：

例 21 設 $\vec{F} \cdot \vec{i} = \vec{F} \cdot \vec{j} = 0$，求 $\vec{F}$ 之值？

解：

例 22 設 $\vec{F} \neq 0$，某一單位向量 $\vec{u}$，使得 $|\vec{F} \cdot \vec{u}|$ 為極大值，求 $\vec{u}$ 與 $\vec{F}$ 的關係。

解：

22. 【內積的特性】若 $\vec{a}$、$\vec{b}$、$\vec{c}$ 為三向量，且 $r \in R$，則

(1) $\vec{a} \cdot \vec{b} = \vec{b} \cdot \vec{a}$

(2) $\vec{a} \cdot \vec{a} = |\vec{a}|^2$

(3) $\vec{a} \cdot \vec{a} = 0 \Leftrightarrow \vec{a} = \vec{0}$ （夾角 $\cos\theta = 1$）

(4) $\vec{a} \cdot (\vec{b} + \vec{c}) = \vec{a} \cdot \vec{b} + \vec{a} \cdot \vec{c}$

(5) $r\vec{a} \cdot \vec{b} = \vec{a} \cdot (r\vec{b})$

(6) $(\vec{a} + \vec{b}) \cdot (\vec{a} - \vec{b}) = |\vec{a}|^2 - |\vec{b}|^2$

(7) $|\vec{a} + \vec{b}|^2 = (\vec{a} + \vec{b}) \cdot (\vec{a} + \vec{b}) = |\vec{a}|^2 + 2\vec{a} \cdot \vec{b} + |\vec{b}|^2$

註：(1) 二向量相加，其結果還是為一向量；

(2) 二向量的內積，其結果為一數值 $\in R$；

(3) 向量和一數值乘積，結果也是一向量；

(4) 向量和數值不能相加。

例 23 設 $|\overrightarrow{OA}| = 5$，$|\overrightarrow{OB}| = 6$，且 $\overrightarrow{OA}$ 和 $\overrightarrow{OB}$ 之間的夾角為 $60°$，求：

(1) $\overrightarrow{OA} \cdot \overrightarrow{OB}$；(2) $|\overrightarrow{OA} - \overrightarrow{OB}|$；(3) $|2\overrightarrow{OA} + 3\overrightarrow{OB}|$．

☞作法：(1) 要求向量的長度通常會先將長度平方後，再求會比較容易些。

(2) 長度的平方通常用內積來解；即 $|\vec{a}|^2 = \vec{a} \cdot \vec{a}$．

解：

例 24 $\vec{x}$, $\vec{y}$ 為二向量，下列情況在何條件下才會成立？

(1) $|\vec{x}+\vec{y}|=|\vec{x}|+|\vec{y}|$

(2) $|\vec{x}|^2+|\vec{y}|^2=|\vec{x}+\vec{y}|^2$

(3) $|\vec{x}\cdot\vec{y}|=|\vec{x}||\vec{y}|$

(4) $\vec{x}\cdot\vec{y}=|\vec{x}||\vec{y}|$

(5) $\||\vec{x}|-|\vec{y}|\|\leq|\vec{x}-\vec{y}|$

解：

例 25 設 $\vec{x}$, $\vec{y}$ 是單位向量且相互垂直，對任何常數 s 和 $t \in R$，求 $|s\vec{x}+t\vec{y}|^2 = $ ？

證：

例 26 已知 $\vec{a}+\vec{b}+\vec{c}=\vec{0}$ 且 $\vec{a}\cdot\vec{b}=-1$，$\vec{b}\cdot\vec{c}=-2$，$\vec{c}\cdot\vec{a}=-3$，求：

(1) $|\vec{a}|=$ ？ (2) $|\vec{b}|=$ ？ (3) $|\vec{c}|=$ ？ (4) $|\vec{a}+\vec{b}-2\vec{c}|=$ ？

解：

23.【分點公式】若向量 $\overrightarrow{OA}=(x_1, y_1)$、向量 $\overrightarrow{OB}=(x_2, y_2)$，$P$ 點在直線 $\overleftrightarrow{AB}$ 上，且 $\overline{AP}$：$\overline{BP}=m$：n，則：

(1) 若 P 點在線段 $\overline{AB}$ 上，則 $\overrightarrow{OP}=\dfrac{n}{m+n}\overrightarrow{OA}+\dfrac{m}{m+n}\overrightarrow{OB}$

$=\dfrac{n}{m+n}(x_1,y_1)+\dfrac{m}{m+n}(x_2,y_2)=\left(\dfrac{mx_2+nx_1}{m+n},\dfrac{my_2+ny_1}{m+n}\right)$．

(2) 若 P 點不在線段 $\overline{AB}$ 上且 B 點在點 A 和點 P 間，則 $\overrightarrow{OB} = \dfrac{n}{m}\overrightarrow{OA} + \dfrac{m-n}{m}\overrightarrow{OP}$

(3) 分點公式和 O 點位置無關。

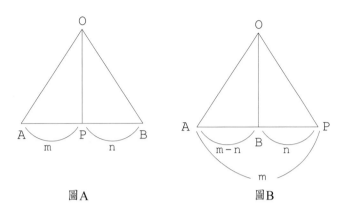

圖A 圖B

例 27 向量 $\overrightarrow{OA} = (4, 1)$、向量 $\overrightarrow{OB} = (0, 5)$，且 $\overline{AP} : \overline{BP} = 3 : 2$，則 (1) 若 P 點在線段 $\overline{AB}$ 上，$\overrightarrow{OP} = ?$ (2) 若 P 點不在線段 $\overline{AB}$ 上，則 $\overrightarrow{OP} = ?$

✍ 作法：分點公式和 O 點位置無關。

解：

例 28 若 $A(1, 2)$、$B(7, 6)$，P 在直線 AB 上，且 $\overline{AP} : \overline{BP} = 3 : 5$，求 P 的座標。

解：

24.【三角形的內心】

(1) 三角形的內心是三個內角的平分線的交點，此交點到三角形的三個邊等長。

(2) 三角形 ABC 中，若 $A(x_1, y_1)$、$B(x_2, y_2)$、$C(x_3, y_3)$、I 為內心且 $\overline{AB} = c$、$\overline{BC} = a$、$\overline{CA} = b$，則（見下圖）：

(a) $\overrightarrow{AD} = \dfrac{b}{b+c}\overrightarrow{AB} + \dfrac{c}{b+c}\overrightarrow{AC}$，

$$\vec{BE} = \frac{a}{a+c}\vec{BA} + \frac{c}{a+c}\vec{BC} \ .$$

(b) $\vec{AI} = \dfrac{b}{a+b+c}\vec{AB} + \dfrac{c}{a+b+c}\vec{AC}$

(c) 若點 O 為任一點，則：

$$\vec{OI} = \frac{1}{a+b+c}\left(a \times \vec{OA} + b \times \vec{OB} + c \times \vec{OC}\right)$$

(d) $a \times \vec{AI} + b \times \vec{BI} + c \times \vec{CI} = \vec{0}$

(e) I 的座標為 $\left(\dfrac{ax_1 + bx_2 + cx_3}{a+b+c}, \dfrac{ay_1 + by_2 + cy_3}{a+b+c}\right)$

(f) 面積比 $\triangle IAC : \triangle IAB : \triangle IBC = b : c : a$

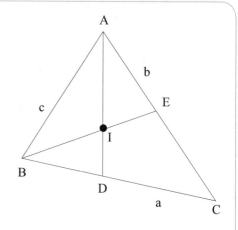

例 29 三角形 ABC 中，若 $A(1, 2)$、$B(1, 6)$、$C(4, 6)$、I 為內心且 A 的角平分線交 $\overline{BC}$ 於 D 點，求：(1) 內心的座標；(2) $\vec{AI}$；(3) $\vec{AD}$.

解：

25.【三角形的外心】

(1) 三角形的外心是三邊的垂直平分線的交點。

(2) 外心到三角形的三個頂點的距離相等，也就是三角形外接圓的圓心是此三角形的外心。

(3) 若三角形 ABC 中，O 為其外心，則

$$\vec{AO} \cdot \vec{AB} \ (\text{為二者的內積}) = \vec{AE} \cdot \vec{AB} = \frac{1}{2}\vec{AB} \cdot \vec{AB} = \frac{1}{2}\left|\vec{AB}\right|^2$$

同理：$\vec{AO} \cdot \vec{AC} = \dfrac{1}{2}\left|\vec{AC}\right|^2$

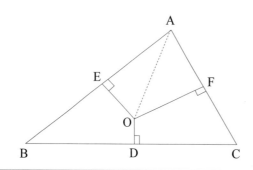

例 30 三角形 ABC 中，若 $A(1, 2)$、$B(1, 6)$、$C(4, 6)$、O 為外心，求 O 點坐標？

☞作法：利用外心公式 $\overrightarrow{AO} \cdot \overrightarrow{AB} = \dfrac{1}{2} |\overrightarrow{AB}|^2$ 和 $\overrightarrow{AO} \cdot \overrightarrow{AC} = \dfrac{1}{2} |\overrightarrow{AC}|^2$ 解之。

解：

26.【三角形的重心】

(1) 三角形的重心是三個頂點到三對邊中點連線的交點。

(2) 若三個頂點為 $A\ (x_1, y_1)$、$B\ (x_2, y_2)$、$C\ (x_3, y_3)$，則 $\triangle ABC$ 的重心座標為：

$(\dfrac{x_1 + x_2 + x_3}{3}\ , \dfrac{y_1 + y_2 + y_3}{3})$。

(3) 若 G 為 $\triangle ABC$ 的重心，則

(a) $\overrightarrow{AG} = \dfrac{1}{3}\overrightarrow{AB} + \dfrac{1}{3}\overrightarrow{AC}$，$\overrightarrow{BG} = \dfrac{1}{3}\overrightarrow{BC} + \dfrac{1}{3}\overrightarrow{BA}$，$\overrightarrow{CG} = \dfrac{1}{3}\overrightarrow{CA} + \dfrac{1}{3}\overrightarrow{CB}$

(b) 若 O 為任意點，則 $\overrightarrow{OG} = \dfrac{1}{3}(\overrightarrow{OA} + \overrightarrow{OB} + \overrightarrow{OC})$

(c) $\overrightarrow{GA} + \overrightarrow{GB} + \overrightarrow{GC} = \vec{0}$（註：G 為 $\triangle ABC$ 重心的條件為 $\overrightarrow{GA} + \overrightarrow{GB} + \overrightarrow{GC} = \vec{0}$）

(d) 面積相等：$\triangle GAB = \triangle GAC = \triangle GBC$.

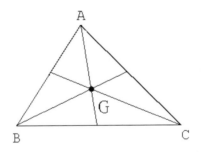

例 31 三角形 ABC 中，若 $A(1, 2)$、$B(1, 6)$、$C(4, 6)$ 且 G 為重心，求 G 點坐標。

解：

27.【直線的法向量、方向向量】

(1) 若一向量與一直線垂直，我們就稱此向量為此直線的「法向量」。

(2) 若一向量與一直線平行，我們就稱此向量為此直線的「方向向量」，所以方向向量和法向量互相垂直。

28.【直線方程式（參數式）】

(1) 通過 $A(x_1, y_1)$ 和 $B(x_2, y_2)$ 二點的直線方程式為：

$$\frac{x - x_1}{x_2 - x_1} = \frac{y - y_1}{y_2 - y_1} \Rightarrow \begin{cases} x = x_1 + (x_2 - x_1) \cdot t \\ y = y_1 + (y_2 - y_1) \cdot t \end{cases}, \ (t \in R)$$

其中向量 $(x_2 - x_1, y_2 - y_1)$ 是此直線的方向向量，此型式的直線方程式稱為參數式。

$$\begin{cases} x = x_1 + (x_2 - x_1) t \\ y = y_1 + (y_2 - y_1) t \end{cases}$$

線段、射線圖

(2) 若上述 t 等於某一特定值時，其所對應的 (x, y) 就是在該直線上的某一定點。

t 的值	所在位置
0	點 (x_1, y_1)
1	點 (x_2, y_2)
$0 \leq t \leq 1$	線段 $\overline{AB}$
$t \in R$	直線 $\overleftrightarrow{AB}$
$t \geq 0$	射線 $\overrightarrow{AB}$
$t \leq 1$	射線 $\overrightarrow{BA}$

29.【2D 直線法向量的求法】

(1) 若直線方程式為 $ax + by = c$，則：

(a) 其法向量為 (a, b)；

(b) 其方向向量為 $(-b, a)$ 或 $(b, -a)$.

(2) 若直線方程式為：$\dfrac{x - x_1}{a} = \dfrac{y - y_1}{b}$，或表成 $\begin{cases} x = x_1 + at \\ y = y_1 + bt \end{cases}$

則其方向向量為 (a, b)，法向量為 $(-b, a)$ 或 $(b, -a)$.

例 **32** 求直線方程式的方法：

(1) 通過二點：求過點 (1, 2) 和 (5, 4) 的直線方程式。

(2) 已知一直線的方向向量為 (2, 3) 且通過點 (4, 5)，求此直線方程式。

解：

例 **33** 設點 $A(2, 3)$、點 $B(5, 2)$，求下列的參數式？

(1) 線段 $\overline{AB}$；(2) 直線 $\overleftrightarrow{AB}$；(3) 射線 $\overrightarrow{AB}$；(4) 射線 $\overrightarrow{BA}$。

解：

---

30. 【直線特性】

(1) 若二條直線平行 ⇒ 其方向向量（或法向量）成比例。

(2) 若二條直線垂直 ⇒ 其方向向量（或法向量）的內積為 0，或斜率乘積為 -1.

(3) 通過點 (x_0, y_0) 且方向向量為 (a, b) 的直線方程式為：

(a) $\dfrac{x - x_0}{a} = \dfrac{y - y_0}{b}$ （若 $a \neq 0$ 且 $b \neq 0$）；或

(b) $x = x_0 + a \cdot t$，$y = y_0 + b \cdot t$，$t \in R$；或

(c) $bx - ay = (bx_0 - ay_0)$，也就是 $y = \dfrac{b}{a}x - \left(\dfrac{bx_0 - ay_0}{a}\right)$，

(d) 其斜率為 $\dfrac{b}{a}$，法向量為 $(b, -a)$，方向向量為 (a, b).

(4) 通過點 (x_0, y_0) 且斜率為 m 的直線方程式為（註：其方向向量為 $(1, m)$）

(a) 點斜式：$y - y_0 = m(x - x_0)$；

(b) 參數式：$x = t$，$y = m \cdot t + (y_0 - mx_0)$，$t \in R$.

例 34 求兩直線的交點座標：(1) $\begin{cases} L_1 : 2x + y = 5 \\ L_2 : x + 2y = 4 \end{cases}$，(2) $L_1 : \begin{cases} x = 2 + 3t \\ y = 1 + t \end{cases}$，$L_2 : \begin{cases} x = 1 + 2t \\ y = 3 + 4t \end{cases}$，

(3) $L_1 : 2x + 3y = 4$；$L_2 : \begin{cases} x = 1 + 2t \\ y = 3 + 4t \end{cases}$，$t \in R.$

解：

31.【求距離】

(1) 點 $P(x_0, y_0)$ 到直線 $ax + by = c$ 的距離為 $\dfrac{|ax_0 + by_0 - c|}{\sqrt{a^2 + b^2}}$．

(2) 平面上二平行線 $L_1 : ax + by = c_1$ 和 $L_2 : ax + by = c_2$ 間的距離為 $\dfrac{|c_1 - c_2|}{\sqrt{a^2 + b^2}}$．

例 35 求點 $(-2, -4)$ 到直線 $x + 2y = 5$ 的距離。

解：

例 36 求二平行線 $2x + y = 1$，$4x + 2y = 5$ 間的距離。

解：

☆☆ 32.【二直線的交角】求二條直線的交角方法有：

(1) 已知二直線的方程式 $L_1 : \dfrac{x - x_1}{a_1} = \dfrac{y - y_1}{b_1}$，$L_2 : \dfrac{x - x_2}{a_2} = \dfrac{y - y_2}{b_2}$，則 (a_1, b_1) 為 L_1 的方向向量，(a_2, b_2) 為 L_2 的方向向量，此二方向向量的夾角（即為此二直線的

夾角）為：

$$(a_1, b_1) \cdot (a_2, b_2) = \sqrt{a_1^2 + b_1^2} \sqrt{a_2^2 + b_2^2} \cos\theta$$

$$\therefore \cos\theta = \frac{a_1 a_2 + b_1 b_2}{\sqrt{a_1^2 + b_1^2} \sqrt{a_2^2 + b_2^2}} \text{，而另一夾角為 } 180° - \theta.$$

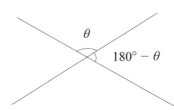

(2) 已知二直線方程式為 $L_1 : a_1 x + b_1 y = c_1$ 和 $L_2 : a_2 x + b_2 y = c_2$，則：

(a) 此二直線的法向量分別為 (a_1, b_1) 和 (a_2, b_2)，此二法向量的夾角（即為此二直線的夾角）為 $(a_1, b_1) \cdot (a_2, b_2) = \sqrt{a_1^2 + b_1^2} \sqrt{a_2^2 + b_2^2} \cos\theta$

$$\therefore \cos\theta = \frac{a_1 a_2 + b_1 b_2}{\sqrt{a_1^2 + b_1^2} \sqrt{a_2^2 + b_2^2}} \text{，而另一夾角為 } 180° - \theta.$$

(b) 此二直線的斜率分別為 $-\dfrac{a_1}{b_1}$ 和 $-\dfrac{a_2}{b_2}$，其夾角可用下法 (3) 解之

(3) 已知二直線方程式的斜率分別為 m_1，m_2，則其夾角為 $\tan\theta = \left| \dfrac{m_1 - m_2}{1 + m_1 m_2} \right|$，另一夾角為 $180° - \theta.$

例 37 求二直線的夾角的餘弦值：(1) $L_1 : \begin{cases} x = 2t + 3 \\ y = 3t + 4 \end{cases}$，$t \in R$、$L_2 : \begin{cases} x = t - 2 \\ y = -3t + 4 \end{cases}$，$t \in R$；

(2) $L_1 : 2x + 3y = 1$ 和 $L_2 : x - 3y = 4$；(3) 二直線的斜率為 2 和 -3。

解：

例 38 求過點（2、1）且與直線 $x - 3y + 4 = 0$ 的交角為 45° 的直線方程式？

解：

☆☆ 33.【角平分線方程式】求二直線 $L_1 : a_1x + b_1y = c_1$ 和 $L_2 : a_2x + b_2y = c_2$ 的角平分線直線方程式，

(1) 假設點 $(x，y)$ 在此角平分線直線上，它到二直線的距離要相等，即：

$$\frac{|a_1x + b_1y - c_1|}{\sqrt{a_1^2 + b_1^2}} = \frac{|a_2x + b_2y - c_2|}{\sqrt{a_2^2 + b_2^2}} \Rightarrow \frac{a_1x + b_1y - c_1}{\sqrt{a_1^2 + b_1^2}} = \pm\frac{a_2x + b_2y - c_2}{\sqrt{a_2^2 + b_2^2}}，$$

(2) 因角平分線直線有二條，上式可得二解，至於要看那一條是銳角平分線，可以用作圖法來看。

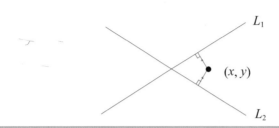

例 39　求二直線 $L_1 : 4x + 3y = 2$ 和 $L_2 : 3x + 4y = -5$ 的二條角平分線方程式？求此二條角平分線那一條是 L_1，L_2 夾銳角的角平分線？

解：

34.【求內心、外心坐標】已知三直線方程式，可以求出所圍成的三角形的內心坐標、外心坐標、重心坐標、垂心坐標。

　作法：(1) 求內心座標：

　　　　(a) 先把 L_1，L_2 和 L_3 三條直線畫到 xy 平面上，

　　　　(b) 再求任二個角的角平分線，

　　　　(c) 最後再求此二角平分線的交點即為所求。

　　　　另解：內心座標 $= \left(\dfrac{ax_1 + bx_2 + cx_3}{a + b + c}, \dfrac{ay_1 + by_2 + cy_3}{a + b + c} \right)$。

　　(2) 求外心座標：

　　　　(a) 先把三角形的三個頂點座標求出來，

　　　　(b) 利用二個頂點，求出其垂直平分線，共求出二條垂直平分線，

　　　　(c) 求出此二條垂直平分線的交點，即為所求。

(3) 求重心座標：若三個頂點分別為 $(x_1，y_1)$、$(x_2，y_2)$ 和 $(x_3，y_3)$，則重心座標為 $\left(\dfrac{x_1+x_2+x_3}{3}，\dfrac{y_1+y_2+y_3}{3}\right)$。

(4) 求垂心座標：

  (a) 求通過頂點且垂直對邊的直線方程式，共求出二條垂直線，

  (b) 求此二條垂直線的交點，即為所求。

例 40 求三直線 $L_1：5x+3y-5=0$，$L_2：7x-4y-7=0$，$L_3：2x-7y+39=0$ 所圍成的三角形的內心座標？外心座標？重心座標？垂心座標？

解：

第三單元　二階行列式

35.【二階行列式】二階行列式為 $\begin{vmatrix} a & b \\ c & d \end{vmatrix} = ad-bc$，也就是 ↘ 方向為正，↙ 方向為負

（可想成打鉤 √，先畫的方向為正，後畫的方向為負）。

36.【二向量平行和垂直】二向量 $\vec{a}=(a_1,a_2)$ 和 $\vec{b}=(b_1,b_2)$，

(1) 若 $\vec{a}$ 平行 $\vec{b}$，則 $\begin{vmatrix} a_1 & a_2 \\ b_1 & b_2 \end{vmatrix}=0$；

(2) 若 $\vec{a}$ 垂直 $\vec{b}$，則 $\vec{a}\cdot\vec{b}=0$，也就是 $a_1\times b_1+a_2\times b_2=0$；

例 41 求 $\begin{vmatrix} 2 & 3 \\ 1 & 4 \end{vmatrix}=$ ？

    解：

例 42 下列向量，那一組垂直？那一組平行？

(a) $\vec{a} = (1, 2)$ 和 $\vec{b} = (-1, -2)$

(b) $\vec{a} = (1, 2)$ 和 $\vec{b} = (-4, -2)$

(c) $\vec{a} = (1, 2)$ 和 $\vec{b} = (0, 0)$

(d) $\vec{a} = (1, 2)$ 和 $\vec{b} = (1, 2)$

(e) $\vec{a} = (1, 2)$ 和 $\vec{b} = (2, -1)$

解：

---

37. 【行列式的性質】行列式有下列的性質：

(1) 行與列互換，其值不變，即 $\begin{vmatrix} a & b \\ c & d \end{vmatrix} = \begin{vmatrix} a & c \\ b & d \end{vmatrix}$；

(2) 任意二行或二列互換，其值多一個負號，即 $\begin{vmatrix} a & b \\ c & d \end{vmatrix} = -\begin{vmatrix} c & d \\ a & b \end{vmatrix}$；

(3) 將任一行（任一列）乘上一個倍數加到另一行（另一列），其值不變，即

$\begin{vmatrix} a & b \\ c & d \end{vmatrix} = \begin{vmatrix} a & b \\ ak+c & bk+d \end{vmatrix}$（第一列乘以 k 加到第二列）。

(4) 任意二行或二列成比例，其值為 0，即 $\begin{vmatrix} a & b \\ ak & bk \end{vmatrix} = 0$；

(5) 有一行（或一列）的元素全為 0，其結果為 0，即 $\begin{vmatrix} a & b \\ 0 & 0 \end{vmatrix} = 0$；

(6) 任一行或任一列，均可提出其共同的因數，即 $\begin{vmatrix} ka & kb \\ c & d \end{vmatrix} = k\begin{vmatrix} a & b \\ c & d \end{vmatrix}$；

(7) 將任一行（任一列）的每個元素分成二個元素和，則原行列式值等於分開的二個行

列式值之和，即 $\begin{vmatrix} a+x & b+y \\ c & d \end{vmatrix} = \begin{vmatrix} a & b \\ c & d \end{vmatrix} + \begin{vmatrix} x & y \\ c & d \end{vmatrix}$

所以 $\begin{vmatrix} a+x & b+y \\ c+u & d+v \end{vmatrix} = \begin{vmatrix} a & b \\ c+u & d+v \end{vmatrix} + \begin{vmatrix} x & y \\ c+u & d+v \end{vmatrix} = \begin{vmatrix} a & b \\ c & d \end{vmatrix} + \begin{vmatrix} a & b \\ u & v \end{vmatrix} + \begin{vmatrix} x & y \\ c & d \end{vmatrix} + \begin{vmatrix} x & y \\ u & v \end{vmatrix}$

例 43 假設 $\begin{vmatrix} a & b \\ c & d \end{vmatrix} = 6$，求下列行列式：

(a) $\begin{vmatrix} 2a & 2b \\ c & d \end{vmatrix}$ (b) $\begin{vmatrix} c & d \\ a & b \end{vmatrix}$ (c) $\begin{vmatrix} a-2c & b-2d \\ c & d \end{vmatrix}$

解：

38.【求三角形面積】

(1) 若 $\triangle ABC$ 中，向量 $\overrightarrow{AB} = (a_1, b_1)$，向量 $\overrightarrow{AC} = (a_2, b_2)$，則 $\triangle ABC$ 的面積 $= \dfrac{1}{2}\begin{vmatrix} a_1 & b_1 \\ a_2 & b_2 \end{vmatrix}$ 的絕對值。

(2) 它也可以先求出 $c = |\overrightarrow{AB}|$，$b = |\overrightarrow{AC}|$，$a = |\overrightarrow{BC}| = |\overrightarrow{BA} + \overrightarrow{AC}|$，再代入「海龍公式」，$\sqrt{s(s-a)(s-b)(s-c)}$ 求其面積。

(3) 平行四邊形 $ABCD$ 中，若向量 $\overrightarrow{AB} = (a_1, b_1)$，向量 $\overrightarrow{AD} = (a_2, b_2)$，則平行四邊形 $ABCD$ 的面積 $= \begin{vmatrix} a_1 & b_1 \\ a_2 & b_2 \end{vmatrix}$ 的絕對值。(是三角形的 2 倍)

例 44 若 $\triangle ABC$ 中，$\overrightarrow{AB} = (2,3)$，$\overrightarrow{AC} = (1,-2)$，求 $\triangle ABC$ 的面積。

解：

例 45 若 $\triangle ABC$ 中，點 $A = (2, 3)$，點 $B = (-1, 4)$，點 $C = (5, 1)$，求 $\triangle ABC$ 的面積。

解：

例 46 若平行四邊形 $ABCD$，點 $A = (2, 3)$，點 $B = (-1, 4)$，點 $C = (5, 1)$，求
(1) 點 D 的坐標？ (2) 平行四邊形 $ABCD$ 的面積。

解：

39.【長度與面積】

(1) 設 O 為原點，若平面上有二點 $A(x_1, y_1)$、$B(x_2, y_2)$，則

$\{(x_1, y_1) + t \cdot (x_2, y_2) \mid a \leq t \leq b\}$ 的線段長為 $(b-a)\overline{OB}$，

證明：$t = a$ 時，坐標為 $(x_1 + ax_2, y_1 + ay_2)$；

$\qquad t = b$ 時，坐標為 $(x_1 + bx_2, y_1 + by_2)$；

$\qquad$ 所以其線段長為 $\sqrt{[(x_1 + bx_2) - (x_1 + ax_2)]^2 + [(y_1 + by_2) - (y_1 + ay_2)]^2}$

$$= (b-a)\sqrt{x_2^2 + y_2^2} = (b-a)\overline{OB}$$

(2) 平面上有二向量 $\vec{a} = (a_1, b_1)$、$\vec{b} = (a_2, b_2)$，則

$\{s \cdot (a_1, b_1) + t \cdot (a_2, b_2) \mid x_1 \leq s \leq x_2, \ y_1 \leq t \leq y_2\}$ 所圍成的面積為：

(a) 先算出向量 $\vec{a}$、$\vec{b}$ 所圍成的平行四邊形面積 $= A$

(b) 再算出面積 A 的幾倍，此倍數算法為 $(x_2 - x_1)(y_2 - y_1)A$。

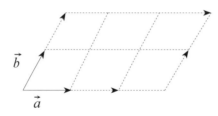

當 $0 \leq s \leq 3$，$0 \leq t \leq 2$ 的圖形

例 47 已知點 $A(2, 3)$、$B(-1, 2)$，求 $\{(2, 3) + t \cdot (-1, 2) \mid 1 \leq t \leq 5\}$ 的線段長？

解：

例 48 （99 課綱範例）求 $\{x(1, 2) + y(2, 1), 0 \le x \le 1, 0 \le y \le 1\}$ 所圍成的區域面積。

🖐作法：其是求向量 $(1, 2)$ 和 $(2, 1)$ 所圍成的平行四邊形面積的 1 倍。

解：

例 49 空間中有二向量 $\vec{a} = (2, 3)$、$\vec{b} = (-1, 2)$，則 $\{s \cdot \vec{a} + t \cdot \vec{b} \mid 1 \le s \le 4, \ 2 \le t \le 8\}$ 所圍成的面積為何？

解：

例 50 若點 $A(1,1)$，$B(3,-2)$，$C(2,4)$ 且 $\overrightarrow{AP} = a\overrightarrow{AB} + b\overrightarrow{AC}$，$2 \le a \le 5$，$-1 \le b \le 3$，求由 P 點的軌跡所組成的面積。

解：

40.【正射影】

(1) $\vec{a} \cdot \vec{b}$（內積）的意義是 $\vec{a}$ 向量投影到 $\vec{b}$ 向量的長度（等於 $|\vec{a}|\cos\theta$），再乘以 $\vec{b}$ 向量的長度（$|\vec{b}|$），即 $\vec{a} \cdot \vec{b} = (|\vec{a}|\cos\theta) \cdot |\vec{b}| = |\vec{a}||\vec{b}|\cos\theta$.

(2) 內積的結果為一常數。

(3) $\vec{a}$ 向量投影到 $\vec{b}$ 向量的長度（稱為「正射影長」）

$= \dfrac{\vec{a} \cdot \vec{b}}{|\vec{b}|} = |\vec{a}|\cos\theta = \overline{AB}$（見下圖）。

若此結果為負值，表示 $\vec{a}$，$\vec{b}$ 二向量的夾角大於 $90°$。

(4) $\vec{a}$ 投影到 $\vec{b}$ 的向量（稱為「正射影」）（等於 (3) 再乘上 $\vec{b}$ 的單位向量）

$$= |\vec{a}|\cos\theta \cdot \frac{\vec{b}}{|\vec{b}|} = \frac{(\vec{a} \cdot \vec{b})}{|\vec{b}|} \cdot \frac{\vec{b}}{|\vec{b}|} = \frac{(\vec{a} \cdot \vec{b})}{|\vec{b}|^2}\vec{b}$$

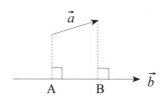

例 51 設 $\vec{a} = (2, 4)$、$\vec{b} = (3, 4)$，求 (1) $\vec{a}$ 向量投影到 $\vec{b}$ 向量的長度；(2) $\vec{a}$ 向量投影到 $\vec{b}$ 向量的向量。

解：

例 52 設 $\vec{a} = (3, 4)$，$\vec{b} = (1, 1)$，$L：2x + y = 5$，求：

(1) $\vec{a}$ 在 $\vec{b}$ 的正射影為何？正射影長為何？

(2) $\vec{a}$ 在 L 的正射影為何？正射影長為何？

解：

41. 【柯西不等式】柯西不等式的性質為：

(1) 若 $\vec{a} = (x_1, y_1)$，$\vec{b} = (x_2, y_2)$，則 $|\vec{a} \cdot \vec{b}| \le |\vec{a}||\vec{b}|$，（若 $\vec{a} \parallel \vec{b}$，則等號成立）

（證明：因 $\vec{a} \cdot \vec{b} = |\vec{a}||\vec{b}|\cos\theta$，又 $|\cos\theta| \le 1$），或寫成：

(2) $(x_1^2 + y_1^2)(x_2^2 + y_2^2) \ge (x_1 x_2 + y_1 y_2)^2$，（若 $\dfrac{x_1}{y_1} = \dfrac{x_2}{y_2}$ 時，等號成立）。

42.【柯西不等式解題技巧】 解柯西不等式的題目一定是（$a, b, c, d \in R$）：

(1) 已知 $a \cdot x^2 + b \cdot y^2 = (\sqrt{a}x)^2 + (\sqrt{b}y)^2$，要求 $c \cdot x + d \cdot y$ 的極值；或

(2) 已知 $c \cdot x + d \cdot y$，要求 $a \cdot x^2 + b \cdot y^2$ 的極值

☞**作法**：將平方項放在不等式的左邊，一次方項放在右邊，再找出另一個平方項，

即柯西不等式 $[(\sqrt{a}x)^2 + (\sqrt{b}y)^2]\left[\left(\dfrac{c}{\sqrt{a}}\right)^2 + \left(\dfrac{d}{\sqrt{b}}\right)^2\right] \geq (cx + dy)^2$

也就是多乘以 $\left[\left(\dfrac{c}{\sqrt{a}}\right)^2 + \left(\dfrac{d}{\sqrt{b}}\right)^2\right] = \left[\dfrac{c^2}{a} + \dfrac{d^2}{b}\right]$ 即可。

例 53 已知 $9x^2 + 4y^2 = 13$，求 $x - y$ 的最大值？最小值？及此時的 x、y 值。

解：

例 54 設 a、$b \in R$，求：

(1) 若 $2a^2 + 3b^2 = 10$，求 $5a - 2b + 4$ 的最大值及最小值。

(2) 若 $2a - 3b = 10$，求 $3a^2 + 2b^2$ 的最小值及此時的 a、b 之值。

解：

43.【二直線關係】 「平面上」二直線的位置關係有：(a) 交於一點，(b) 平行，(c) 重疊。

44.【二元一次聯立方程式】 二元一次聯立方程式 $\begin{cases} a_1 x + b_1 y = c_1 \\ a_2 x + b_2 y = c_2 \end{cases}$，用克拉瑪公式解為：

令 $\Delta = \begin{vmatrix} a_1 & b_1 \\ a_2 & b_2 \end{vmatrix}$，$\Delta_x = \begin{vmatrix} c_1 & b_1 \\ c_2 & b_2 \end{vmatrix}$，$\Delta_y = \begin{vmatrix} a_1 & c_1 \\ a_2 & c_2 \end{vmatrix}$，（$c_1$、$c_2$ 在等號的右邊）

則 (1) 若 $\Delta \neq 0$，則此二元一次聯立方程式恰有一解，（二直線交於一點）

其解為 $x = \dfrac{\Delta_x}{\Delta}$，$y = \dfrac{\Delta_y}{\Delta}$。

(2) 若 $\Delta = 0$，且 Δ_x、Δ_y 不為 0，則為無解。（二直線平行）

(3) 若 $\Delta = 0$，且 $\Delta_x = \Delta_y = 0$，則有無窮多組解。（二直線重疊）

例 55 解二元一次聯立方程組 $\begin{cases} 2x + y - 4 = 0 \\ x - 2y + 3 = 0 \end{cases}$,

作法:用克拉瑪公式解,但常數要放到等號右邊。

解:

例 56 決定 a 值,使得方程組 $\begin{cases} ax + 4y = 2 \\ x + ay = 1 \end{cases}$, (1) 唯一解;(2) 無解;(3) 一個以上解。

解:

83 年 到 102 年 學 測 題 目

1. (85 學測) 設 D 點在△ABC 的 $\overline{BC}$ 邊上,且△ABD 的面積 $= \dfrac{2}{3} \triangle ADC$ 的面積,若 B 的坐標為 $(0, 5)$,C 的坐標為 $(7, 0)$,則 D 的坐標為何?

2. (86 學測) 有一邊長為 3 的正六邊形紙板,今在每一個角各剪掉一個小三角形,使其成為正十二邊形之紙板,則此正十二邊形之一邊長為:

(A) 1　　　　　　　　(B) $\dfrac{3}{2}$　　　　　　　　(C) $\sqrt{3}$

(D) $\dfrac{3\sqrt{3} - 3}{2}$　　　　　(E) $6\sqrt{3} - 9$

3. (86 學測) 在四邊形 $ABCD$ 中,$\angle A = 120°$,$\overline{AB} = 1$,$\overline{AD} = 2$,且 $\overrightarrow{AC} = 3\overrightarrow{AB} + 2\overrightarrow{AD}$,則 $\overline{AC}$ 的長度為何?

4. （87 學測） 如圖 (一)，*ABCDEF* 為一正六邊形。那麼下列向量內積中，何者最大？

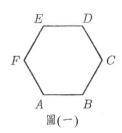

圖(一)

(A) $\overrightarrow{AB} \cdot \overrightarrow{AB}$

(B) $\overrightarrow{AB} \cdot \overrightarrow{AC}$

(C) $\overrightarrow{AB} \cdot \overrightarrow{AD}$

(D) $\overrightarrow{AB} \cdot \overrightarrow{AE}$

(E) $\overrightarrow{AB} \cdot \overrightarrow{AF}$

5. （87 學測） 在圖 (三) 中，*ABC* 是邊長為 8 的正三角形撞球檯，線段 $BP = \sqrt{2}$。今由 *P* 點將一粒球以平行 *BA* 方向射出，最後又回到 *P* 點。球所走的路徑，如圖箭號所示。則此路徑的長度為何？

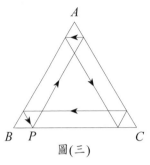

圖(三)

6. （90 學測） 在坐標平面上，*A*(150,200), *B*(146,203), *C*(−4,3), *O*(0,0)，則下列選項何者為真？

(A) 四邊形 *ABCO* 是一個平行四邊形；

(B) 四邊形 *ABCO* 是一個長方形；

(C) 四邊形 *ABCO* 的兩對角線互相垂直；

(D) 四邊形 *ABCO* 的對角線 *AC* 長度大於 251；

(E) 四邊形 *ABCO* 的面積為 1250。

7. （91 學測） 如圖，下面哪一選項中的向量與另兩個向量 $\overrightarrow{PO}$、$\overrightarrow{QO}$ 之和等於零向量？

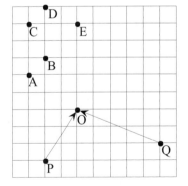

(A) $\overrightarrow{AO}$ (B) $\overrightarrow{BO}$

(C) $\overrightarrow{CO}$ (D) $\overrightarrow{DO}$

(E) $\overrightarrow{EO}$

8. （92 學測） 設 *ABC* 為坐標平面上一三角形，*P* 為平面上一點且 $\overrightarrow{AP} = \dfrac{1}{5}\overrightarrow{AB} + \dfrac{2}{5}\overrightarrow{AC}$，則 $\dfrac{\triangle ABP 面積}{\triangle ABC 面積}$ 等於

(A) $\dfrac{1}{5}$ (B) $\dfrac{1}{4}$

(C) $\dfrac{2}{5}$ (D) $\dfrac{1}{2}$

(E) $\dfrac{2}{3}$

9. （92 補考）如右圖，OABCDE 為坐標平面上一正六邊形，其中 O 為原點，A 點坐標為 (2,0)，則向量 $\overrightarrow{DE}$ 之坐標表法為

(A) $(1, \sqrt{3})$

(B) $(-1, -\sqrt{3})$

(C) $(\sqrt{3}, 1)$

(D) $(-\sqrt{3}, -1)$

(E) $(-1, \sqrt{3})$

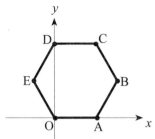

10. （93 薦甄）設 △ABC 為平面上的一個三角形，P 為平面上一點且 $\overrightarrow{AP} = \frac{1}{3}\overrightarrow{AB} + t\,\overrightarrow{AC}$，其中 t 為一實數。試問下列哪一選項為 t 的最大範圍，使得 P 落在△ABC 的內部？

(A) $0 < t < \frac{1}{4}$ (B) $0 < t < \frac{1}{3}$ (C) $0 < t < \frac{1}{2}$

(D) $0 < t < \frac{2}{3}$ (E) $0 < t < \frac{3}{4}$

11. （94 學測）如右圖所示，兩射線 OA 與 OB 交於 O 點，試問下列選項中哪些向量的終點會落在陰影區域內？

(A) $\overrightarrow{OA} + 2\overrightarrow{OB}$

(B) $\frac{3}{4}\overrightarrow{OA}\; \frac{1}{3}\overrightarrow{OB}$

(C) $\frac{3}{4}\overrightarrow{OA} - \frac{1}{3}\overrightarrow{OB}$ (D) $\frac{3}{4}\overrightarrow{OA} + \frac{1}{5}\overrightarrow{OB}$

(E) $\frac{3}{4}\overrightarrow{OA} - \frac{1}{5}\overrightarrow{OB}$

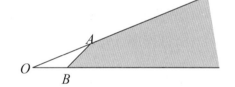

12. （94 學測）在坐標平面上，正方形 ABCD 的四個頂點坐標分別為 A(0,1), B(0,0), C(1,0), D(1,1)。設 P 為正方形 ABCD 內部的一點，若△PDA 與△PBC 的面積比為 1：2，且△PAB 與△PCD 的面積比為 2：3，則 P 點的坐標為何？（化成最簡分數）

13. （94 學測）設 O 為坐標平面上的原點，P 點坐標為 (2, 1)；若 A、B 分別是正 x 軸及正 y 軸上的點，使得 $\overrightarrow{PA} \perp \overrightarrow{PB}$，則△OAB 面積的最大可能值為何。（化成最簡分數）

14. （95 學測）給定平面上三點 (−6, −2), (2, −1), (1, 2)。若有第四點和此三點形成一菱形（四邊長皆相等），則第四點的坐標為（　，　）。

15. （95 學測）在三角形 ABC 中，若 D 點在 $\overline{BC}$ 邊上，且 $\overline{AB} = 7, \overline{AC} = 13, \overline{BD} = 7, \overline{CD} = 8$，則 $\overline{AD} = $？

16. （96 學測）坐標平面上有相異兩點 P、Q，其中 P 點坐標為 (s, t)。已知線段 $\overline{PQ}$ 的中垂線 L 的方程式為 $3x - 4y = 0$，試問下列哪些選項是正確的？

(A) 向量 $\overrightarrow{PQ}$ 與向量 $(3, -4)$ 平行；

(B) 線段 $\overline{PQ}$ 的長度等於 $\dfrac{|6s - 8t|}{5}$；

(C) Q 點坐標為 (t, s)；

(D) 過 Q 點與直線 L 平行之直線必過點 $(-s, -t)$；

(E) 以 O 表示原點，則向量 $\overrightarrow{OP} + \overrightarrow{OQ}$ 與向量 $\overrightarrow{PQ}$ 的內積必為 0.

17. （96 學測） 在坐標平面上的 $\triangle ABC$ 中，P 為 $\overline{BC}$ 邊之中點，Q 在 $\overline{AC}$ 邊上且 $\overrightarrow{AQ} = 2\overrightarrow{QC}$。已知 $\overrightarrow{PA} = (4, 3)$，$\overrightarrow{PQ} = (1, 5)$，則 $\overrightarrow{BC} = (\quad, \quad)$.

18. （98 學測） 坐標平面上有四點 $O(0,0)$, $A(-3, -5)$, $B(6, 0)$, $C(x, y)$。今有一質點在 O 點沿 $\overrightarrow{AO}$ 方向前進 $\overline{AO}$ 距離後停在 P，再沿 $\overrightarrow{BP}$ 方向前進 $2\,\overline{BP}$ 距離後停在 Q。假設此質點繼續沿 $\overrightarrow{CQ}$ 方向前進 $3\,\overline{CQ}$ 距離後回到原點 O，則 $(x, y) = (\quad, \quad)$。

19. （99 學測） 坐標平面上給定兩點 $A(1, 0)$ 與 $B(0, 1)$，又考慮另外三點 $P(\pi, 1)$、$Q(-\sqrt{3}, 6)$ 與 $R(2, \log_4 32)$。令 $\triangle PAB$ 的面積為 p、$\triangle QAB$ 的面積為 q、$\triangle RAB$ 的面積為 r。請問下列哪一個選項是正確的？

(A) $p < q < r$ (B) $p < r < q$ (C) $q < p < r$

(D) $q < r < p$ (E) $r < q < p$

20. （99 學測） 坐標平面上有一個平行四邊形 $ABCD$，其中點 A 的坐標為 $(2, 1)$，點 B 的坐標為 $(8, 2)$，點 C 在第一象限且知其 x 坐標為 12。若平行四邊形 $ABCD$ 的面積等於 38 平方單位，則點 D 的坐標為 $(\quad, \quad)$。

21. （99 學測） 設實數 $a > 0$。若 x、y 的方程組 $\begin{cases} 2x - y = 1 \\ x - 2y = a \\ x - ay = 122 \end{cases}$ 有解，則 $a = $ ？

22. （100 學測） 坐標平面中，向量 $\vec{w}$ 與向量 $\vec{v} = (2, \sqrt{5})$ 互相垂直且等長。請問下列哪些選項是正確的？

(A) 向量 $\vec{w}$ 必為 $(\sqrt{5}, -2)$ 或 $(-\sqrt{5}, 2)$；

(B) 向量 $\vec{v} + \vec{w}$ 與 $\vec{v} - \vec{w}$ 等長；

(C) 向量 $\vec{v} + \vec{w}$ 與 $\vec{w}$ 的夾角可能為 $135°$.

(D) 若向量 $\vec{u} = a\vec{v} + b\vec{w}$，其中 a, b 為實數，則向量 $\vec{u}$ 的長度為 $\sqrt{a^2 + b^2}$.

(E) 若向量 $(1, 0) = c\vec{v} + d\vec{w}$，其中 c, d 為實數，則 $c > 0$.

23. （100 學測） 四邊形 $ABCD$ 中，$\overline{AB} = 1$, $\overline{BC} = 5$, $\overline{CD} = 5$, $\overline{DA} = 7$，且 $\angle DAB = \angle BCD = 90°$，則對角線 $\overline{AC}$ 長為 $\sqrt{\underline{\quad\quad}}$。

24. （101 學測）三角形 ABC 是一個邊長為 3 的正三角形，如下圖所示。若在每一邊的兩個三等分點中，各選取一點連成三角形，則下列哪些選項是正確的？

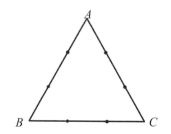

(A) 依此方法可能連成的三角形一共有 8 個；

(B) 這些可能連成的三角形中，恰有 2 個是銳角三角形；

(C) 這些可能連成的三角形中，恰有 3 個是直角三角形；

(D) 這些可能連成的三角形中，恰有 3 個是鈍角三角形；

(E) 這些可能連成的三角形中，恰有 1 個是正三角形。

25. （101 學測）若實數 a, b, c, d 使得聯立方程組 $\begin{cases} ax+8y=c \\ x-4y=3 \end{cases}$ 有解，且聯立方程組 $\begin{cases} -3x+by=d \\ x-4y=3 \end{cases}$ 無解，則下列哪些選項一定正確？

(A) $a \neq -2$ (B) $c = -6$ (C) $b = 12$

(D) $d \neq -9$ (E) 聯立方程組 $\begin{cases} ax+8y=c \\ -3x+by=d \end{cases}$ 無解。

26. （101 學測）設 $A(1, 1), B(3, 5), C(5, 3), D(0, -7), E(2, -3)$ 及 $F(8, -6)$ 為坐標平面上的六個點。若直線 L 分別與三角形 ABC 及三角形 DEF 各恰有一個交點，則 L 的斜率之最小可能值為____。

27. （101 學測）設點 $A(-2, 2)$、$B(4, 8)$ 為坐標平面上兩點，且點 C 在二次函數 $y = \dfrac{1}{2}x^2$ 的圖形上變動。當 C 點的 x 坐標為____時，內積 $\overrightarrow{AB} \cdot \overrightarrow{AC}$ 有最小值____。

28. （101 學測）在邊長為 13 的正三角形 ABC 上各邊分別取一點 P, Q, R，使得 $APQR$ 形成一平行四邊形，如下圖所示，若平行四邊形 $APQR$ 的面積為 $20\sqrt{3}$，則線段 PR 的長度為何？

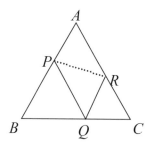

29. （102 學測）坐標平面中 $A(a, 3), B(16, b), C(19, 12)$ 三點共線。已知 C 不在 A, B 之間，且 $\overline{AC} : \overline{BC} = 3:1$，則 $a + b =$ _____。

30. （102 學測）阿德賣 100 公斤的香蕉，第一天每公斤賣 40 元；沒賣完的部份，第二天

降價為每公斤 36 元；第三天再降為每公斤 32 元，到第三天全部賣完，三天所得共為 3720 元。假設阿德在第三天所賣香蕉的公斤數為 t、可算得第二天賣出香蕉的公斤數 為 $at + b$，其中 $a =$ ____，$b =$ ____。

31. （102 學測）令 $\vec{A}$，$\vec{B}$ 為坐標平面上兩向量。已知 $\vec{A}$ 的長度為 1，$\vec{B}$ 的長度為 2 且 $\vec{A}$ 與 $\vec{B}$ 之間的夾角為 60°。令 $\vec{u} = \vec{A} + \vec{B}$、$\vec{v} = x\vec{A} + y\vec{B}$，其中 x, y 為實數且符合 $6 \leq x + y \leq 8$ 以及 $-2 \leq x - y \leq 0$，則內積 $\vec{u} \cdot \vec{v}$ 的最大值為_____。

解答：
1. $(\frac{14}{5},3)$　　2. E　　3. $\sqrt{13}$　　4. B　　5. 24　　6. ABE

7. C　　8. C　　9. B　　10. D　　11. AB　　12. $(\frac{2}{5},\frac{2}{3})$

13. $\frac{25}{16}$　　14. (9, 3)　　15. 7　　16. ABDE　　17. (−1,12)　　18. (−4 ,20)

19. A　　20. (6 ,8)　　21. 14　　22. ABE　　23. $\sqrt{32}$　　24. AB

25. CD　　26. −3　　27. (1)−1；(2)−3　　28. 7　　29. 19

30. 2, 70　　31. 31

Chapter **11** 空間向量

1. 空間概念

1.1 空間中兩直線、兩平面、及直線與平面的位置關係（僅作簡單的概念性介紹）

2. 空間向量的坐標表示法

2.1 空間坐標系：點坐標、距離公式

2.2 空間向量的加減法、係數乘法，線性組合

3. 空間向量的內積

3.1 內積與餘弦的關聯、正射影與高、柯西不等式、兩向量垂直的判定

4. 外積、體積與行列式

4.1 外積與正弦的關聯、兩向量所張出的平行四邊形面積

4.2 三向量所張出的平行六面體體積

◎ **4.3** 三階行列式的定義與性質（不含特殊技巧行列式題型）

99 年 課 程 綱 要 細 部 說 明

　　首先介紹空間中的線、面及其相互關係，如垂直、平行與相交。此部分僅需作簡單的概念性介紹。其次介紹直角坐標系以及距離公式。距離公式是三維空間的畢氏定理，是空間幾何的基石。

　　空間向量的舖陳與平面向量大致相同，包括線性組合、內積與外積，以及三元一次聯立方程組的應用。空間向量的線性組合，包括特殊點的定位。

空間中兩向量的內積是其夾角的餘弦在直角坐標系下的表現，具雙線性與交換性。內積的應用包括兩向量的直交化（正射影、高、柯西不等式）、平面的法向量、兩平面的夾角、點與面的距離、以及兩向量垂直的判定。

空間中兩向量的外積是其夾角的正弦以及公垂向量在直角坐標系下的代數表現，具雙線性與反對稱性。外積的主要應用包括，計算兩向量所張出的平行四邊形的面積、求兩向量所張出的平面方程式、以及求兩歪斜線的距離。

體積是空間幾何的另一主題。在介紹體積時，要先說明平行六面體的體積公式為底面積乘以高，再介紹三階行列式的體積公式。行列式要與三元一次聯立方程組的幾何意涵相結合，即行列式不等於 0 對應於三平面交於一點，或三行向量所形成的平行六面體體積不為 0。

1. 空間概念

1.1 空間中兩直線、兩平面、及直線與平面的位置關係

2. 空間向量的坐標表示法

2.1 空間坐標系：點坐標、距離公式

2.2 空間向量的加減法、係數乘法，線性組合

分點公式

(1) 能在空間坐標中標示出 $\left\{(1,2,3)+t\cdot(0,1,-1)\mid 0\le t\le t\right\}$ 的線段。

(2) 能在空間坐標中標示出 $\left\{s\cdot(1,2,3)+t\cdot(0,1,-1)\mid 0\le s\le 1,\ 0\le t\le t\right\}$ 的區域。

3. 空間向量的內積

3.1 內積與餘弦定理、兩向量的直交化、柯西不等式

給定兩位置向量 (a_1, a_2, a_3)、(b_1, b_2, b_3)，經由餘弦定理計算其終點距離得：

$a_1b_1 + a_2b_2 + a_3b_3 = |\vec{a}\| \vec{b}|\cos\theta$，由此定義 $\vec{a}$、$\vec{b}$ 的內積為，亦即向量內積為餘弦定理在向量幾何下的代數表現。

4. 外積、體積與行列式

4.1 外積與正弦的關聯，兩向量所張出的平行四邊形面積。

(1) 兩向量的公垂向量。

(2) 空間中兩向量所張出的平行四邊形面積

$A^2 = |\vec{a}|^2|\vec{b}|^2 - (\vec{a}\cdot\vec{b})^2 = \begin{vmatrix} a_2 & a_3 \\ b_2 & b_3 \end{vmatrix}^2 + \begin{vmatrix} a_3 & a_1 \\ b_3 & b_1 \end{vmatrix}^2 + \begin{vmatrix} a_1 & a_2 \\ b_1 & b_2 \end{vmatrix}^2$。

4.2 三向量所張出的平行六面體體積

(1) 空間中平行六面體體積為底面積乘以高。

(2) $\vec{a}$，$\vec{b}$，$\vec{c}$ 三向量所形成平行六面體的體積為 $|\vec{a}\cdot(\vec{b}\times\vec{c})|$。

◎ **4.3 三階行列式的定義與性質**

(1) 三階行列式與平行六面體的體積。

(2) 行列式的性質與降階法。

(3) 行列式的應用：三角形面積、三線共點、三階克拉瑪公式，但此部分不宜過度延伸。

(4) 不宜含特殊技巧的行列式題型，如：$\begin{vmatrix} a^2+1 & ba & ca \\ ab & b^2+1 & cb \\ ac & bc & c^2+1 \end{vmatrix}$，$\begin{vmatrix} b+c & a & a \\ b & a+c & b \\ c & c & a+b \end{vmatrix}$。

本 章 内 容

第一單元　空間概念

1. **【三階行列式】** 三階行列式為 $\begin{vmatrix} a_1 & a_2 & a_3 \\ b_1 & b_2 & b_3 \\ c_1 & c_2 & c_3 \end{vmatrix} = a_1b_2c_3 + a_2b_3c_1 + a_3b_1c_2 - a_3b_2c_1 - a_2b_1c_3 - a_1b_3c_2$

例 1　求 $\begin{vmatrix} 1 & 2 & 1 \\ 2 & 1 & -1 \\ 2 & -2 & 1 \end{vmatrix} = ?$

解：

2. **【空間中兩直線、兩平面、及直線與平面的位置關係】**

(1) 空間中兩直線的位置關係：有平行、重疊、交於一點和歪斜等四種。

(2) 空間中兩平面的位置關係：有平行、重疊、交於一線等三種。

(3) 空間中直線與平面的位置關係：有直線與平面平行、直線在平面上、直線與平面交於一點等三種。

3.【平面和空間的差別】平面和空間的差別是空間比平面多一維的量，也就是：

平面只有 x 軸和 y 軸，而空間不只有 x 軸和 y 軸，還有 z 軸。所以平面上的一點座標為 (x, y)，而空間上的一點座標為 (x, y, z)。

例如：點 $(1, 2)$ 為平面上的一點；而點 $(1, 2, 3)$ 為空間上的一點。

4.【八個卦限】空間上的直角座標系是將空間分割成 8 部份，每一部份稱為一個卦限，其中，第一卦限 $= \left\{(x,y,z) \mid x > 0, y > 0, z > 0\right\}$，而其餘的 2 到 8 卦象並沒有規定 x, y, z 的正負值。例如：點 $(1, 2, 3)$ 為第一卦限內的一點。

5.【xyz 軸的表示法】空間中的特殊平面與直線的表示法：

(1) x 軸 $= \left\{(x,0,0) \mid x \in R\right\}$ 或 $(y = 0$ 且 $z = 0)$（即二平面的交線）或 $(x = t，y = 0，z = 0，t \in R)$

(2) y 軸 $= \left\{(0,y,0) \mid y \in R\right\}$ 或 $(x = 0$ 且 $z = 0)$ 或 $(x = 0，y = t，z = 0，t \in R)$

(3) z 軸 $= \left\{(0,0,z) \mid z \in R\right\}$ 或 $(x = 0$ 且 $y = 0)$ 或 $(x = 0，y = 0，z = t，t \in R)$

(4) xy 平面 $= \left\{(x,y,0) \mid x, y \in R\right\}$ 或 $z = 0$

(5) yz 平面 $= \left\{(0,y,z) \mid y, z \in R\right\}$ 或 $x = 0$

(6) xz 平面 $= \left\{(x,0,z) \mid x, z \in R\right\}$ 或 $y = 0$

(7) 原點 $= (0, 0, 0)$

6.【投影點座標】空間上有一點 (a, b, c)，其投影到不同平面或座標軸的情況為：

(a) 投影到 xy 平面的座標為 $(a, b, 0)$，到 xy 平面的距離為 $|c|$，對稱 xy 平面的座標為 $(a, b, -c)$。

(b) 投影到 xz 平面的座標為 $(a, 0, c)$，到 xz 平面的距離為 $|b|$，對稱 xz 平面的座標為 $(a, -b, c)$。

(c) 投影到 yz 平面的座標為 $(0, b, c)$，到 yz 平面的距離為 $|a|$，對稱 yz 平面的座標為 $(-a, b, c)$。

(d) 投影到 x 軸的座標為 $(a, 0, 0)$，到 x 軸的距離為 $\sqrt{b^2 + c^2}$，對稱 x 軸的座標為 $(a, -b, -c)$。

(e) 投影到 y 軸的位置為 $(0, b, 0)$，到 y 軸的距離為 $\sqrt{a^2 + c^2}$，對稱 y 軸的座標為 $(-a, b, -c)$。

(f) 投影到 z 軸 的 座標 為 $(0, 0, c)$，到 z 軸 的 距離 為 $\sqrt{a^2 + b^2}$，對稱 z 軸 的 座標 為 $(-a, -b, c)$.

(g) 到原點 的 距離 為 $\sqrt{a^2 + b^2 + c^2}$，對稱原點 的 座標 為 $(-a, -b, -c)$.

例 2　求點 $(-3, 4, -5)$

(1) 投影到 xy 平面 的 座標？到 xy 平面 的 距離？對稱 xy 平面 的 座標 為何？

(2) 投影到 xz 平面 的 座標？到 xz 平面 的 距離？對稱 xz 平面 的 座標 為何？

(3) 投影到 yz 平面 的 座標？到 yz 平面 的 距離？對稱 yz 平面 的 座標 為何？

(4) 投影到 x 軸 的 座標？到 x 軸 的 距離？對稱 x 軸 的 座標 為何？

(5) 投影到 y 軸 的 座標？到 y 軸 的 距離？對稱 y 軸 的 座標 為何？

(6) 投影到 z 軸 的 座標？到 z 軸 的 距離？對稱 z 軸 的 座標 為何？

(7) 到原點 的 距離多遠？對稱於原點 的 座標 為何？

解：

7.【點到原點的距離】

(1) 平面上的一點 (a, b) 到原點的距離為 $\sqrt{a^2 + b^2}$

(2) 空間上的一點 (a, b, c) 到原點的距離為 $\sqrt{a^2 + b^2 + c^2}$

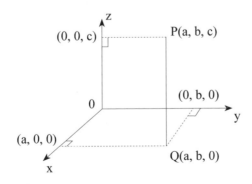

上圖中，$\overline{OP}^2 = \overline{PQ}^2 + \overline{QO}^2 = c^2 + (\sqrt{a^2 + b^2})^2 = a^2 + b^2 + c^2 \Rightarrow \overline{OP} = \sqrt{a^2 + b^2 + c^2}$

例 3 點 $(1, 2, 3)$ 到原點的距離為何？

解：

---

8. **【二點的距離】**

(1) 平面上二點 $P(x_1, y_1)$, $Q(x_2, y_2)$ 的距離為：

$$\overline{PQ} = \sqrt{(x_2 - x_1)^2 + (y_2 - y_1)^2} \text{，而其中點坐標為} \left(\frac{x_1 + x_2}{2}, \frac{y_1 + y_2}{2} \right)。$$

(2) 空間上二點 $P(x_1, y_1, z_1)$, $Q(x_2, y_2, z_2)$ 的距離為：

$$\overline{PQ} = \sqrt{(x_2 - x_1)^2 + (y_2 - y_1)^2 + (z_2 - z_1)^2} \text{，而其中點坐標為} \left(\frac{x_1 + x_2}{2}, \frac{y_1 + y_2}{2}, \frac{z_1 + z_2}{2} \right)。$$

例 4 點 $(1, 2, 3)$ 和點 $(5, 6, 7)$ 的距離為何？其中點坐標為何？

解：

第二單元　空間向量

9. **【向量長度】**

(1) 平面上二點 $P(x_1, y_1)$，$Q(x_2, y_2)$，其向量 $\overrightarrow{PQ} = (x_2 - x_1, y_2 - y_1)$，其長度 $\left|\overrightarrow{PQ}\right| = \sqrt{(x_2 - x_1)^2 + (y_2 - y_1)^2}$。

(2) 空間上二點 $P(x_1, y_1, z_1)$，$Q(x_2, y_2, z_2)$，其向量 $\overrightarrow{PQ} = (x_2 - x_1, y_2 - y_1, z_2 - z_1)$，其長度 $\left|\overrightarrow{PQ}\right| = \sqrt{(x_2 - x_1)^2 + (y_2 - y_1)^2 + (z_2 - z_1)^2}$。

(3) 空間上的零向量 $\vec{0} = (0, 0, 0)$。

例 5 空間上二點 $P(1, 2, 3)$ 和 $Q(5, 6, 7)$，則向量 $\overrightarrow{PQ} = ?$　$\left|\overrightarrow{PQ}\right| = ?$

解：

例 6 空間上二向量 $\vec{a} = (1,2,3)$ 和 $\vec{b} = (3,-1,2)$，求 $2\vec{a} - 3\vec{b} = ?$ $|2\vec{a} - 3\vec{b}| = ?$

解：

例 7 一點 P = (3, 5, 2)，以向量 (2, −2, 1) 之速度沿一直線移動，求其在 5 秒後之位置。

解：

例 8 空間中有三點 $A(2, 1, 3)$，$B(1, 2, 0)$，$C(0, 0, 3)$，求 P 點座標，使得 $\overline{PA}^2 + \overline{PB}^2 + \overline{PC}^2$ 的值最小？此最小值為多少？

解：

例 9 空間中有三點 $A(2, 1, 3)$，$B(1, 2, 1)$，$C(0, 0, 3)$，求 $|2 \cdot \overrightarrow{CA} + t \cdot \overrightarrow{CB}|$ 的 t 值，使得其的值最小？此最小值為多少？

解：

10. **【行列式與向量的應用】** 行列式可以用來求物體的面積或體積，有：

　　（註：全部用向量來解，平面用二階行列式，空間用三階行列式）

　　(1) 「平面上」平行四邊形面積：設 $A(a_1, a_2)$、$B(b_1, b_2)$、$C(c_1, c_2)$、$D(d_1, d_2)$ 為平行四邊

形 $ABCD$ 的四個頂點，則 $\overrightarrow{BA} = (a_1 - b_1, a_2 - b_2)$，$\overrightarrow{BC} = (c_1 - b_1, c_2 - b_2)$，平行

四邊形 $ABCD$ 的面積 $= \begin{vmatrix} a_1 - b_1 & a_2 - b_2 \\ c_1 - b_1 & c_2 - b_2 \end{vmatrix}$ 的絕對值。

(2) 「平面上」三角形面積：設 $A(a_1, a_2)$、$B(b_1, b_2)$、$C(c_1, c_2)$ 為 $\triangle ABC$ 的三個頂點，則

$\overrightarrow{BA} = (a_1 - b_1, a_2 - b_2)$，$\overrightarrow{BC} = (c_1 - b_1, c_2 - b_2)$，

$\triangle ABC$ 的面積 $= \dfrac{1}{2} \begin{vmatrix} a_1 - b_1 & a_2 - b_2 \\ c_1 - b_1 & c_2 - b_2 \end{vmatrix}$ 的絕對值（為平行四邊形面積的一半）

$= \sqrt{s(s-a)(s-b)(s-c)}$（其中 a, b, c 為三角形的三個邊長，$s = \dfrac{a+b+c}{2}$）。

(3) 「平面」三點共線：平面三點 $A(a_1, a_2)$、$B(b_1, b_2)$、$C(c_1, c_2)$ 共線的條件為（表

$\triangle ABC$ 的面積 $= 0$）：$\begin{vmatrix} a_1 - b_1 & a_2 - b_2 \\ c_1 - b_1 & c_2 - b_2 \end{vmatrix} = 0$。

(4) 「空間上」平行六面體體積：若向量 $\vec{a} = (a_1, a_2, a_3)$、$\vec{b} = (b_1, b_2, b_3)$、$\vec{c} = (c_1, c_2, c_3)$

為平行六面體一頂點的三個相鄰邊的向量，則此平行六面體體積為 $\begin{vmatrix} a_1 & a_2 & a_3 \\ b_1 & b_2 & b_3 \\ c_1 & c_2 & c_3 \end{vmatrix}$

的絕對值。

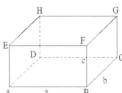

(5) 空間四點在同一平面：若 $A = (a_1, a_2, a_3)$、$B = (b_1, b_2, b_3)$、$C = (c_1, c_2, c_3)$、

$D = (d_1, d_2, d_3)$ 在同一平面上，表示向量 $\overrightarrow{DA} = (a_1 - d_1, a_2 - d_2, a_3 - d_3)$、

$\overrightarrow{DB} = (b_1 - d_1, b_2 - d_2, b_3 - d_3)$、$\overrightarrow{DC} = (c_1 - d_1, c_2 - d_2, c_3 - d_3)$ 所構成的體積為 0，即

$\begin{vmatrix} a_1 - d_1 & a_2 - d_2 & a_3 - d_3 \\ b_1 - d_1 & b_2 - d_2 & b_3 - d_3 \\ c_1 - d_1 & c_2 - d_2 & c_3 - d_3 \end{vmatrix} = 0$。

例 10 設點 $A(2, 2)$、$B(4, 5)$、$C(6, 0)$ 和點 D 為平行四邊形 $ABCD$ 的四個頂點，求此平行四邊形的面積

解：

例 11 設 $A(1, 2)$、$B(3, 5)$、$C(5, 0)$ 為△ABC 的三個頂點，求△ABC 的面積

解：

例 12 平面三點 $A(1, 2)$、$B(3, 5)$、$C(5, k)$ 共線，求 k 之值

解：

例 13 若 $\vec{a} = (1,0,2)$、$\vec{b} = (2,3,0)$、$\vec{c} = (0,3,4)$ 為平行六面體一頂點的三個相鄰邊的向量，求此平行六面體體積？

解：

例 14 若 $\vec{a} = (a_1, a_2, a_3)$、$\vec{b} = (b_1, b_2, b_3)$、$\vec{c} = (c_1, c_2, c_3)$ 為平行六面體三個相鄰邊的向量，且此平行六面體體積為 2，求由 $\vec{a} + \vec{b}$、$2\vec{a} + 3\vec{c}$、$2\vec{b}$ 所構成的平行六面體體積？

解：

例 15 若點 $A = (1, 0, 2)$、$B = (2, 1, 1)$、$C = (-1, 3, 1)$、$D = (0, a, 2)$ 在同一平面上，則 $a = $ ？

解：

11.【$\vec{i}, \vec{j}, \vec{k}$ 向量】

(1) 我們可以用 $\vec{i}, \vec{j}$ 來表示一二維向量，此時 $\vec{i} = (1,0), \vec{j} = (0,1)$，即向量 $\vec{u} = (a,b)$ 可以表成 $\vec{u} = a\vec{i} + b\vec{j} = a(1,0) + b(0,1) = (a,b)$。

(2) 我們可以用 $\vec{i}, \vec{j}, \vec{k}$ 來表示一三維向量，此時 $\vec{i} = (1,0,0), \vec{j} = (0,1,0), \vec{k} = (0,0,1)$，若向量 $\vec{u} = (a, b, c)$ 可以表成 $\vec{u} = a\vec{i} + b\vec{j} + c\vec{k} = a(1,0,0) + b(0,1,0) + c(0,0,1) = (a,b,c)$。

12.【2D 推廣到 3D】在平面座標（2D）基本原理的內容，若擴展到空間（3D），其原理仍然成立，有：

(1) 向量的相加減：若 $\vec{a} = (a_1, a_2, a_3)$ 和 $\vec{b} = (b_1, b_2, b_3)$，$r \in R$，則
   (a) $\vec{a} \pm \vec{b} = (a_1 \pm b_1, a_2 \pm b_2, a_3 \pm b_3)$
   (b) $r \cdot \vec{a} = (r \cdot a_1, r \cdot a_2, r \cdot a_3)$

(2) 線性組合：若 $\vec{a}$、$\vec{b}$、$\vec{c}$ 為「在空間上」不在同一平面的三向量，則
   (a) 任一向量 $\vec{u}$ 皆可表 $\vec{a}$、$\vec{b}$、$\vec{c}$ 的線性組合，即存在 r、s、$t \in R$，使得 $\vec{u} = r \cdot \vec{a} + s \cdot \vec{b} + t \cdot \vec{c}$。
   (b) 此時 $\vec{a}$、$\vec{b}$、$\vec{c}$ 稱為「基底」。
   (c) 例如：$\vec{i}$、$\vec{j}$、$\vec{k}$ 為不在同一平面的三向量，所以任一向量
   $(r, s, t) = r\vec{i} + s\vec{j} + t\vec{k}$，均可分解為 $\vec{i}$、$\vec{j}$、$\vec{k}$ 的線性組合。

(3) 分點公式：點 $A(x_1, y_1, z_1)$，點 $B(x_2, y_2, z_2)$，點 $C(x_3, y_3, z_3)$，若點 C 在 $\overline{AB}$ 上，且 $\overline{AC} : \overline{CB} = r_1 : r_2$，則 $x_3 = \dfrac{r_2 x_1 + r_1 x_2}{r_1 + r_2}, y_3 = \dfrac{r_2 y_1 + r_1 y_2}{r_1 + r_2}, z_3 = \dfrac{r_2 z_1 + r_1 z_2}{r_1 + r_2}$

(4) 空間向量的內積：設二向量 $\vec{a} = (a_1, \quad a_1, \quad a_3)$，$\vec{b} = (b_1, \quad b_2, \quad b_3)$，則
   (a) $\vec{a} \cdot \vec{b} = |\vec{a}| \| \vec{b} | \cos\theta = a_1 b_1 + a_2 b_2 + a_3 b_3$
   (b) 由 (a) 可得，夾角的 $\cos\theta = \dfrac{\vec{a} \cdot \vec{b}}{|\vec{a} \| \vec{b}|} = \dfrac{a_1 b_1 + a_2 b_2 + a_3 b_3}{\sqrt{a_1^2 + a_2^2 + a_3^2} \sqrt{b_1^2 + b_2^2 + b_3^2}}$
   (c) 若 $\vec{a} \perp \vec{b} \Leftrightarrow \vec{a} \cdot \vec{b} = a_1 b_1 + a_2 b_2 + a_3 b_3 = 0$

(5) 柯西不等式：設 $\vec{u}, \vec{v}$ 為非零的三度空間向量，則 $|\vec{u} \cdot \vec{v}| \le |\vec{u}||\vec{v}|$，即：
   設 $\vec{u} = (u_1, u_2, u_3)$，$\vec{v} = (v_1, v_2, v_3)$，則：
   $|u_1 v_1 + u_2 v_2 + u_3 v_3| \le \sqrt{u_1^2 + u_2^2 + u_3^2} \sqrt{v_1^2 + v_2^2 + v_3^2}$，或
   $(u_1 v_1 + u_2 v_2 + u_3 v_3)^2 \le (u_1^2 + u_2^2 + u_3^2)(v_1^2 + v_2^2 + v_3^2)$
   若 $\dfrac{u_1}{v_1} = \dfrac{u_2}{v_2} = \dfrac{u_3}{v_3}$，則等號成立

(6) 內心、重心公式：$\triangle ABC$ 中，若 $A(x_1, y_1, z_1), B(x_2, y_2, z_2), C(x_3, y_3, z_3)$ 且 $\overline{AB} = c$，$\overline{BC} = a, \overline{CA} = b$ 則：

> (a) $\triangle ABC$ 的內心為 $\left(\dfrac{ax_1+bx_2+cx_3}{a+b+c}, \dfrac{ay_1+by_2+cy_3}{a+b+c}, \dfrac{az_1+bz_2+cz_3}{a+b+c}\right)$
>
> (b) $\triangle ABC$ 的重心為 $\left(\dfrac{x_1+x_2+x_3}{3}, \dfrac{y_1+y_2+y_3}{3}, \dfrac{z_1+z_2+z_3}{3}\right)$

例 16 點 $A(1, 2, 1)$，點 $B(6, 8, 9)$，點 $C(x, y, z)$，問：

(1) 若點 C 在 $\overline{AB}$ 上，且 $\overline{AC} : \overline{CB} = 2 : 3$，則點 C 的坐標為何？

(2) 若點 C 在 $\overline{AB}$ 外，且 $\overline{AC} : \overline{CB} = 2 : 5$，則點 C 的坐標為何？

解：

例 17 空間有三點 $A(1, 0, 1)$，$B(2, 0, 4)$，$C(1, 2, 3)$，$\angle BAC = \theta$，求：

(1) $\overrightarrow{AB} \cdot \overrightarrow{AC}$ 值 = ？ (2) $\sin\theta$ = ？ (3) $\overrightarrow{AB} \cdot \overrightarrow{BC}$ 值 = ？ (4) $\triangle ABC$ 的面積？

解：

例 18 若 $a, b, c \in R$ 且 $a^2 + 4b^2 + 9c^2 = 4$，求 $a + b + c$ 的最大值？最小值？
在最大值時的 a, b, c 值？最小值時的 a, b, c 值？

解：

例 19 若 $a, b, c \in R$ 且 $a - b + 2c = 1$，求 $a^2 + b^2 + c^2 + 2a + 4b + 6c$ 的最小值及此時的 $a, b,$
c 值。

解：

例 20 △ ABC 中，若 $A(1, 2, 3), B(3, 1, 5), C(3, 3, 5)$，求△ ABC 的內心？△ ABC 的重心？

解：

13.【3D 正射影】

(1) $\vec{a}$ 向量投影到 $\vec{b}$ 向量的「長度」（正射影長）（等於 $|\vec{a}|\cos\theta$）為 $\dfrac{\vec{a}\cdot\vec{b}}{|\vec{b}|}$。

若其結果為負值，表示 $\vec{a}$，$\vec{b}$ 二向量的夾角大於 $90°$。

(2) $\vec{a}$ 向量投影到 $\vec{b}$ 向量的「向量」（正射影）（等於 $|\vec{a}|\cos\theta \times \dfrac{\vec{b}}{|\vec{b}|}$）為：

$\dfrac{\vec{a}\cdot\vec{b}}{|\vec{b}|} \cdot \dfrac{\vec{b}}{|\vec{b}|} = \dfrac{(\vec{a}\cdot\vec{b})\vec{b}}{|\vec{b}|^2}$。

例 21 設 $\vec{a} = (2, 1, 3)$、$\vec{b} = (1, 4, -4)$，求 (1) $\vec{a}$ 向量投影到 $\vec{b}$ 向量的長度？

(2) $\vec{a}$ 向量投影到 $\vec{b}$ 向量的向量？

解：

第三單元　外積

14.【向量的外積】 設 $\vec{a} = (a_1, a_2, a_3)$、$\vec{b} = (b_1, b_2, b_3)$，則 $\vec{a}$ 和 $\vec{b}$ 的外積為：

(1) $\vec{a} \times \vec{b} = \begin{vmatrix} \vec{i} & \vec{j} & \vec{k} \\ a_1 & a_2 & a_3 \\ b_1 & b_2 & b_3 \end{vmatrix} = \vec{i}\begin{vmatrix} a_2 & a_3 \\ b_2 & b_3 \end{vmatrix} - \vec{j}\begin{vmatrix} a_1 & a_3 \\ b_1 & b_3 \end{vmatrix} + \vec{k}\begin{vmatrix} a_1 & a_2 \\ b_1 & b_2 \end{vmatrix}$

$= (a_2 b_3 - a_3 b_2)\vec{i} + (a_3 b_1 - a_1 b_3)\vec{j} + (a_1 b_2 - a_2 b_1)\vec{k}$

(2) $\vec{a} \times \vec{b}$ 垂直 $\vec{a}$，且 $\vec{a} \times \vec{b}$ 垂直 $\vec{b}$，且 $\vec{a} \times \vec{b}$ 垂直 $\vec{a}$、$\vec{b}$ 所構成的平面

例 22 設 $\vec{a} = (2, 1, 3)$、$\vec{b} = (3, 0, 1)$，則 $\vec{a}$ 和 $\vec{b}$ 的外積為何？$\vec{a} \times \vec{b}$ 是否垂直 $\vec{a}$？

解：

---

15. **【外積的性質】** 設 $\vec{a} = (a_1, a_2, a_3)$、$\vec{b} = (b_1, b_2, b_3)$，此二向量夾角為 θ，則：

(1) 內積 $(\vec{a} \cdot \vec{b})$ 的結果為一數值；而外積 $(\vec{a} \times \vec{b})$ 的結果為一向量；

(2) 外積的大小為 $|\vec{a} \times \vec{b}| = |\vec{a}||\vec{b}|\sin\theta = \sqrt{(a_2b_3 - a_3b_2)^2 + (a_3b_1 - a_1b_3)^2 + (a_1b_2 - a_2b_1)^2}$

(3) 外積的方向為「將四根手指指到 $\vec{a}$ 的方向，再掃向 $\vec{b}$ 的方向，此時大拇指所指的方向就是 $\vec{a} \times \vec{b}$ 的方向」（即為右手定則），也就是與 $\vec{a}, \vec{b}$ 二向量所構成的平面垂直。

(4) $\vec{a} \times \vec{b} = -\vec{b} \times \vec{a}$；也就是 $\vec{a} \times \vec{b}$ 和 $\vec{b} \times \vec{a}$ 的大小相同，方向相反。

(5) 若 $\vec{a}$ 和 $\vec{b}$ 為一平行四邊形相鄰的二邊，則此平行四邊形的面積為 $|\vec{a} \times \vec{b}|$。

(6) 若 $\vec{a}$ 和 $\vec{b}$ 為一三角形相鄰的二邊，則此三角形的面積為 $\frac{1}{2}|\vec{a} \times \vec{b}|$。

(7) 若 $\vec{a}$、$\vec{b}$ 和 $\vec{c} = (c_1, c_2, c_3)$ 為一平行六面體相鄰的三邊，則此平行六面體的體積為

$\begin{vmatrix} a_1 & a_2 & a_3 \\ b_1 & b_2 & b_3 \\ c_1 & c_2 & c_3 \end{vmatrix}$ 的絕對值，所以若 $\vec{a}$、$\vec{b}$ 和 $\vec{c}$ 在同一平面上，則 $\begin{vmatrix} a_1 & a_2 & a_3 \\ b_1 & b_2 & b_3 \\ c_1 & c_2 & c_3 \end{vmatrix} = 0$

（體積為 0）。

例 23 設 $\vec{a} = (-1, 1, 0)$、$\vec{b} = (2, 2, 1)$，求 (1) $\vec{a} \times \vec{b}$ 的大小，(2) $\vec{a}$ 和 $\vec{b}$ 的夾角的 sin 值？

解：

例 24 設向量 $\vec{a} = (-1, 1, 0)$、$\vec{b} = (2, 2, 1)$ 一平行四邊形相鄰的二邊，則此平行四邊形的面積為何？

解：

例 25 設點 $A(0, 1, 0)$、$B(2, 1, 2)$、$C(1, 2, 3)$ 為平行四邊形的三個頂點，求：
(1) 第四的頂點坐標？ (2) 平行四邊形 $ABDC$ 的面積為何？

解：

例 26 設點 $A(0, 1, 0)$、$B(2, 1, 2)$、$C(1, 2, 3)$ 為三角形的三個頂點，則此三角形的面積為何？

解：

例 27 設點 $A(0, 1)$、$B(2, 1)$、$C(1, 2)$ 為平面三角形的三個頂點，則此三角形的面積為何？
（註：其 z 坐標均為 0.）

解：

例 28 若平行六面體一頂點的三邊向量分別為 $(1, 2, 2)$，$(1, 3, 1)$，$(2, 3, 0)$，求此平行六面體的體積。

解：

16. 【長度與面積】

(1) 空間中有二點 $A(x_1, y_1, z_1)$、$B(x_2, y_2, z_2)$ 且 O 為原點，則

$\{(x_1, y_1, z_1) + t \cdot (x_2, y_2, z_2) \mid a \le t \le b\}$ 的線段長為 $(b-a)\overline{OB}$。

(2) 空間中有二向量 $\vec{a} = (a_1, b_1, c_1)$、$\vec{b} = (a_2, b_2, c_2)$，則

$\{s \cdot (a_1, b_1, c_1) + t \cdot (a_2, b_2, c_2) \mid x_1 \le s \le x_2, \ y_1 \le t \le y_2\}$ 所圍成的面積為：

$(x_2 - x_1)(y_2 - y_1)A$，其中 A 是向量 $\vec{a}$、$\vec{b}$ 所圍成的平行四邊形面積，

$A = |\vec{a} \times \vec{b}|$ 的絕對值，其中 $\times$ 是外積。

例 29 （99 課綱範例） 求 $\{(1,2,3) + t \cdot (0,-1,2) \mid 1 \le t \le 5\}$ 的線段長？

解：

例 30 （99 課綱範例） 空間中有二向量 $\vec{a} = (1, 2, 3)$、$\vec{b} = (0, -1, 2)$，則：

$\{s \cdot \vec{a} + t \cdot \vec{b} \mid 1 \le s \le 4, \ 2 \le t \le 8\}$ 所圍成的面積為何？

解：

---

17. 【公垂向量】 空間中二不平行的向量 $\vec{p} = (a_1, b_1, c_1)$ 和 $\vec{q} = (a_2, b_2, c_2)$，找出和此二向量垂直的向量（稱為公垂向量），公垂向量 $= \vec{p} \times \vec{q}$（$\vec{p}$ 和 $\vec{q}$ 的外積），其展開值如下：

(1) $\begin{vmatrix} i & j & k \\ a_1 & b_1 & c_1 \\ a_2 & b_2 & c_2 \end{vmatrix} = (b_1 c_2 - b_2 c_1)\vec{i} + (c_1 a_2 - c_2 a_1)\vec{j} + (a_1 b_2 - a_2 b_1)\vec{k}$，或

(2) $\begin{vmatrix} b_1 & c_1 \\ b_2 & c_2 \end{vmatrix} : \begin{vmatrix} c_1 & a_1 \\ c_2 & a_2 \end{vmatrix} : \begin{vmatrix} a_1 & b_1 \\ a_2 & b_2 \end{vmatrix}$。

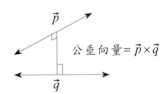

(3) 二方程式 $a_1x + b_1y + c_1z = 0$ 和 $a_2x + b_2y + c_2z = 0$（常數均為 0），求 $x : y : z$ 的比值。

其比值為 $x : y : z = (a_1, b_1, c_1) \times (a_2, b_2, c_2) = \begin{vmatrix} \vec{i} & \vec{j} & \vec{k} \\ a_1 & b_1 & c_1 \\ a_2 & b_2 & c_2 \end{vmatrix}$。

例 31 空間中二不平行的向量 $\vec{p} = (1, 2, 3)$ 和 $\vec{q} = (2, -1, 1)$，找出和此二向量的公垂向量？

解：

例 32 已知 $2a + 3b + c = 0$ 和 $a - 3c = 0$，求 $a : b : c$ 的比值。

解：

18.【柱體的體積】柱體的體積 = 底面積 × 高

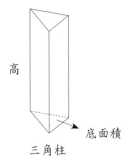
三角柱

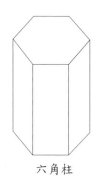
六角柱

圓柱

19.【錐體體積】錐體體積 $= \dfrac{1}{3}$ 底面積 × 高

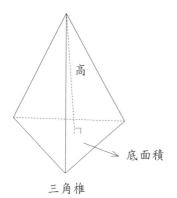
三角椎

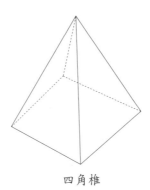
四角椎

圓椎

◎◎第四單元　再談三階行列式的應用

◎◎ 20.【行列式的降階】我們可以用下列的方式將 $n \times n$ 階行列式，降低成

$(n-1) \times (n-1)$ 階行列式：先選取某一行（或某一列）來做降階，該行（或該列）的

元素乘以（去掉該元素所在的行及列的行列式），而其正負號是以下列的方式選取，

即 $\begin{vmatrix} + & - & + \\ - & + & - \\ + & - & + \end{vmatrix}$（左上角為 +，其餘的一正一負），最後再相加起來。

例 33　$\begin{vmatrix} a & b & c \\ d & e & f \\ g & h & i \end{vmatrix}$ 以 $(d，e，f)$ 行來降階，則其結果為何？

解：

例 34　$\begin{vmatrix} 1 & 2 & 0 \\ 2 & 3 & 1 \\ 3 & 1 & 0 \end{vmatrix}$ 以 $\begin{pmatrix} 0 \\ 1 \\ 0 \end{pmatrix}$ 列來降階，則其結果為何？

解：

◎◎ 21.【高階行列式求法】二階和三階行列式可以直接乘開，但四階（或以上）不可以直接乘開，必須降到三階才能算其值。

例 35 求 $\begin{vmatrix} 1 & 2 & 0 & 3 \\ 2 & 1 & 1 & 0 \\ 3 & 1 & 2 & 1 \\ 0 & 1 & 2 & 2 \end{vmatrix} = ?$

解：

◎◎ 22.【Cramer 法則解三元一次方程組】解三元一次方程組 $\begin{cases} a_1x + b_1y + c_1z = d_1 \\ a_2x + b_2y + c_2z = d_2 \\ a_3x + b_3y + c_3z = d_3 \end{cases}$，用

行列式法解（註：d 在等號右邊）

令 $\Delta = \begin{vmatrix} a_1 & b_1 & c_1 \\ a_2 & b_2 & c_2 \\ a_3 & b_3 & c_3 \end{vmatrix}$, $\Delta_x = \begin{vmatrix} d_1 & b_1 & c_1 \\ d_2 & b_2 & c_2 \\ d_3 & b_3 & c_3 \end{vmatrix}$, $\Delta_y = \begin{vmatrix} a_1 & d_1 & c_1 \\ a_2 & d_2 & c_2 \\ a_3 & d_3 & c_3 \end{vmatrix}$, $\Delta_z = \begin{vmatrix} a_1 & b_1 & d_1 \\ a_2 & b_2 & d_2 \\ a_3 & b_3 & d_3 \end{vmatrix}$

(a) 若 $\Delta \neq 0$；則 $x = \dfrac{\Delta_x}{\Delta}$ ；$y = \dfrac{\Delta_y}{\Delta}$ ；$z = \dfrac{\Delta_z}{\Delta}$

(b) 若 $\Delta = 0$ 且 Δ_x，Δ_y 或 Δ_z 至少有一個不為 0，則為無解

(c) 若 $\Delta = \Delta_x = \Delta_y = \Delta_z = 0$，則可能為無解或無窮多解，其中

　(i) 若為無解，則可能為三平面互相平行或二平面重疊且與另一平面平行。

　(ii) 若為無窮多解，則可能為三平面重疊；二平面重疊且與另一平面交於一線；或三平面交於一線。

（註：解二元一次方程組的 $\Delta = \Delta_x = \Delta_y = 0$ 結果，與解三元一次方程組的 $\Delta = \Delta_x = \Delta_y = \Delta_z = 0$ 結果不同，前者的結果為「無窮多組解」，後者的結果為「無解」或「無窮多解」。）

例 36 用 Cramer 法則，解下列線性方程式組：

$x - y + z = 1$；$2x + 3y - 2z = 4$；$x + 2y - z = 3$

解：

例 37 三數和為 8，前二數和為 4，後二數和為 7，求此三數。

解：

例 38 決定 a 值，使得方程組 $\begin{cases} x+y-z=1 \\ 2x+3y+az=3 \\ x+ay+3z=2 \end{cases}$ ：(1) 無解；(2) 一個以上解；(3) 唯一解。

解：

23.【求插值多項式的係數】前面介紹過的求通過三點 (x_1, y_1)、(x_2, y_2) 和 (x_3, y_3) 的二次多項式，其作法有：

(1) 假設多項式為 $f(x) = ax^2 + bx + c$，再代入 $f(x_1) = y_1$、$f(x_2) = y_2$ 和 $f(x_3) = y_3$，可用 Cramer 法則解出 a, b, c.

(2) 可設多項式為 $f(x) = y_1 \dfrac{(x-x_2)(x-x_3)}{(x_1-x_2)(x_1-x_3)} + y_2 \dfrac{(x-x_1)(x-x_3)}{(x_2-x_1)(x_2-x_3)} + y_3 \dfrac{(x-x_1)(x-x_2)}{(x_3-x_1)(x_3-x_2)}$，此方法是由「拉格朗日」所提出，所以又稱為「拉格朗日插值法」。

例 39 求通過三點 $(1, 0)$、$(-1, -2)$ 和 $(-2, 3)$ 的二次多項式。

解：

◎◎ 24.【平面三直線交於一點】三直線 $a_1x + b_1y + c_1 = 0$、$a_2x + b_2y + c_2 = 0$、$a_3x + b_3y + c_3 = 0$ 交於一點的必要條件為 $\begin{vmatrix} a_1 & b_1 & c_1 \\ a_2 & b_2 & c_2 \\ a_3 & b_3 & c_3 \end{vmatrix} = 0$。

例 40 平面三直線 $x + 2y + 1 = 0$、$2x - y - 3 = 0$、$2y + k = 0$ 交於一點，求 k 之值。

解：

83 年 到 102 年 學 測 題 目

1. （83 學測）下列有關空間的敘述，那些是正確的？

   (A) 過已知直線外一點，「恰有」一平面與此直線垂直；

   (B) 過已知直線外一點，「恰有」一平面與此直線平行；

   (C) 過已知平面外一點，「恰有」一直線與此平面平行；

   (D) 過已知平面外一點，「恰有」一平面與此平面垂直；

   (E) 過已知平面外一點，「恰有」一平面與此平面平行。

2. （85 學測）空間中三向量 $\vec{u} = (u_1, u_2, u_3)$，$\vec{v} = (v_1, v_2, v_3)$，$\vec{w} = (w_1, w_2, w_3)$，所張平行

   六面體的體積為 $\begin{vmatrix} u_1 & u_2 & u_3 \\ v_1 & v_2 & v_3 \\ w_1 & w_2 & w_3 \end{vmatrix}$ 的絕對值。今已知 $\vec{a}$，$\vec{b}$，$\vec{c}$ 三向量所張平行六面體的

   體積為 5，則 $2\vec{a} + 3\vec{b}$，$\vec{b}$，$\vec{c}$ 三向量所張平行六面體的體積為何。

3. （86 學測）有一正立方體，其邊長都是 1。如果向量 $\vec{a}$ 的起點與終點都是此正立方體的
   頂點，且 $|\vec{a}| = 1$，則共有多少個不相等的向量 $\vec{a}$？

   (A) 3   (B) 6   (C) 12

   (D) 24   (E) 28

4. （87 學測）在空間中，下列那些點可與 $A(1, 2, 3)$，$B(2, 5, 3)$，$C(2, 6, 4)$ 三點構成一平
   行四邊形？

   (A)$(-1, -5, -2)$ (B) $(1, 1, 2)$ (C) $(1, 3, 4)$

   (D) $(3, 7, 6)$ (E) $(3, 9, 4)$

5. （88 學測）圖一為一正立方體，A, B, C 分別為所在的邊之中點，通過 A, B, C 三點的平面

與此立方體表面相截，問下列何者為其截痕的形狀？

(A) 直角三角形

(B) 非直角的三角形

(C) 正方形

(D) 非正方形的長方形

(E) 六邊形

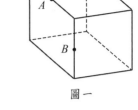

圖一

6. （88 學測）圖二為一正立方體，試問下列何者為真？

(A) $\overrightarrow{EA} \cdot \overrightarrow{EG} = 0$

(B) $\overrightarrow{ED} \cdot \overrightarrow{EF} = 0$

(C) $\overrightarrow{EF} + \overrightarrow{EH} = \overrightarrow{AC}$

(D) $\overrightarrow{EC} \cdot \overrightarrow{AG} = 0$

(E) $\overrightarrow{EF} + \overrightarrow{EA} + \overrightarrow{EH} = \overrightarrow{EC}$

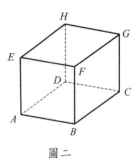

圖二

7. （90 學測）如右圖的四角錐展開圖，四角錐底面為邊長 2 的正方形，四個側面都是腰長為 4 的等腰三角形，則此四角錐的高度為多少？

8. （92 學測）如右圖，$ABCD-EFGH$ 為一平行六面體，J 為四邊形 $BCGF$ 的中心，如果 $\overrightarrow{AJ} = a \cdot \overrightarrow{AB} + b \cdot \overrightarrow{AD} + c \cdot \overrightarrow{AE}$ 試問下列哪些選項是正確的？

(A) $\dfrac{1}{3} < b < \dfrac{2}{3}$　　(B) $a + b + c = 2$

(C) $a = 1$　　(D) $a = 2c$

(E) $a = b$

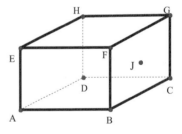

9. （92 補考）設坐標空間的原點為 O，點 P 的坐標為 $(3, 4, 7)$。若 Q 點在 $xy-$ 平面上移動，問 Q 點為下列選項中哪一點時，$\angle POQ$ 最小？

(A) $(3, 3, 0)$　　(B) $(3, 4, 0)$　　(C) $(4, 3, 0)$ (D) $(5, 12, 0)$

(E) $(12, 5, 0)$

10. （93 薦甄）如右圖 $O-ABCD$ 為一金字塔，底是邊長為 1 之正方形，頂點 O 與 A、B、C、D 之距離均為 2。試問下列哪些式子是正確的？

(A) $\overrightarrow{OA} + \overrightarrow{OB} + \overrightarrow{OC} + \overrightarrow{OD} = \vec{0}$

(B) $\overrightarrow{OA} + \overrightarrow{OB} - \overrightarrow{OC} - \overrightarrow{OD} = \vec{0}$

(C) $\overrightarrow{OA} - \overrightarrow{OB} + \overrightarrow{OC} - \overrightarrow{OD} = \vec{0}$

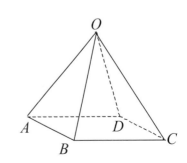

(D) $\overrightarrow{OA} \cdot \overrightarrow{OB} = \overrightarrow{OC} \cdot \overrightarrow{OD}$

(E) $\overrightarrow{OA} \cdot \overrightarrow{OC} = 2$

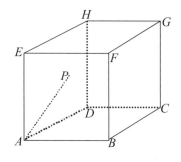

11. （94 學測）如右圖所示，$ABCD-EFGH$ 為邊長等於 1 之正立方體。若 P 點在立方體之內部且滿足

$\overrightarrow{AP} = \dfrac{3}{4}\overrightarrow{AB} + \dfrac{1}{2}\overrightarrow{AD} + \dfrac{2}{3}\overrightarrow{AE}$，則 P 點至直線 AB 之距離為

何？（化成最簡分數）

12. （97 學測）令 $A(-1, 6, 0)$, $B(3, -1, -2)$, $C(4, 4, 5)$ 為坐標空間中三點。若 D 為空間中的一點且滿足 $3\overrightarrow{DA} - 4\overrightarrow{DB} + 2\overrightarrow{DC} = \vec{0}$，則點 D 的坐標為（　　，　　，　　）。

13. （99 學測）已知 a, b 為整數且行列式 $\begin{vmatrix} 5 & a \\ b & 7 \end{vmatrix} = 4$，則絕對值 $|a + b|$ 為何？

(A) 16　　　　　　　(B) 31　　　　　　　(C) 32

(D) 39　　　　　　　(E) 條件不足，無法確定。

解答：1. AE　　　　2. 10　　　　3. B　　　　4. BCE　　　　5. D　　　　6. ABCE

7. $\sqrt{14}$　　　　8. ABCD　　　9. B　　　　10. CD　　　11. $\dfrac{5}{6}$　　　12. $(-7, 30, 18)$

13. C

Chapter 12 空間的直線與平面

99 年 課 程 綱 要

1. 平面方程式

   1.1 平面的法向量、兩平面的夾角、點到平面的距離

2. 空間直線方程式

   2.1 直線的參數式、直線與平面的關係

   ◎ **2.2** 點到直線的距離、兩平行線的距離、兩歪斜線的距離

3. 三元一次聯立方程組

   3.1 消去法

   ◎ **3.2** 三平面幾何關係的代數判定

99 年 課 程 綱 要 細 部 說 明

1. 平面方程式

   1.1 平面的法向量、兩平面的夾角、點到平面的距離

2. 空間直線方程式

   2.1 直線的參數式、直線與平面的關係：直線的參數式、點到直線的距離、兩平行線的距離、兩歪斜線的距離、直線與平面的關係

   判別直線 $L: \dfrac{x-1}{2} = y+1 = \dfrac{z}{3}$ 與平面 $E: 2x + y - z = 3$ 的關係。

   ◎ **2.2** 點到直線的距離、兩平行線的距離、兩歪斜線的距離

3. 三元一次聯立方程組

3.1 加減消去法、代入消去法

(1) 求插值多項式的係數。

(2) 求過三點的圓方程式。

◎ 3.2 三平面幾何關係的代數判定

考慮三元一次聯立方程組 $\begin{cases} a_1x + b_1y + c_1z = d_1 \\ a_2x + b_2y + c_2z = d_2 \\ a_3x + b_3y + c_3z = d_3 \end{cases}$，探討其三平面關係的意涵（三平

面交於一點、三平面交於一線、三平面沒有共同交點等）、線性組合的意涵（$\vec{d}$
是否可表現成 $\vec{a}$、$\vec{b}$、$\vec{c}$ 的線性組合）以及代數判定（$\vec{a}$、$\vec{b}$、$\vec{c}$ 所決定的行列
式是否為 0）。

第一單元　直線

1.【空間中的直線方程式】

(1) 「平面上」通過 $P(x_1, y_1)$, $Q(x_2, y_2)$ 二點的直線方程式為：

$$\frac{x - x_1}{x_2 - x_1} = \frac{y - y_1}{y_2 - y_1}$$ （若 $x_1 \neq x_2$ 且 $y_1 \neq y_2$）

或 $x = x_1 + (x_2 - x_1)t, y = y_1 + (y_2 - y_1)t$，$t \in R$。（可以 $x_1 = x_2$ 或 $y_1 = y_2$）

(2) 「空間上」通過 $P(x_1, y_1, z_1)$, $Q(x_2, y_2, z_2)$ 二點的直線方程式為：

$$\frac{x - x_1}{x_2 - x_1} = \frac{y - y_1}{y_2 - y_1} = \frac{z - z_1}{z_2 - z_1}$$ （若 $x_1 \neq x_2, y_1 \neq y_2$ 且 $z_1 \neq z_2$）

或 $x = x_1 + (x_2 - x_1)t, y = y_1 + (y_2 - y_1)t, z = z_1 + (z_2 - z_1)t$，$t \in R$，

其中 $(x_2 - x_1, y_2 - y_1, z_2 - z_1)$ 為此直線的方向向量。

(3) 通過點 (x_0, y_0, z_0) 且方向向量為 (a, b, c) 的直線方程式為：

$$\frac{x - x_0}{a} = \frac{y - y_0}{b} = \frac{z - z_0}{c}$$ （若 $a \neq 0, b \neq 0$ 且 $c \neq 0$）或

$x = x_0 + at$，$y = y_0 + bt$，$z = z_0 + ct$，$t \in R$。

例 1　通過點 $(1, 2, 3)$ 和點 $(7, 6, 5)$ 的直線方程式為何？

解：

例 2　通過點 $(1, 0, 3)$ 且方向向量為 $(2, -1, 0)$ 的直線方程式為何？

解：

2.【二直線位置關係】二直線的位置關係有下列幾種：

(1)「平面上」二直線的位置關係有：(a) 交於一點，(b) 平行，(c) 重疊。

(2)「空間上」二直線的位置關係有：(a) 交於一點，(b) 平行，(c) 重疊，(d) 歪斜線。

☆☆ 3.【求二直線的關係】設「空間上」二直線方程式分別為：

(a) 直線 1：$x = x_1 + a_1 t$，$y = y_1 + b_1 t$，$z = z_1 + c_1 t$ 和

(b) 直線 2：$x = x_2 + a_2 s$，$y = y_2 + b_2 s$，$z = z_2 + c_2 s$，$s, t \in R$，則

(1) 若此二直線平行或重疊，則其方向向量成比例，也就是 $\dfrac{a_2}{a_1} = \dfrac{b_2}{b_1} = \dfrac{c_2}{c_1} = k$，$k \in R$。

　　　而判斷是平行或是重疊的方法為：

將第 1 條直線上的任一點 (x_1, y_1, z_1) 代入第 2 條直線方程式的 x, y, z 中，

即 $x_1 = x_2 + a_2 s$，$y_1 = y_2 + b_2 s$，$z_1 = z_2 + c_2 s$，

(i) 若此二直線重疊，所解出的 3 個 s 值均會相同；

(ii) 若此二直線平行，則至少有一個 s 值不同。

請參閱例 3.

(2) 若此二直線交於一點，則可以求出二直線的交點坐標，其作法為：

由二直線的 x 坐標和 y 坐標相等，可解出 s 和 t，此組 s, t 要滿足 z 坐標相等。

即：$\begin{cases} x_1 + a_1 t = x_2 + a_2 s \\ y_1 + b_1 t = y_2 + b_2 s \end{cases}$，可求出 s 和 t，

此組 s, t「要滿足」$z_1 + c_1t = z_2 + c_2s$。

請參閱例 4.

(3) 若此二直線為歪斜線,則無法求出此二直線的交點,其判斷法為:

由二直線的 x 坐標和 y 坐標相等,解出 s 和 t,此組 s, t「不能滿足」z 坐標相等。

即: $\begin{cases} x_1 + a_1t = x_2 + a_2s \\ y_1 + b_1t = y_2 + b_2s \end{cases}$,可求出 s, t,

此線組 s, t「無法滿足」$z_1 + c_1t = z_2 + c_2s$,也就是 $z_1 + c_1t \neq z_2 + c_2s$

請參閱例 5.

例 3 請問直線 $L_1 : x = 1 + 2t, y = 2 + 3t, z = t$ 和直線 $L_2 : x = 3 + 4t, y = 6t, z = 1 + 2t$ 是否平行?

解:

例 4 求直線 $L_1 : x = 3 + 2t, y = 4 + 3t, z = 4 + 2t$ 和直線 $L_2 : x = 2 + t, y = 3 + 2t, z = 3 + t$ 的交點?

解:

例 5 同例 4,將直線 L_1 的 z 座標改成 $z = 2 + t$,即直線 $L_1 : x = 3 + 2t, y = 4 + 3t, z = 2 + t$,證明此二直線為歪斜線。

解:

例 6 若二直線 $L_1 : \dfrac{x-1}{2} = \dfrac{y}{1} = \dfrac{z+2}{-1}$ 和 $L_2 : \dfrac{x+a}{c} = \dfrac{y+b}{4} = \dfrac{z}{d}$ 重疊，

求 a, b, c, d 之值？

解：

第二單元　平面

4.【平面的方程式】空間中一個平面的方程式可表成 $ax + by + cz = d$，

其中向量 (a, b, c) 稱為此平面的法向量。

平面的法向量是與該平面垂直的向量，如下圖：

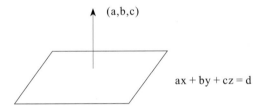

例 7 求平面方程式 $2x - y + 3z = 4$ 的法向量？

解：

5.【方向向量、法向量】直線的方向向量是和該直線平行的向量，即

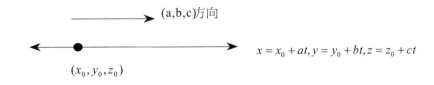

(1) 任何「垂直」於平面且不為 0 的向量，均為該平面的法向量。

平面的法向量有二條：一條向上，一條向下。

(2) 任何「平行」於直線且不為 0 的向量，均為該直線的方向向量。

直線的方向向量有二條：一條向左，一條向右。

6.【平面方程式表示法】空間中的平面方程式的表示法有：

(1) 點向式：過點 (x_0, y_0, z_0) 且其法向量為 (a, b, c) 的平面方程式為：

$$a \cdot (x - x_0) + b \cdot (y - y_0) + c \cdot (z - z_0) = 0$$

$$\Rightarrow ax + by + cz = ax_0 + by_0 + cz_0$$

(2) 截距式：一平面與 x, y, z 軸的截距分別為 a, b, c（$abc \neq 0$），則平面方程式為：

$$\frac{x}{a} + \frac{y}{b} + \frac{z}{c} = 1$$

例8 過點 $(1, -2, 3)$ 且其法向量為 $(2, -1, 2)$ 的平面方程式為何？

解：

7.【通過定點的特殊面與直線方程式】通過點 (x_0, y_0, z_0) 且：

(1) 平行 x 軸（或垂直 yz 平面）的直線方程式為：表示此直線的 y, z 座標不變，

x 可為任意數，其直線方程式為：$x = t, y = y_0, z = z_0 (t \in R)$.

(2) 平行 y 軸（或垂直 xz 平面）的直線方程式為：$x = x_0, y = t, z = z_0 (t \in R)$.

(3) 平行 z 軸（或垂直 xy 平面）的直線方程式為：$x = x_0, y = y_0, z = t (t \in R)$.

(4) 平行於 $x - y$ 平面的平面方程式為：$z = z_0$（z 軸不變，x, y 可為任意數）.

(5) 平行於 $y - z$ 平面的平面方程式為：$x = x_0$.

(6) 平行於 $x - z$ 平面的平面方程式為：$y = y_0$.

（註：平行於 $x - z$ 平面的「直線方程式」有無窮多個。）

8.【二個平面交角】二個平面 $a_1x + b_1y + c_1z = d_1$ 和 $a_2x + b_2y + c_2z = d_2$ 的交角，也就是二平面的法向量 (a_1, b_1, c_1) 和 (a_2, b_2, c_2) 的交角，即：

$$(a_1, b_1, c_1) \cdot (a_2, b_2, c_2) = \sqrt{a_1^2 + b_1^2 + c_1^2} \sqrt{a_2^2 + b_2^2 + c_2^2} \cos\theta$$

$$\Rightarrow \cos\theta = \frac{a_1 a_2 + b_1 b_2 + c_1 c_2}{\sqrt{a_1^2 + b_1^2 + c_1^2} \sqrt{a_2^2 + b_2^2 + c_2^2}}$$

9.【點到平面的距離】點 (x_0, y_0, z_0) 到平面 $ax + by + cz = d$ 的距離為：

$$\frac{|ax_0 + by_0 + cz_0 - d|}{\sqrt{a^2 + b^2 + c^2}}$$

例 9 求二個平面 $x - 2z = 1$ 和 $2x - 3y + 2z = 2$ 的交角的餘弦值？

解：

例 10 求點 $(1, 2, 1)$ 到平面 $3x + 4z + 5 = 0$ 的距離？

解：

☆☆ 10.【決定一個平面】空間中，有下列四種情況可以「唯一決定」出一個平面：

(1) 不共線的三點；

(2) 一直線及線外一點；

(3) 相交於一點的二直線；

(4) 二平行線。

由上可知，二歪斜線不可以決定出一平面。

☆☆ 11.【決定一個平面方法】我們可以利用三階行列式將上述四種情況的平面方程式解出來，其方法是：

(a) 找出此平面上的任何一點的座標，如 (x_0, y_0, z_0)；

(b) 找出二條「平行」於此平面，但彼此不相平行的向量，如 $(a_1, b_1, c_1), (a_2, b_2, c_2)$，則平面方程式為：

$$\begin{vmatrix} x - x_0 & y - y_0 & z - z_0 \\ a_1 & b_1 & c_1 \\ a_2 & b_2 & c_2 \end{vmatrix} = 0$$

　　註：此為求三向量 (a_1, b_1, c_1)、(a_2, b_2, c_2) 和 $(x - x_0, y - y_0, z - z_0)$ 圍成一六面體的體積公式，因此三向量在同一平面上，所以其體積為 0。

☆☆ 12.【求出平面方程式】底下將介紹上面四種可以「唯一決定」出一個平面的作法：

(1) 若不共線的三點座標為 (x_1, y_1, z_1)，(x_2, y_2, z_2) 和 (x_3, y_3, z_3)，則

　　(a) 找平面上的任一點 (x_1, y_1, z_1)（或 (x_2, y_2, z_2) 或 (x_3, y_3, z_3)）

　　(b) 找出二條平行於平面的向量，$(x_2 - x_1, y_2 - y_1, z_2 - z_1)$ 和 $(x_3 - x_1, y_3 - y_1, z_3 - z_1)$（或 $(x_3 - x_2, y_3 - y_2, z_3 - z_2)$），

所以平面方程式為 $\begin{vmatrix} x - x_1 & y - y_1 & z - z_1 \\ x_2 - x_1 & y_2 - y_1 & z_2 - z_1 \\ x_3 - x_1 & y_3 - y_1 & z_3 - z_1 \end{vmatrix} = 0$，可展開成一平面方程式。

請參閱例 11。

(2) 一直線 $x = x_0 + at, y = y_0 + bt, z = z_0 + ct$ 和線外一點 (x_1, y_1, z_1)，則

　　(a) 找平面上的任一點：(x_0, y_0, z_0)（在直線上）或 (x_1, y_1, z_1)（線外的一點）

　　(b) 找出二條平行平面的向量：

　　　　(a, b, c)（直線的方向向量）和 $(x_1 - x_0, y_1 - y_0, z_1 - z_0)$（二點連成的向量），

　　　　所以平面方程式為 $\begin{vmatrix} x - x_0 & y - y_0 & z - z_0 \\ a & b & c \\ x_1 - x_0 & y_1 - y_0 & z_1 - z_0 \end{vmatrix} = 0$

　　　　請參閱例 12。

(3) 相交於一點的二直線：$\begin{cases} x = x_1 + a_1 t, & y = y_1 + b_1 t, & z = z_1 + c_1 t \\ x = x_2 + a_2 t, & y = y_2 + b_2 t, & z = z_2 + c_2 t \end{cases}$

　　(a) 找平面上的任一點：(x_1, y_1, z_1) 或 (x_2, y_2, z_2)（直線上的點）。

　　(b) 找出二條平行平面的向量：(a_1, b_1, c_1) 和 (a_2, b_2, c_2)（二直線的方向向量）

　　　　所以平面方程式為 $\begin{vmatrix} x - x_1 & y - y_1 & z - z_1 \\ a_1 & b_1 & c_1 \\ a_2 & b_2 & c_2 \end{vmatrix} = 0$

　　　　請參閱例 13。

(4) 二平行線：$\begin{cases} x = x_1 + a_1 t, & y = y_1 + b_1 t, & z = z_1 + c_1 t \\ x = x_2 + a_2 t, & y = y_2 + b_2 t, & z = z_2 + c_2 t \end{cases}$，其中：$\dfrac{a_1}{a_2} = \dfrac{b_1}{b_2} = \dfrac{c_1}{c_2}$

(a) 找平面上的任一點：(x_1, y_1, z_1) 或 (x_2, y_2, z_2)（直線上的點）

(b) 二條平行平面的向量：(a_1, b_1, c_1) 和 $(x_2-x_1, y_2-y_1, z_2-z_1)$

所以平面方程式為 $\begin{vmatrix} x-x_1 & y-y_1 & z-z_1 \\ x_2-x_1 & y_2-y_1 & z_2-z_1 \\ a_1 & b_1 & c_1 \end{vmatrix} = 0$

（註：(1) 此處不能同時使用二個方向向量，因為它們平行；

(2) 相交於一點的二直線也可以用此方法找出平面方程式。）

請參閱例 14。

例 11 找出包含三點 $(1, 2, 3)$、$(2, -1, 1)$ 和 $(2, 3, 1)$ 的平面方程式？

解：

例 12 找出包含直線 $x = 2 + t, y = 3 + 2t, z = 1 - t$ 和一點 $(1, 2, 3)$ 的平面方程式？

解：

例 13 找出包含相交於一點的二直線：$\begin{cases} L_1 : \dfrac{x-1}{2} = y = \dfrac{z+2}{-1} \\ L_2 : \dfrac{x+3}{-2} = y+2 = \dfrac{z}{2} \end{cases}$ 的平面方程式？

解：

例 14 找出包含平行的二直線：$\begin{cases} L_1 : \dfrac{x-1}{2} = y = \dfrac{z+2}{-1} \\ L_2 : \dfrac{x+3}{4} = \dfrac{y-2}{2} = \dfrac{z}{-2} \end{cases}$ 的平面方程式？

解：

☆☆ 13.【過二平面交線平面方程式】通過二平面：

$a_1x + b_1y + c_1z = d_1$ 和 $a_2x + b_2y + c_2z = d_2$ 交線的平面方程式，

可設成：$a_1x + b_1y + c_1z - d_1 + k(a_2x + b_2y + c_2z - d_2) = 0$ $(k \in R)$.

例 15 求通過點 $(1, 2, 3)$ 以及二平面 $x - y + 2z = 2$ 和 $2x + y - z = 3$ 交線的平面方程式？

解：

14.【直線與平面】空間中一直線 L 與平面 E 的關係有下列三種：

(1) 直線 L 躺在平面 E 上；

(2) 直線 L 與平面 E 交於一點；

(3) 直線 L 與平面 E 平行；

15.【求直線與平面的關係】 欲知一直線 $L : x = x_0 + at, y = y_0 + bt, z = z_0 + ct, t \in R$ 與平面 $E : d \cdot x + e \cdot y + f \cdot z = g$ 的關係，其作法是將直線的 x, y, z 代入平面內，得：$d \cdot (x_0 + at) + e \cdot (y_0 + bt) + f \cdot (z_0 + ct) = g$

(1) 若能解得唯一的 t 解，則直線 L 與平面 E 交於一點；

(2) 若能解得無窮多的 t 解（即解得 $0 = 0$），則直線 L 躺在平面 E 上；

(3) 若不能解出 t 解（例如解得 $0 \cdot t = 1$），則直線 L 與平面 E 平行。

例 16 （99 課綱範例）判別直線 $L : \dfrac{x-1}{2} = y + 1 = \dfrac{z}{3}$ 與平面 $E : 2x + y - z = 3$ 的關係。

解：

例 17 空間中一直線 $L : x = 1 + 2t, y = -t, z = 2 + at, t \in R$，與平面 $E : x - y + 2z = b$，求 a, b 之值，使得：

(1) 直線 L 與平面 E 交於一點；

(2) 直線 L 躺在平面 E 上；

(3) 直線 L 與平面 E 平行。

解：

☆☆ 16.【直線方程式表示法】空間上的「直線方程式」有二種不同的表示法：

(1) 參數式：通過點 (x_0, y_0, z_0)，方向向量為 (a, b, c) 的直線方程式為：

$$\frac{x - x_0}{a} = \frac{y - y_0}{b} = \frac{z - z_0}{c} \text{ 或 } x = x_0 + at, y = y_0 + bt, z = z_0 + ct$$

(2) 二相交平面的交線：$a_1x + b_1y + c_1z = d_1$ 和 $a_2x + b_2y + c_2z = d_2$ 二平面的交線。

(3) 此二種表示法可以互換，即

(A) 將「參數式」改成「二相交平面的交線」其方式為：將上述 (1) 的二個等號分

開 $\Rightarrow \frac{x - x_0}{a} = \frac{y - y_0}{b}$ 和 $\frac{x - x_0}{a} = \frac{z - z_0}{c}$

可解得二平面 $bx - ay = bx_0 - ay_0$ 和 $cx - az = cx_0 - az_0$

(B) 將「二相交平面的交線」改成「參數式」：請參閱例 18 作法。

例 18 請將二平面 $x + 2y - 3z = 0$ 和 $x - y + z = 3$ 相交直線改成參數式。

解：

17-1.【點、直線、平面的距離 (I)】

(1) 一平面與平行它的直線間的距離的求法如下：

令平面方程式為 $a_1x + b_1y + c_1z = d_1$，

直線方程式為 $x = x_1 + a_2 t$, $y = y_1 + b_2 t$, $z = z_1 + c_2 t$，

則取直線上的任一點 (x_1, y_1, z_1)，而用前面 (2) 的方法，

求它到平面的距離，可算出答案，即 $\dfrac{|a_1 x_1 + b_1 y_1 + c_1 z_1 - d_1|}{\sqrt{a_1^2 + b_1^2 + c_1^2}}$．

(2) 二平行平面間的距離：二平面 $ax + by + cz = d_1$ 和 $ax + by + cz = d_2$，

先將二平面的法向量改成一樣，則其距離為 $\dfrac{|d_1 - d_2|}{\sqrt{a^2 + b^2 + c^2}}$．

例 19 求一平面 $x - 2y + 3 = 0$ 與平行它的直線 $x = 2t$, $y = -1 + t$, $z = 3$ 間的距離？

解：

例 20 求平面 $E_1 : x + 2y + 3z = 1$ 和 $E_2 : 2x + 4y + 6z = 1$ 間的距離。

解：

◎◎ 17-2.【點、直線、平面的距離 (II)】

(1) 點到直線的距離：

點 (x_0, y_0, z_0) 到直線 $x = x_1 + at$、$y = y_1 + bt$、$z = z_1 + ct$ 的距離為：

$$\sqrt{(x_1 + at - x_0)^2 + (y_1 + bt - y_0)^2 + (z_1 + ct - z_0)^2}，$$

其為 t 的一元二次方程式，其可化簡為 $\sqrt{pt^2 + qt + r}$，

則其最小值（距離）為 $\sqrt{\dfrac{4pr - q^2}{4p}}$（見例 21）。

(2) 二條平行線的距離：

二平行線 $L_1 : x = x_1 + at$, $y = y_1 + bt$, $z = z_1 + ct$ 和

$\qquad L_2 : x = x_2 + at$, $y = y_2 + bt$, $z = z_2 + ct$（因平行，其方向向量相同），

則其間的距離可找出一條線上的任一點，如 L_1 的 (x_1, y_1, z_1)，而用前面 (1) 的方法，

求它到 L_2 的距離，即為所求（見例 22）。

(3) 二歪斜線間的距離：

二歪斜線 $L_1: x = x_1 + a_1t, y = y_1 + b_1t, z = z_1 + c_1t$ 和

$\qquad L_2: x = x_2 + a_2t, y = y_2 + b_2t, z = z_2 + c_2t$,

求二歪斜線間的距離的方法為：

(a) 求包含其中一直線且平行另一直線的平面方程式，

例如：求包含 L_1 且平行 L_2 的平面為 $\begin{vmatrix} x-x_1 & y-y_1 & z-z_1 \\ a_1 & b_1 & c_1 \\ a_2 & b_2 & c_2 \end{vmatrix} = 0$ ，

(b) 再求 L_2 上的一點 (x_2, y_2, z_2) 到此平面的距離即為所求（見例 23）。

⊙⊙例 21 求點 $(1, 2, 1)$ 到直線 $x = 2t$、$y = -1 + t$、$z = 2 - t$ 的距離？

解：

⊙⊙例 22 求二平行線 $L_1 : \dfrac{x}{2} = \dfrac{y-1}{1} = \dfrac{z+2}{-1}$ 和 $L_2 : \dfrac{x+3}{-2} = \dfrac{y-4}{-1} = \dfrac{z}{1}$ 間的距離？

解：

⊙⊙例 23 求二歪斜線 $\dfrac{x-3}{2} = \dfrac{y+1}{-2} = z - 2$ 和 $x = \dfrac{y}{2} = -z + 4$ 間的距離？

解：

☆☆ **18.**【二平面的角平分線平面方程式】二平面 $a_1x + b_1y + c_1z = d_1$ 和 $a_2x + b_2y + c_2z = d_2$ 的角平分線平面方程式求法為：

設點 (x, y, z) 到此二平面的距離相等，則：

$$\frac{|a_1x + b_1y + c_1z - d_1|}{\sqrt{a_1^2 + b_1^2 + c_1^2}} = \frac{|a_2x + b_2y + c_2z - d_2|}{\sqrt{a_2^2 + b_2^2 + c_2^2}}$$

$$\Rightarrow \frac{a_1x + b_1y + c_1z - d_1}{\sqrt{a_1^2 + b_1^2 + c_1^2}} = \pm \frac{a_2x + b_2y + c_2z - d_2}{\sqrt{a_2^2 + b_2^2 + c_2^2}}$$

可解出二個平面方程式。

例 24 求二平面 $x - 2y + 2z = 4$ 和 $2x + y - 2z = 3$ 的角平分線平面方程式。

解：

19. **【公垂向量】** 空間中二不平行的向量 $\vec{p} = (a_1, b_1, c_1)$ 和 $\vec{q} = (a_2, b_2, c_2)$，找出和此二向量垂直的向量（稱為公垂向量）。

公垂向量 $= \vec{p} \times \vec{q}$（$\vec{p}$ 和 $\vec{q}$ 的外積），其展開值如下：

(a) $\begin{vmatrix} \vec{i} & \vec{j} & \vec{k} \\ a_1 & b_1 & c_1 \\ a_2 & b_2 & c_2 \end{vmatrix} = (b_1c_2 - b_2c_1)\vec{i} + (c_1a_2 - c_2a_1)\vec{j} + (a_1b_2 - a_2b_1)\vec{k}$，或

(b) $\begin{vmatrix} b_1 & c_1 \\ b_2 & c_2 \end{vmatrix} : \begin{vmatrix} c_1 & a_1 \\ c_2 & a_2 \end{vmatrix} : \begin{vmatrix} a_1 & b_1 \\ a_2 & b_2 \end{vmatrix}$。

公垂向量的應用有：

(1) 空間中相交（不平行）的二平面 $a_1x + b_1y + c_1z = d_1$ 和 $a_2x + b_2y + c_2z = d_2$，求其相交直線的方向向量。因此方向向量和二平面的法向量均垂直，

所以方向向量為：$(a_1, b_1, c_1) \times (a_2, b_2, c_2) = \begin{vmatrix} \vec{i} & \vec{j} & \vec{k} \\ a_1 & b_1 & c_1 \\ a_2 & b_2 & c_2 \end{vmatrix}$.

(2) 已知空間二條交於一點的直線的方向向量分別為 (a_1, b_1, c_1) 和 (a_2, b_2, c_2)，求通過此二直線的平面的法向量。因此法向量和此二直線的方向向量垂直，

所以法向量為：$(a_1, b_1, c_1) \times (a_2, b_2, c_2) = \begin{vmatrix} \vec{i} & \vec{j} & \vec{k} \\ a_1 & b_1 & c_1 \\ a_2 & b_2 & c_2 \end{vmatrix}$.

(3) 二方程式 $a_1x + b_1y + c_1z = 0$ 和 $a_2x + b_2y + c_2z = 0$（常數為 0），求 $x : y : z$ 的比值。

其為：$x : y : z = (a_1, b_1, c_1) \times (a_2, b_2, c_2) = \begin{vmatrix} \vec{i} & \vec{j} & \vec{k} \\ a_1 & b_1 & c_1 \\ a_2 & b_2 & c_2 \end{vmatrix}$.

例 25 二平面 $x + 2y - z = 3$ 和 $2x - y + z = 4$，求其相交直線的方向向量？

解：

例 26 已知空間二條交於一點的直線的方向向量分別為 $(2, 0, 1)$ 和 $(-1, 2, 1)$，求同時垂直此二方向向量的向量。

解：

例 27 已知 $2a + 3b + c = 0$ 和 $a - 3c = 0$，求 $a : b : c$ 的比值。

解：

⊙⊙例 28 求二歪斜線 $L_1 : \dfrac{x+1}{2} = \dfrac{y-3}{-2} = z$ 和 $L_2 : x = \dfrac{y}{2} = -z + 4$ 的公垂線方程式？

解：

◎◎ **20.**【三平面關係】空間上三平面方程式分別為：

$a_1x + b_1y + c_1z = d_1$，$a_2x + b_2y + c_2z = d_2$ 和 $a_3x + b_3y + c_3z = d_3$，

則它們之間的關係為：

(1) 若 $\Delta \neq 0$（聯立方程式恰有一解），則表此三平面交於一點，

　　此交點坐標為：$x = \dfrac{\Delta_x}{\Delta}$，$y = \dfrac{\Delta_y}{\Delta}$，$z = \dfrac{\Delta_z}{\Delta}$。

(2) 若 $\Delta = 0$，且 Δ_x、Δ_y、Δ_z 至少有一個不為 0（聯立方程式為無解），則表此三平面為：

　　(a) 二平面平行且分別與第三平面交於一線，或

　　(b) 二二平面分別交於一直線；

(3) 若 $\Delta = 0$，且 $\Delta_x = \Delta_y = \Delta_z = 0$（聯立方程式有無窮多組解或無解），則表此三平面為：

　　(a) 三平面重疊在一起（有無窮多組解）；

　　(b) 三平面平行（無解）；

　　(c) 二平面重疊且與第三平面平行（無解）；

　　(d) 二平面重疊且與第三平面交於一線（有無窮多組解）；

　　(e) 三平面二二不重疊且全交於一線（有無窮多組解）。

結論一：三元一次聯立方程組「無解」的條件為：

　　　　(1) 若 $\Delta = 0$，且 Δ_x、Δ_y、Δ_z 至少有一個不為 0；或

　　　　(2) 若 $\Delta = 0$，且 $\Delta_x = \Delta_y = \Delta_z = 0$，且此三元一次聯立方程組為

　　　　　　(a) 三平面平行，

　　　　　　(b) 二平面重疊且與第三平面平行。

結論二：三元一次聯立方程組「有無窮多組解」的條件為：

　　　　若 $\Delta = 0$，且 $\Delta_x = \Delta_y = \Delta_z = 0$，且不是結論一的第 (2) 種情況。

例 29 下列的三元一次聯立方程組，何者為「恰有一解」？何者為「無解」？

何者為「有無窮多組解」？

(1) $\begin{cases} x + 2y + z = 1 \\ x - y + z = 3 \\ x + y + 2z = 2 \end{cases}$；　(2) $\begin{cases} x + 2y + z = 1 \\ 2x + 4y + 2z = 3 \\ x + y + z = 2 \end{cases}$；　(3) $\begin{cases} x + 2y + z = 1 \\ 2x + 4y + 2z = 2 \\ x + y + z = 2 \end{cases}$；

(4) $\begin{cases} x + 2y + z = 1 \\ 2x + 4y + 2z = 3 \\ 3x + 6y + 3z = 4 \end{cases}$；　(5) $\begin{cases} x + 2y + z = 1 \\ 2x + 4y + 2z = 2 \\ 3x + 6y + 3z = 2 \end{cases}$

解：

◎◎ **21.【線性組合】**

(1) 二度空間上有三個向量 $\vec{a} = (a_1, a_2)$、$\vec{b} = (b_1, b_2)$、$\vec{c} = (c_1, c_2)$，若有 $\vec{c} = x\vec{a} + y\vec{b}$，$x$, $y \in R$，且 x, y 不全為 0，則稱 $\vec{c}$ 是 $\vec{a}$、$\vec{b}$ 的線性組合。

若任何向量 $\vec{c}$ 都能滿足此一特性，此時 $\vec{a}$、$\vec{b}$ 具有下列的條件 $\begin{vmatrix} a_1 & a_2 \\ b_1 & b_2 \end{vmatrix} \neq 0$。

(2) 三度空間上有四個向量 $\vec{a} = (a_1, a_2, a_3)$、$\vec{b} = (b_1, b_2, b_3)$、$\vec{c} = (c_1, c_2, c_3)$、$\vec{d} = (d_1, d_2, d_3)$，若有 $\vec{d} = x\vec{a} + y\vec{b} + z\vec{c}$，$x, y, z \in R$，且 x, y, z 不全為 0，則稱 $\vec{d}$ 是 $\vec{a}$、$\vec{b}$、$\vec{c}$ 的線性組合。若任何向量 $\vec{d}$ 都能滿足此一特性，此時 $\vec{a}$、$\vec{b}$、$\vec{c}$

具有下列的條件 $\begin{vmatrix} a_1 & a_2 & a_3 \\ b_1 & b_2 & b_3 \\ c_1 & c_2 & c_3 \end{vmatrix} \neq 0$。

例 30 試問向量 $(1, 2, 3)$ 能否表示成向量 $(1, 0, 1)$、$(-1, 1, 2)$ 和 $(0, 1, 1)$ 的線性組合？若可以，其結果為何？

解：

83 年 到 102 年 學 測 題 目

1. （83 學測）設直線 L 的方程式為 $\dfrac{x-2}{3} = \dfrac{y+1}{-1} = \dfrac{z-1}{2}$，則下列那一個平面與 L 平行。

(A) $2x - y + z = 1$ (B) $x + y - z = 2$ (C) $3x - y + 2z = 1$

(D) $3x + 2y + z = 2$ (E) $x - 3y + z = 1$

2. （85 學測）已知直線 L_1，L_2 交於 $(1, 0, -1)$，且相互垂直，其中：

$$L_1: \begin{cases} x = 1+t \\ y = t \\ z = -1 \end{cases} t \in R，\quad L_2: \begin{cases} x = 1+t \\ y = -t \\ z = -1-t \end{cases} t \in R.$$

若以 L_1 為軸將 L_2 旋轉一圈得一平面，則此平面的方程式為何？

(A) $x = 1$ (B) $y = 0$ (C) $x + y - 1 = 0$

(D) $x - y - z = 2$ (E) $x + y - 3 = 0$

3. （86 學測）設 P，Q 為平面 $ax + by + cz = 5$ 上相異兩點，且 $\overrightarrow{PQ} = (x_0, y_0, z_0)$，則 $\overrightarrow{PQ} \cdot (a, b, c)$ 為：

(A) 不定值，隨 (x_0, y_0, z_0) 而改變   (B) 25

(C) 5   (D) 0

(E) -1

4. （86 學測）設 θ 為兩平面 $2x - y + 2z = 6$ 與 $3x - 4z = 2$ 的夾角（取銳角），則 θ 最接近的整數度數為多少度。（查表）

（註：三角函數表。）

角度	Sin	Cos	角度	Sin	Cos
1°00'	.0175	.9998	5°00'	.0872	.9962
10'	.0204	.9998	10'	.0901	.9959
20'	.0233	.9997	20'	.0929	.9957
30'	.0262	.9997	30'	.0958	.9954
40'	.0291	.9996	40'	.0987	.9951
50'	.0320	.9995	50'	.1016	.9948
2°00'	.0349	.9994	6°00'	.1045	.9945
10'	.0378	.9993	10'	.1074	.9942
20'	.0407	.9992	20'	.1103	.9939
30'	.0436	.9990	30'	.1132	.9936
40'	.0465	.9989	40'	.1161	.9932
50'	.0494	.9988	50'	.1190	.9929
3°00'	.0523	.9986	7°00'	.1219	.9925
10'	.0552	.9985	10'	.1248	.9922
20'	.0581	.9983	20'	.1276	.9918
30'	.0610	.9981	30'	.1305	.9914
40'	.0640	.9980	40'	.1334	.9911
50'	.0669	.9978	50'	.1363	.9907
4°00'	.0698	.9976	8°00'	.1392	.9903
10'	.0727	.9974	10'	.1421	.9899
20'	.0756	.9971	20'	.1449	.9894
30'	.0785	.9969	30'	.1478	.9890
40'	.0814	.9967	40'	.1507	.9886
50'	.0843	.9964	50'	.1536	.9881

5. （88 學測）在空間中，連接點 $P(2, 1, 3)$ 與點 $Q(4, 5, 5)$ 的線段 PQ 之垂直平分面為 $\underline{?\, x + ?\, y + ?\, z} = 13$。

6. （89 學測）空間中有一直線 L 與平面 $E: x + 2y + 3z = 9$ 垂直。試求通過點 $(2, -3, 4)$ 且與直線 L 垂直的平面方程式。

7. （91 學測）下列哪些選項與方程組 $\begin{cases} 2x+y+3z=0 \\ 4x+3y+6z=0 \end{cases}$ 的解集合相同？

   (A) $y = 0$ 　　(B) $\begin{cases} 2x+3z=0 \\ y=0 \end{cases}$ 　　(C) $x = y = 0$

   (D) $\begin{cases} x+\dfrac{1}{2}y+\dfrac{3}{2}z=0 \\ 4x+3y+6z=0 \end{cases}$ 　　(E) $\begin{cases} 6x+4y+9z=0 \\ 2x+y+3z=0 \end{cases}$

8. （91 補考）空間中有三個平面 $5x + 4y - 4z = kx$, $4x + 5y + 2z = ky$, $x + y + z = 0$，其中 $k < 10$。當 $k = $？時，三個平面交於一線。

9. （92 學測）設 $\pi_a: x - 4y + az = 10$（a 為常數）、$E_1: x - 2y + z = 5$ 及 $E_2: 2x - 5y + 4z = -3$ 為坐標空間中的三個平面。試問下列哪些敘述是正確的？

   (A) 存在實數 a 使得 π_a 與 E_1 平行；

   (B) 存在實數 a 使得 π_a 與 E_1 垂直；

   (C) 存在實數 a 使得 π_a, E_1, E_2 交於一點；

   (D) 存在實數 a 使得 π_a, E_1, E_2 交於一直線；

   (E) 存在實數 a 使得 π_a, E_1, E_2 沒有共同交點。

10. （92 補考）考慮坐標空間中三平面 $x + 2y - 3z = 1$, $x + 3y - 2z = -1$ 及 $x + by + cz = 1$（b, c 為實數），試問下列哪些敘述是正確的？

    (A) 當 $b = 1, c = 1$ 時，三平面沒有共同交點；

    (B) 當 $b = -1, c = 1$ 時，三平面恰交於一點；

    (C) 當 $b = 4, c = -1$ 時，三平面恰交於一點；

    (D) 當 $b = 1, c = -4$ 時，三平面恰交於一直線；

    (E) 當 $b = 2, c = -3$ 時，三平面恰交於一直線。

11. （94 學測）假設坐標空間中三相異平面 E_1、E_2、E_3 皆通過 $(-1, 2, 0)$ 與 $(3, 0, 2)$ 兩點，試問以下哪些點也同時在此三平面上？

    (A) $(2, 2, 2)$ 　　(B) $(1, 1, 1)$ 　　(C) $(4, -2, 2)$

    (D) $(-2, 4, 0)$ 　　(E) $(-5, -4, -2)$

12. （97 學測）設坐標空間中三條直線 L_1, L_2, L_3 的方程式分別為：

    $L_1 : \dfrac{x}{1} = \dfrac{y+3}{6} = \dfrac{z+4}{8}$; $L_2 : \dfrac{x}{1} = \dfrac{y+3}{3} = \dfrac{z+4}{4}$; $L_3 : \dfrac{x}{1} = \dfrac{y}{3} = \dfrac{z}{4}$ 。

試問下列哪些選項是正確的？

(A) L_1 與 L_2 相交

(B) L_2 與 L_3 平行

(C) 點 $P(0, -3, -4)$ 與 $Q(0, 0, 0)$ 的距離即為點 P 到 L_3 的最短距離

(D) 直線 $L : \begin{cases} x = 0 \\ \dfrac{y+3}{4} = \dfrac{z+4}{-3} \end{cases}$ 與直線 L_1, L_2 皆垂直；

(E) 三直線 L_1, L_2, L_3 共平面

13. （97 學測）設 $O(0, 0, 0)$ 為坐標空間中某長方體的一個頂點，且知 $(2, 2, 1)$, $(2, -1, -2)$, $(3, -6, 6)$ 為此長方體中與 O 相鄰的三頂點。若平面 $E : x + by + cz = d$ 將此長方體截成兩部分，其中包含頂點 O 的那一部分是個正立方體，則 $(b, c, d) = (\quad , \quad , \quad)$。

14. （98 學測）坐標空間中 xy 平面上有一正方形，其頂點為 $O(0, 0, 0)$, $A(8, 0, 0)$, $B(8, 8, 0)$, $C(0, 8, 0)$。另一點 P 在 xy 平面的上方，且與 O, A, B, C 四點的距離皆等於 6。若 $x + by + cz = d$ 為通過 A, B, P 三點的平面，則 $(b, c, d) = (\quad , \quad , \quad)$。

15. （99 學測）坐標空間中，直線 L 上距離點 Q 最近的點稱為 Q 在 L 上的投影點。已知 L 為平面 $2x - y = 2$ 上通過點 $(2, 2, 2)$ 的一直線。請問下列哪些選項中的點可能是原點 O 在 L 上的投影點？

(A) $(2, 2, 2)$　　　　　(B) $(2, 0, 2)$　　　　　(C) $\left(\dfrac{4}{5}, -\dfrac{2}{5}, 0 \right)$

(D) $\left(\dfrac{4}{5}, -\dfrac{2}{5}, -2 \right)$　　　　(E) $\left(\dfrac{8}{9}, -\dfrac{2}{9}, -\dfrac{2}{9} \right)$

16. （100 學測）$H : x - y + z = 2$ 為坐標空間中一平面，L 為平面 H 上的一直線。已知點 $P(2, 1, 1)$ 為 L 上距離原點 O 最近的點，則 $(2, \quad , \quad)$ 為 L 的方向向量。

17. （102 學測）如下圖，在坐標空間中，A, B, C, D, E, F, G, H 為正立方體的八個頂點，已知其中四個點的坐標 $A(0, 0, 0)$、$B(6, 0, 0)$、$D(0, 6, 0)$ 及 $E(0, 0, 6)$，P 在線段 $\overline{CG}$ 上且 $\overline{CP} : \overline{PG} = 1:5$，$R$ 在線段 $\overline{EH}$ 上且 $\overline{ER} : \overline{RH} = 1:1$，$Q$ 在線段 $\overline{AD}$ 上。若空間中通過 P, Q, R 這三點的平面，與直線 AG 不相交，則 Q 點的 y 坐標為多少。（化成最簡分數）

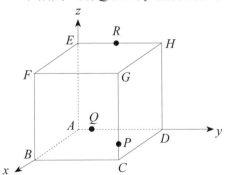

解答：1. B   2. C   3. D   4. 82   5. $x + 2y + z = 13$

6. $x + 2y + 3z = 8$ 7. BDE   8. 1   9. BCE   10. BE

11. B   12. ABDE   13. $-2, 2, 9$ 14. 0, 2, 8   15. ACE   16. $2, -1, -3$

17. $\dfrac{15}{11}$

Chapter **13** 矩陣

1. 線性方程組與矩陣

1.1 高斯消去法（含矩陣的列運算）（重點在於矩陣三角化的演算法）。

2. 矩陣的運算： 矩陣的加法、純量乘法、矩陣的乘法

3. 矩陣的應用：轉移矩陣、二階反方陣

◎ 4. 平面上的線性變換與二階方陣

4.1 伸縮、旋轉、鏡射、推移。

4.2 線性變換的面積比（此處面積指兩向量所張出的平行四邊形面積）。

1. 線性方程組與矩陣

高斯消去法（含矩陣的列運算）。

2. 矩陣的運算

2.1 矩陣的加法、純量乘法、矩陣的乘法：含方陣與行矩陣的乘法（不應談特徵方程式及 *Caley*–*Hamilton* 定理）。

3. 矩陣的應用

3.1 轉移矩陣、二階反方陣。

(1) 轉移矩陣舉應用實例。

(2) 二階反方陣須與解聯立方程組作連結。

◎ 4. 平面上的線性變換與二階方陣

4.1 伸縮、旋轉、鏡射、推移

4.2 線性變換的面積比：行列式為線性變換面積比的意涵，此處面積指兩向量所張出的平行四邊形面積。

(1) 令 $A = \begin{bmatrix} 1 & 2 \\ 2 & -1 \end{bmatrix}$，$A$ 將 $\begin{bmatrix} 1 \\ 0 \end{bmatrix}$ 與 $\begin{bmatrix} 0 \\ 1 \end{bmatrix}$ 分別映射到 $\begin{bmatrix} 1 \\ 2 \end{bmatrix}$ 與 $\begin{bmatrix} 2 \\ -1 \end{bmatrix}$。

(2) 求將 $\begin{bmatrix} 1 \\ 2 \end{bmatrix}$ 與 $\begin{bmatrix} 3 \\ 4 \end{bmatrix}$ 分別映射到 $\begin{bmatrix} 1 \\ 2 \end{bmatrix}$ 與 $\begin{bmatrix} 2 \\ -1 \end{bmatrix}$ 的線性變換的矩陣。

第一單元　矩陣

1. 【$m \times n$ 矩陣】

   (1) 如下面的矩形陣列的形式，我們稱為矩陣，其中 $a_{ij} \in R$，

   此矩陣為 $m \times n$ 矩陣。
   $$\begin{bmatrix} a_{11} & a_{12} & a_{13} & \cdots & a_{1n} \\ a_{21} & a_{22} & a_{23} & \cdots & a_{2n} \\ \vdots & & & & \\ a_{m1} & a_{m2} & a_{m3} & \cdots & a_{mn} \end{bmatrix},$$

   其中：$(a_{i1} \quad a_{i2} \cdots a_{in})$ 稱為第 i 列，共 m 列；$\begin{bmatrix} a_{1j} \\ a_{2j} \\ \vdots \\ a_{nj} \end{bmatrix}$ 稱為第 j 行，共 n 行，

   即：橫的為列，直的為行，a_{ij} 為第 i 列第 j 行元素。

   (2) 當 $m = n$ 時，A 矩陣稱為「n 階方陣」。

   例如：$\begin{bmatrix} 2 & 3 & 4 \\ 1 & 2 & 4 \end{bmatrix}$ 為 2×3 矩陣，其中：$\begin{bmatrix} 2 \\ 1 \end{bmatrix}$、$\begin{bmatrix} 3 \\ 2 \end{bmatrix}$、$\begin{bmatrix} 4 \\ 4 \end{bmatrix}$ 為行，

   $[2 \quad 3 \quad 4]$、$[1 \quad 2 \quad 4]$ 為列。

2. 【零矩陣】零矩陣是矩陣內的元素值均為 0。

   例如：$\begin{bmatrix} 0 & 0 \\ 0 & 0 \\ 0 & 0 \end{bmatrix}$ 為 3×2 的 0 矩陣，以 0 或 $0_{3 \times 2}$ 表示。

   要注意的是：零矩陣（表成 0）和整數的 0 不要混淆了。

3. 【單位矩陣】n 階方陣中，若對角線上的元素值皆為 1，其餘的元素值皆為 0，

   此 n 階方陣稱為單位矩陣，以 I_n 表示之。

   例如：$I_2 = \begin{bmatrix} 1 & 0 \\ 0 & 1 \end{bmatrix}$，$I_3 = \begin{bmatrix} 1 & 0 & 0 \\ 0 & 1 & 0 \\ 0 & 0 & 1 \end{bmatrix}$

4.【矩陣性質】 若 3×3 矩陣 $A = \begin{bmatrix} a_{11} & a_{12} & a_{13} \\ a_{21} & a_{22} & a_{23} \\ a_{31} & a_{32} & a_{33} \end{bmatrix}$，$B = \begin{bmatrix} b_{11} & b_{12} & b_{13} \\ b_{21} & b_{22} & b_{23} \\ b_{31} & b_{32} & b_{33} \end{bmatrix}$，$C = \begin{bmatrix} c_{11} & c_{12} & c_{13} \\ c_{21} & c_{22} & c_{23} \\ c_{31} & c_{32} & c_{33} \end{bmatrix}$，

且 $k \in R$，則：

(1) $A = B$，表示 $a_{11} = b_{11}, a_{12} = b_{12}, a_{13} = b_{13}, a_{21} = b_{21}, \cdots, a_{33} = b_{33}$

(2) $A + B = \begin{bmatrix} a_{11} + b_{11} & a_{12} + b_{12} & a_{13} + b_{13} \\ a_{21} + b_{21} & a_{22} + b_{22} & a_{23} + b_{23} \\ a_{31} + b_{31} & a_{32} + b_{32} & a_{33} + b_{33} \end{bmatrix}$

(3) $kA = \begin{bmatrix} ka_{11} & ka_{12} & ka_{13} \\ ka_{21} & ka_{22} & ka_{23} \\ ka_{31} & ka_{32} & ka_{33} \end{bmatrix}$

(4) $-A = -1 \cdot A$ 且 $A - B = A + (-B)$

(5) $(A + B) + C = A + (B + C)$

(6) $A + 0 = 0 + A = A$（註：此處的 0 為 3×3 矩陣，即 3×3 矩陣內元素均為 0）

(7) $A + (-A) = 0$（註：此處的 0 為 3×3 矩陣，即 3×3 矩陣內元素均為 0）

(8) $A + B = B + A$

(9) $k(A + B) = kA + kB$

(10) $(k_1 + k_2)A = k_1A + k_2A$

(11) $0 \cdot A = 0$（註：第一個 0 為常數，第二個 0 為 3×3 矩陣內元素均為 0）

例 1 $A = \begin{bmatrix} 1 & 3 & -2 \\ 0 & 2 & 1 \\ 2 & -3 & -1 \end{bmatrix}$，$B = \begin{bmatrix} 3 & -1 & 1 \\ -2 & 1 & 0 \\ -1 & 2 & 1 \end{bmatrix}$，求 (1) $A + B$；(2) $3A$；(3) $3A - 2B$；

解：

例 2 $A = \begin{bmatrix} 2 & -5 & 1 \\ 3 & 0 & -4 \end{bmatrix}$，$B = \begin{bmatrix} 1 & -2 & -3 \\ 0 & -1 & 5 \end{bmatrix}$，$C = \begin{bmatrix} 0 & 1 & -2 \\ 1 & -1 & -1 \end{bmatrix}$，

求 $3A + 4B - 2C = $ ？

解：

例 3 若 $3\begin{bmatrix} x & y \\ z & w \end{bmatrix} = \begin{bmatrix} x & 6 \\ 1 & x \end{bmatrix} + \begin{bmatrix} 4 & x+6 \\ z+6 & 2 \end{bmatrix}$，求 $x, y, z, w.$

解：

5. 【矩陣乘法】若 A 為 $m \times n$ 矩陣，B 為 $p \times q$ 矩陣，若 AB 有意義，必須是 $n = p$，即 $A_{m \times n} B_{p \times q} = C_{m \times q}$，其結果為 $m \times q$ 的矩陣。其乘積的結果如下所示：

$$\begin{bmatrix} a_{11} & a_{12} \\ a_{21} & a_{22} \end{bmatrix}_{2 \times 2} \begin{bmatrix} b_{11} & b_{12} & b_{13} \\ b_{21} & b_{22} & b_{23} \end{bmatrix}_{2 \times 3} = \begin{bmatrix} a_{11}b_{11} + a_{12}b_{21} & a_{11}b_{12} + a_{12}b_{22} & a_{11}b_{13} + a_{12}b_{23} \\ a_{21}b_{11} + a_{22}b_{21} & a_{21}b_{12} + a_{21}b_{22} & a_{21}b_{13} + a_{22}b_{23} \end{bmatrix}_{2 \times 3}$$

例 4 求 $\begin{bmatrix} 1 & 2 \\ 2 & 3 \end{bmatrix} \begin{bmatrix} 1 & 3 & 2 \\ 2 & 0 & 1 \end{bmatrix}$ 之值。

解：

例 5 設 $A = \begin{bmatrix} 1 & 3 \\ 2 & -1 \end{bmatrix}$，$B = \begin{bmatrix} 2 & 0 & -4 \\ 3 & -2 & 6 \end{bmatrix}$，求 (1) AB，(2) BA。

解：

例 6 設 $A = \begin{bmatrix} 1 \\ 2 \\ 3 \end{bmatrix}$，$B = \begin{bmatrix} 2 & 1 & 2 \end{bmatrix}$，求 (1) AB，(2) BA。

解：

例 7 計算下列的結果：

(1) $\begin{bmatrix} 2 & -3 \\ 3 & 2 \end{bmatrix}\begin{bmatrix} 1 & -2 & 3 \\ -1 & 5 & 4 \end{bmatrix}$

(2) $\begin{bmatrix} 1 & 2 \\ 2 & -1 \end{bmatrix}\begin{bmatrix} 1 & 0 & 1 \\ 0 & -1 & 1 \end{bmatrix}\begin{bmatrix} 1 & 2 \\ 3 & 4 \end{bmatrix}$

答：

6.【矩陣乘積特性】矩陣乘積的特性有：（其中 A，B，C 為矩陣，$k \in R.$）

(1) $(AB)C = A(BC)$ （註：ABC 要有意義。）

(2) $A(B + C) = AB + AC$ （註：AB、AC 要有意義。）

(3) $(B + C)A = BA + CA$ （註：BA、CA 要有意義。）

(4) $k(AB) = (kA)B = A(kB)$ （註：AB 要有意義。）

(5) AB 不一定等於 BA

(6) 矩陣的乘法不滿足消去法，即 $AC = BC$，不一定 A 等於 $B.$

(7) 矩陣不能和實數相加，即不能 $\begin{bmatrix} 1 & 2 \\ 3 & 4 \end{bmatrix} + 5$，要改成：

$$\begin{bmatrix} 1 & 2 \\ 3 & 4 \end{bmatrix} + 5I = \begin{bmatrix} 1 & 2 \\ 3 & 4 \end{bmatrix} + 5\begin{bmatrix} 1 & 0 \\ 0 & 1 \end{bmatrix} = \begin{bmatrix} 6 & 2 \\ 3 & 9 \end{bmatrix}$$

例 8 計算下列的結果：$2\begin{bmatrix} 2 & -1 & 4 \\ -1 & 0 & 3 \\ 2 & 1 & 0 \end{bmatrix}\begin{bmatrix} -1 & 5 \\ 4 & 2 \\ -3 & 1 \end{bmatrix} + 4\begin{bmatrix} 9 & -6 \\ 4 & 1 \\ -1 & -6 \end{bmatrix}$

答：

例 9 若 $A = \begin{bmatrix} 1 & 2 \\ 3 & 4 \end{bmatrix}$，$B = \begin{bmatrix} 3 & 1 \\ 1 & 0 \end{bmatrix}$，$C = \begin{bmatrix} 1 & 2 \\ 2 & 4 \end{bmatrix}$，$X = \begin{bmatrix} x_1 & x_2 \\ x_3 & x_4 \end{bmatrix}$，求下列方程式之 $X.$

(1) $AX = B - I$，(2) $(B - I)X = A$，(3) $AX = CI$

答：

例 10 舉一例子，求使 $BA = CA$，但 $B \neq C$ 的非零矩陣 A, B 和 C.

解：

例 11 若 $A = \begin{bmatrix} 2 & -1 & 1 \\ 1 & 2 & 1 \end{bmatrix}$, $B = \begin{bmatrix} 3 \\ 1 \\ -1 \end{bmatrix}$, $C = \begin{bmatrix} 1 & -1 \end{bmatrix}$，試求 ABC.

解：

7.【增廣矩陣】 聯立方程式 $\begin{cases} a_{11}x + a_{12}y + a_{13}z = d_1 \\ a_{21}x + a_{22}y + a_{23}z = d_2 \\ a_{31}x + a_{32}y + a_{33}z = d_3 \end{cases}$ ，可寫成：

$$\begin{bmatrix} a_{11} & a_{12} & a_{13} \\ a_{21} & a_{22} & a_{23} \\ a_{31} & a_{32} & a_{33} \end{bmatrix} \begin{bmatrix} x \\ y \\ z \end{bmatrix} = \begin{bmatrix} d_1 \\ d_2 \\ d_3 \end{bmatrix} \text{ 或 } AX = D.$$

而我們將其係數 $\begin{bmatrix} a_{11} & a_{12} & a_{13} & d_1 \\ a_{21} & a_{22} & a_{23} & d_2 \\ a_{31} & a_{32} & a_{33} & d_3 \end{bmatrix}$ 稱為增廣矩陣。

例 12 聯立方程式 $2x + 3y = 4$、$x - 2y = 3$，其增廣矩陣為何？

解：

例 13 聯立方程式 $\begin{cases} x - 2y + z + 1 = 0 \\ 2x + y - 2 = 0 \\ -2y + z + 3 = 0 \end{cases}$ ，其增廣矩陣為何？

解：

8.【列運算】矩陣 A 若經由下列的運算而得到矩陣 B，我們稱為矩陣 A 和矩陣 B 是「列運算」：

(1) 將任二列的值互相交換。

(2) 將某一列乘以一個非零的常數 $k(k \in R)$.

(3) 將某一列乘以 k 再加到另一列。

例：$A = \begin{bmatrix} a_{11} & a_{12} & a_{13} \\ a_{21} & a_{22} & a_{23} \\ a_{31} & a_{32} & a_{33} \end{bmatrix}$，則：

(1) $\Rightarrow \begin{bmatrix} a_{21} & a_{22} & a_{23} \\ a_{11} & a_{12} & a_{13} \\ a_{31} & a_{32} & a_{33} \end{bmatrix}$（第一列和第二列的值互相交換），

(2) $\Rightarrow \begin{bmatrix} a_{11} & a_{12} & a_{13} \\ ka_{21} & ka_{22} & ka_{23} \\ a_{31} & a_{32} & a_{33} \end{bmatrix}$（第二列的值乘以 k），

(3) $\Rightarrow \begin{bmatrix} a_{11} & a_{12} & a_{13} \\ a_{21} & a_{22} & a_{23} \\ ka_{11}+a_{31} & ka_{12}+a_{32} & ka_{13}+a_{33} \end{bmatrix}$（第一列乘以 k 再加到第三列）

9.【利用增廣矩陣解聯立方程式】若將 $\begin{cases} a_{11}x + a_{12}y + a_{13}z = d_1 \\ a_{21}x + a_{22}y + a_{23}z = d_2 \\ a_{31}x + a_{32}y + a_{33}z = d_3 \end{cases}$ 的增廣矩陣利用「列運算」，

運算後可得到下列結果：

(1) 有唯一解：此增廣矩陣可化簡成 $\begin{bmatrix} 1 & 0 & 0 & k_1 \\ 0 & 1 & 0 & k_2 \\ 0 & 0 & 1 & k_3 \end{bmatrix}$，即 $x = k_1$，$y = k_2$，$z = k_3$。

(2) 無解或無窮多解：此增廣矩陣可能化簡成 $\begin{bmatrix} 1 & 0 & 0 & k_1 \\ 0 & 1 & 0 & k_2 \\ 0 & 0 & m & k_3 \end{bmatrix}$，則：

  (a) 若 $m = k_3 = 0$，則有無窮多解；

  (b) 若 $m = 0$ 且 $k_3 \neq 0$，則為無解。

10. 【無窮多解】若 $\begin{cases} a_{11}x + a_{12}y + a_{13}z = 0 \\ a_{21}x + a_{22}y + a_{23}z = 0 \\ a_{31}x + a_{32}y + a_{33}z = 0 \end{cases}$ （常數全為 0），有異於 $(0, 0, 0)$ 的解，

表示此方程組有無窮多組解，即 $\Delta = \begin{vmatrix} a_{11} & a_{12} & a_{13} \\ a_{21} & a_{22} & a_{23} \\ a_{31} & a_{32} & a_{33} \end{vmatrix} = 0$

例 14 對每一線性方程組，回答下列問題：

(1) c 值為何，可使下列的線性方程組不是唯一解（無解或無窮多組解）？

(2) c 值為何，可使下列的線性方程組有唯一解？

(a) $\begin{cases} x + y + z = 1 \\ x - y + z = 2 \\ x + z = c \end{cases}$ (b) $\begin{cases} x + cy = 3 \\ x - y = 3 \end{cases}$

解：

例 15 解方程組： $\begin{cases} 4x - 5y = 2 \\ 2x + 3y = 12 \\ 10x - 7y = 16 \end{cases}$

解：

〔註：用增廣矩陣知，其中一個方程式是其他二個的組合。〕

11. 【解 n 元一次方程組】解 n 元一次方程組通常可以採用下列幾種方法：

(1) 行列式法〔Cramer 法則〕；

(2) 矩陣列運算法〔列運算〕；

(3) 高斯消去法。

12.【解二元一次方程組】 解二元一次方程組 $\begin{cases} a_1x + b_1y = c_1 \\ a_2x + b_2y = c_2 \end{cases}$

(1) 〔Cramer 法則〕用行列式法：

（註：c_1, c_2 在等號右邊，若方程式改為 $a_1x + b_1y + c_1 = 0$，則下列公式的 c_1 要多加一負號。）

令 $\Delta = \begin{vmatrix} a_1 & b_1 \\ a_2 & b_2 \end{vmatrix}$，$\Delta_x = \begin{vmatrix} c_1 & b_1 \\ c_2 & b_2 \end{vmatrix}$，$\Delta_y = \begin{vmatrix} a_1 & c_1 \\ a_2 & c_2 \end{vmatrix}$

(a) 若 $\Delta \neq 0$，則解為 $x = \dfrac{\Delta_x}{\Delta}$，$y = \dfrac{\Delta_y}{\Delta}$；

(b) 若 $\Delta = 0$，$\Delta_x = 0$ 且 $\Delta_y = 0$，則有無窮多組解；

(c) 若 $\Delta = 0$ 且 （$\Delta_x \neq 0$ 或 $\Delta_y \neq 0$），則為無解。

(2) 〔列運算〕用矩陣列運算法：

用「列運算」將增廣矩陣 $\begin{bmatrix} a_1 & b_1 & c_1 \\ a_2 & b_2 & c_2 \end{bmatrix}$ 化簡成 $\begin{bmatrix} 1 & 0 & k_1 \\ 0 & 1 & k_2 \end{bmatrix}$，即

$\begin{bmatrix} a_1 & b_1 & c_1 \\ a_2 & b_2 & c_2 \end{bmatrix}$ （若 $a_1 \neq 0$）$\xrightarrow{\text{除以 } a_1}$ $\begin{bmatrix} 1 & \dfrac{b_1}{a_1} & \dfrac{c_1}{a_1} \\ a_2 & b_2 & c_2 \end{bmatrix}$ $\xrightarrow[\text{加到第二列}]{\text{第一列乘以 } -a_2}$

$\begin{bmatrix} 1 & \dfrac{b_1}{a_1} & \dfrac{c_1}{a_1} \\ 0 & b_2 - \dfrac{a_2b_1}{a_1} & c_2 - \dfrac{a_2c_1}{a_1} \end{bmatrix}$

(a) 若 $b_2 - \dfrac{a_2b_1}{a_1} = 0$ 且 $c_2 - \dfrac{a_2c_1}{a_1} = 0$，則有無窮多組解；

(b) 若 $b_2 - \dfrac{a_2b_1}{a_1} = 0$ 且 $c_2 - \dfrac{a_2c_1}{a_1} \neq 0$，則無解；

(c) 若 $b_2 - \dfrac{a_2b_1}{a_1} \neq 0$，則有唯一解。

(3) 〔高斯消去法〕用高斯消去法解方程式的步驟如下：

(a) 利用其中一個方程式中 x 的係數，消去另一個方程式的 x 係數，可得 y 解

$\begin{cases} a_1x + b_1y = c_1 \\ a_2x + b_2y = c_2 \end{cases} \Rightarrow \begin{cases} a_1x + b_1y = c_1 \\ (b_2 - \dfrac{a_2}{a_1})y = c_2 - \dfrac{a_2}{a_1}c_1 \end{cases} \Rightarrow y = \dfrac{c_2 - \dfrac{a_2}{a_1}c_1}{b_2 - \dfrac{a_2}{a_1}}$

(b) 將 y 代入其中一個方程式中，可解得 x。

例 16 若下列二個聯立方程式的解相同，求 a, b 之值：

$$\begin{cases} x + ay - 7 = 0 \\ 2x + y - 5b = 0 \end{cases} \quad \begin{cases} 3x + ay - 13 = 0 \\ x - 2y + 5 = 0 \end{cases}$$

（註：此也就是 4 個方程式，要求 4 個未知數 (x, y, a, b)。）

解：

例 17 甲、乙二人解方程組：$\begin{cases} ax + 2y = 4 \cdots\cdots(1) \\ 2x + by = 3 \cdots\cdots(2) \end{cases}$，若甲將 a 看錯，解得 $x = 1$、$y = 1$，

乙將 b 看錯，解得 $x = 2$、$y = -1$，求正確的 x, y 解

（註：甲看錯 a，則有 a 的方程式，甲所得到的結果就不使用（乙亦同）。）

解：

例 18 求下列 a 之值，使得方程組：(a) 有一解；(b) 有無窮多解；(c) 無解：

$$\begin{cases} ax + y + z = a - 3 \\ x + ay + z = -2 \\ x + y + az = -2 \end{cases}$$

解：

13. 【矩陣、行列式觀念】底下為矩陣和行列式的一些觀念：

(1) 令 A 為 $n \times n$ 矩陣，則對任意常數 k，$|kA| = k^n|A|$，

證明：kA 是將 A 之每一列乘以一常數 k，所以

$$|kA| = \overbrace{k \cdot k \cdot \ldots \cdot k}^{n \text{ 個}}|A| = k^n|A|$$

(2) 若方陣 A 滿足 $A^2 = A$，則 $|A| = 0$ 或 1

證明：因 $A^2 = A \Rightarrow |A^2| = |A| \Rightarrow |A^2| - |A| = 0 \Rightarrow |A|(|A| - 1) = 0 \Rightarrow |A| = 0$ 或 1

(3) 若方陣 A 滿足 $A^k = 0_{n \times n}$，則 $|A| = 0$

證明：因 $A^k = 0_{n \times n} \Rightarrow |A^k| = 0_{1 \times 1} \Rightarrow |A^k| = 0 \Rightarrow |A| = 0$

(4) 下列關係為「不真」的敘述。

   (a) 若 $|A| = 0$，則 $A = 0_{n \times n}$（不成立）

   (b) $|A + B| \leq |A| + |B|$（不成立）

說明：(a) $A = \begin{bmatrix} 1 & 4 \\ 0 & 0 \end{bmatrix}$，則 $|A| = 0$，但 $A \neq 0$

      (b) $A = \begin{bmatrix} 1 & 2 \\ 3 & 4 \end{bmatrix}$，$B = \begin{bmatrix} -1 & -2 \\ -3 & 0 \end{bmatrix} \Rightarrow A + B = \begin{bmatrix} 0 & 0 \\ 0 & 4 \end{bmatrix}$，則

      $|A| = -2$，$|B| = -6$，$|A + B| = 0 \Rightarrow |A + B| > |A| + |B|$

(5) 在何種情況下，$(AB)^2$ 會等於 A^2B^2

解：$(AB)^2 = (AB)(AB)$ 而 $A^2B^2 = AABB \Rightarrow ABAB = AABB \Rightarrow BA = AB$

(6) 矩陣 $AB = 0$ 是否表示 $A = 0$ 或 $B = 0$？

答：否。

14.【反矩陣】若方陣 A 的行列式值不為 0，則必有一方陣 B，使得 $AB = BA = I_n$，

此時 B 稱為 A 的反矩陣，記成 $B = A^{-1}$。

若方陣 A 的行列式值為 0，則沒有反矩陣。

15.【二階反矩陣】若二階方陣 $A = \begin{bmatrix} a & b \\ c & d \end{bmatrix}$，且其行列式值 $\det(A) = \begin{vmatrix} a & b \\ c & d \end{vmatrix} \neq 0$，則 A 的反矩

陣為 $A^{-1} = \dfrac{1}{\det(A)} \begin{bmatrix} d & -b \\ -c & a \end{bmatrix}$。

16.【反矩陣應用】若 $\begin{cases} a_1x + b_1y = c_1 \\ a_2x + b_2y = c_2 \end{cases}$ 有唯一解，可令 $A = \begin{bmatrix} a_1 & b_1 \\ a_2 & b_2 \end{bmatrix}$，$\vec{x} = \begin{bmatrix} x \\ y \end{bmatrix}$，$\vec{b} = \begin{bmatrix} c_1 \\ c_2 \end{bmatrix}$，

則 $A\vec{x} = \vec{b}$（前面同乘 A^{-1}）$\Rightarrow A^{-1}A\vec{x} = A^{-1}\vec{b} \Rightarrow \vec{x} = A^{-1}\vec{b}$，可解得 x, y.

例 19 設 $A = \begin{bmatrix} 2 & 3 \\ -1 & 4 \end{bmatrix}$，求 A^{-1}。

解：

例 20 若 $\begin{cases} x + 2y = 5 \\ 3x - y = 1 \end{cases}$，用反矩陣方法求 x, y 之值。

解：

17. **【轉移矩陣】** 若方陣 A 具有下列二個特性，則稱方陣 A 為「轉移矩陣」：

(1) 方陣 A 內的每個元素值均大於等於 0；

(2) 方陣 A 內的每個直行的元素值的和均為 1。

18. **【轉移矩陣特性】**

(1) 「轉移矩陣」的元素內容：

(a) 若有 A、B 二事件，則轉移矩陣是 2×2 的矩陣，其內容為：

$$
\begin{array}{cc}
& A\text{事件} \quad B\text{事件} \\
\begin{matrix} A \\ B \end{matrix} & \begin{bmatrix} A\text{留在}A & B\text{變成}A \\ A\text{變成}B & B\text{留在}B \end{bmatrix} \\
& \text{和為}1 \quad\; \text{和為}1
\end{array}
$$

(b) 若有 A、B、C 三事件，則轉移矩陣是 3×3 的矩陣，其內容為：

$$
\begin{array}{c}
\quad A\text{事件} \quad\; B\text{事件} \quad\; C\text{事件} \\
\begin{matrix} A \\ B \\ C \end{matrix} \begin{bmatrix} A\text{留在}A & B\text{變成}A & C\text{變成}A \\ A\text{變成}B & B\text{留在}B & C\text{變成}B \\ A\text{變成}C & B\text{變成}C & C\text{留在}C \end{bmatrix} \\
\quad \text{和為}1 \quad\; \text{和為}1 \quad\; \text{和為}1
\end{array}
$$

(2) 「轉移矩陣」乘以目前狀態，結果為下次的狀態，即：

$\begin{bmatrix} a_{11} & a_{12} \\ a_{21} & a_{22} \end{bmatrix}\begin{bmatrix} a_1 \\ b_1 \end{bmatrix} = \begin{bmatrix} a_2 \\ b_2 \end{bmatrix}$，若轉移前的資料為 $\begin{bmatrix} a_1 \\ b_1 \end{bmatrix}$，則轉移後的資料為 $\begin{bmatrix} a_2 \\ b_2 \end{bmatrix}$。

(3) 最終穩定時的條件是：轉移矩陣前的資料和轉移矩陣後的資料相同，即

$\begin{bmatrix} a_{11} & a_{12} \\ a_{21} & a_{22} \end{bmatrix}\begin{bmatrix} a \\ b \end{bmatrix} = \begin{bmatrix} a \\ b \end{bmatrix}$，其中轉移矩陣前的資料 $\begin{bmatrix} a \\ b \end{bmatrix}$ 和轉移矩陣後的資料 $\begin{bmatrix} a \\ b \end{bmatrix}$ 相同。

例 21 某餐廳有 A, B 二種套餐，據統計：這次點 A 餐的人，有 80% 下次會再點 A 餐，有 20% 下次會改點 B 餐；這次點 B 餐的人，有 60% 下次會再點 B 餐，有 40% 下次會改點 A 餐。請問

(1) 其轉移矩陣為何？

(2) 目前有 60% 的人點 A 餐，40% 的人點 B 餐，則下次有百分之幾的人點 A 餐？有百分之幾的人點 B 餐？

(3) 下下次有百分之幾的人點 A 餐？有百分之幾的人點 B 餐？

(4) 最終穩定時，有百分之幾的人點 A 餐？有百分之幾的人點 B 餐？

解：

(1) 其轉移矩陣 $\begin{bmatrix} 0.8 & 0.4 \\ 0.2 & 0.6 \end{bmatrix}$，（註：直行和為 1.）

(2) 下次點 A, B 餐的百分比：

$\begin{bmatrix} 0.8 & 0.4 \\ 0.2 & 0.6 \end{bmatrix}\begin{bmatrix} 0.6 \\ 0.4 \end{bmatrix} = \begin{bmatrix} 0.64 \\ 0.36 \end{bmatrix}$

即有 64% 的人點 A 餐，有 36% 的人點 B 餐。

(3) 下下次點 A, B 餐的百分比：

$\begin{bmatrix} 0.8 & 0.4 \\ 0.2 & 0.6 \end{bmatrix}\begin{bmatrix} 0.64 \\ 0.36 \end{bmatrix} = \begin{bmatrix} 0.656 \\ 0.344 \end{bmatrix}$

即有 65.6% 的人點 A 餐，有 34.4% 的人點 B 餐。

(4) 假設最終穩定時，有百分之 a 的人點 A 餐，有百分之 b 的人點 B 餐，

a + b = 100 且：

$\begin{bmatrix} 0.8 & 0.4 \\ 0.2 & 0.6 \end{bmatrix}\begin{bmatrix} a \\ b \end{bmatrix} = \begin{bmatrix} a \\ b \end{bmatrix} \Rightarrow \begin{cases} 0.2a = 0.4b \\ a+b = 100 \end{cases} \Rightarrow \begin{cases} a = 66.7 \\ b = 33.3 \end{cases}$

即最終穩定時，有 66.7% 的人點 A 餐，有 33.3% 的人點 B 餐。

例 22 某地區有三位醫生 A, B, C，據統計：這次給 A 醫生看的人，有 80% 下次會再給 A 醫生看，有 10% 改給 B 醫生看，有 10% 改給 C 醫生看；這次給 B 醫生看的人，有 80% 下次會再給 B 醫生看，有 20% 改給 A 醫生看，有 0% 改給 C 醫生看；這次給 C 醫生看的人，有 70% 下次會再給 C 醫生看，有 10% 改給 A 醫生看，有 20% 改給 B 醫生看。請問

(1) 其轉移矩陣為何？

(2) 目前有 40% 的人給 A 醫生看，30% 的人給 B 醫生看，30% 的人給 C 醫生看，則下次有百分之幾的人給 A, B, C 醫生看？

(3) 最終穩定時，哪位醫生的病人最多？各有百分之幾的病人？

解：

(1) 其轉移矩陣 $\begin{bmatrix} 0.8 & 0.2 & 0.1 \\ 0.1 & 0.8 & 0.2 \\ 0.1 & 0 & 0.7 \end{bmatrix}$

(2) 下次給 A, B, C 醫生看的百分比：

$$\begin{bmatrix} 0.8 & 0.2 & 0.1 \\ 0.1 & 0.8 & 0.2 \\ 0.1 & 0 & 0.7 \end{bmatrix} \begin{bmatrix} 0.4 \\ 0.3 \\ 0.3 \end{bmatrix} = \begin{bmatrix} 0.41 \\ 0.34 \\ 0.25 \end{bmatrix}$$

即下次給 A, B, C 醫生看的百分比分別為：41%，34%，25%

(3) 假設最終穩定時，有百分之 a, b, c 的人給 A, B, C 醫生看，則

$a + b + c = 100$ 且

$$\begin{bmatrix} 0.8 & 0.2 & 0.1 \\ 0.1 & 0.8 & 0.2 \\ 0.1 & 0 & 0.7 \end{bmatrix} \begin{bmatrix} a \\ b \\ c \end{bmatrix} = \begin{bmatrix} a \\ b \\ c \end{bmatrix} \Rightarrow \begin{cases} 0.8a + 0.2b + 0.1c = a \\ 0.1a + 0.8b + 0.2c = b \\ 0.1a + 0.7c = c \end{cases} \Rightarrow \begin{cases} 2a - 2b - c = 0 \\ a - 2b + 2c = 0 \\ a = 3c \end{cases} \Rightarrow \begin{cases} a = 3c \\ b = \dfrac{5}{2}c \end{cases}$$

由上可知：$a \ (= 3c) > b \ \left(= \dfrac{5}{2}c\right) > c$

即最終穩定時，A 醫生的病人最多

$a + b + c = 100 \Rightarrow 3c + \dfrac{5}{2}c + c = 100$

$\Rightarrow c = \dfrac{200}{13}, a = 3c = \dfrac{600}{13}, b = \dfrac{5}{2}c = \dfrac{500}{13}$.

◎◎ **19.【映射或線性轉換】** 令 $A = \begin{bmatrix} 1 & 2 \\ 2 & -1 \end{bmatrix}$、$\vec{x} = \begin{bmatrix} 1 \\ 0 \end{bmatrix}$，則 $A\vec{x} = \begin{bmatrix} 1 & 2 \\ 2 & -1 \end{bmatrix} \begin{bmatrix} 1 \\ 0 \end{bmatrix} = \begin{bmatrix} 1 \\ 2 \end{bmatrix}$，則稱：$A$ 將 $\begin{bmatrix} 1 \\ 0 \end{bmatrix}$ 映射到 $\begin{bmatrix} 1 \\ 2 \end{bmatrix}$，或線性轉換成 $\begin{bmatrix} 1 \\ 2 \end{bmatrix}$。矩陣 A 是線性變換矩陣。

例 23 令 $A = \begin{bmatrix} 2 & 3 \\ -1 & 1 \end{bmatrix}$，$A$ 將 $\begin{bmatrix} 1 \\ 2 \end{bmatrix}$ 與 $\begin{bmatrix} 2 \\ -1 \end{bmatrix}$ 分別映射到（或線性轉換成）哪個向量？

解：

例 24 令 $A = \begin{bmatrix} 2 & 3 \\ -1 & 1 \end{bmatrix}$，若 A 將 $\begin{bmatrix} a \\ b \end{bmatrix}$ 映射到（或線性轉換成）$\begin{bmatrix} 2 \\ -1 \end{bmatrix}$，求 $\begin{bmatrix} a \\ b \end{bmatrix}$ 向量？

解：

例 25 （99 課綱範例）求將 $\begin{bmatrix} 1 \\ 2 \end{bmatrix}$ 與 $\begin{bmatrix} 3 \\ 4 \end{bmatrix}$ 分別映射到 $\begin{bmatrix} 1 \\ 2 \end{bmatrix}$ 與 $\begin{bmatrix} 2 \\ -1 \end{bmatrix}$ 的線性變換的矩陣。

解：

註：點的平移和函數圖形的平移，其轉換公式的正負號相反

◎◎ 20.【平移】若平面上的一點 $P(x, y)$，將其 x 軸坐標往右平移 h 距離，y 軸坐標往上

平移 k 距離，移到 $P'(x', y')$ 處，則 $\begin{cases} x' = x + h \\ y' = y + k \end{cases}$

（註：函數 $y = f(x)$，將圖形往右平移 h 距離，往上平移 k 距離，得到的新函數為

$y - k = f(x - h)$，也就是 x 用 $x - h$ 代；y 用 $y - k$ 代。）

◎◎ 21.【旋轉】若平面上的一點 $P(x, y)$ 對原點逆時針旋轉 θ 角，轉到 $P'(x', y')$ 處，

則 $\begin{bmatrix} x' \\ y' \end{bmatrix} = \begin{bmatrix} \cos\theta & -\sin\theta \\ \sin\theta & \cos\theta \end{bmatrix} \begin{bmatrix} x \\ y \end{bmatrix}$，或 $\begin{cases} x' = x\cos\theta - y\sin\theta \\ y' = x\sin\theta + y\cos\theta \end{cases}$

（註：若改成順時針方向旋轉 θ 角度時，公式內的 θ 要改成 $(-\theta)$）

◎◎ 22.【伸縮】若平面上的一點 $P(x, y)$，將 x 軸坐標放大（伸）或縮小（縮）S_x 倍，

將 y 軸坐標放大（伸）或縮小（縮）S_y 倍，移到 $P'(x', y')$ 處，

則 $\begin{bmatrix} x' \\ y' \end{bmatrix} = \begin{bmatrix} S_x & 0 \\ 0 & S_y \end{bmatrix}\begin{bmatrix} x \\ y \end{bmatrix}$，或 $\begin{cases} x' = x \cdot S_x \\ y' = y \cdot S_y \end{cases}$

◎◎ 23.【推移】

(1) 若平面上的一點 $P(x, y)$，將 x 軸坐標位置移到 y 軸坐標的 k 倍位置處，即移到 $P'(x', y')$ 處，

則 $\begin{bmatrix} x' \\ y' \end{bmatrix} = \begin{bmatrix} 1 & k \\ 0 & 1 \end{bmatrix}\begin{bmatrix} x \\ y \end{bmatrix}$，或 $\begin{cases} x' = x + ky \\ y' = y \end{cases}$

(2) 若平面上的一點 $P(x, y)$，將 y 軸坐標位置移到 x 軸坐標的 k 倍位置處，即移到 $P'(x', y')$ 處，

則 $\begin{bmatrix} x' \\ y' \end{bmatrix} = \begin{bmatrix} 1 & 0 \\ k & 1 \end{bmatrix}\begin{bmatrix} x \\ y \end{bmatrix}$，或 $\begin{cases} x' = x \\ y' = y + kx \end{cases}$

例 26 點 $(2,3)$，

(1) 將其 x 軸坐標往右平移 5 距離，y 軸坐標往上平移 8 距離，求新坐標值？

(2) 對原點逆時針旋轉 30° 角，求新坐標值？

(3) 將 x 軸坐標放大 2 倍，將 y 軸坐標縮小 $\frac{1}{4}$ 倍，求新坐標值？

(4) 將 x 軸坐標位置移到 y 軸坐標的 4 倍位置處，求新坐標值？

(5) 將 y 軸坐標位置移到 x 軸坐標的 5 倍位置處，求新坐標值？

解：

◎◎ 24.【轉換後面積】將 $\triangle ABC$ 的三個頂點坐標 (x_i, y_i) 經由 $\begin{bmatrix} x'_i \\ y'_i \end{bmatrix} = \begin{bmatrix} a & b \\ c & d \end{bmatrix}\begin{bmatrix} x_i \\ y_i \end{bmatrix}$ 轉換公式，

轉換成 $\triangle A'B'C'$，若 $\triangle ABC$ 的面積為 m，則 $\triangle A'B'C'$ 的面積為 $\begin{vmatrix} a & b \\ c & d \end{vmatrix} \cdot m$ 的絕對值

例 27 △ABC 的三個頂點坐標分別為 $A(0,0)$，$B(3,0)$，$C(0,4)$，若經 $\begin{bmatrix} 5 & 6 \\ 9 & 8 \end{bmatrix}$ 轉換後，轉換成△ $A'B'C'$，求△ $A'B'C'$ 的面積。

解：

83 年 到 102 年 學 測 題 目

1. （88 學測）下列各選項中的行列式，那些與行列式 $\begin{vmatrix} a_1 & a_2 & a_3 \\ b_1 & b_2 & b_3 \\ c_1 & c_2 & c_3 \end{vmatrix}$ 相等？

   (A) $\begin{vmatrix} a_1 & a_2 & a_3 \\ c_1 & c_2 & c_3 \\ b_1 & b_2 & b_3 \end{vmatrix}$
   (B) $\begin{vmatrix} a_1 & b_1 & c_1 \\ a_2 & b_2 & c_2 \\ a_3 & b_3 & c_3 \end{vmatrix}$
   (C) $\begin{vmatrix} a_1 & a_2 & a_3 \\ b_1-c_1 & b_2-c_2 & b_3-c_3 \\ c_1 & c_2 & c_3 \end{vmatrix}$

   (D) $\begin{vmatrix} a_1 & a_2 & a_3 \\ b_1 \cdot c_1 & b_2 \cdot c_2 & b_3 \cdot c_3 \\ c_1 & c_2 & c_3 \end{vmatrix}$
   (E) $\begin{vmatrix} a_3 & a_2 & a_1 \\ b_3 & b_2 & b_1 \\ c_3 & c_2 & c_1 \end{vmatrix}$

2. （89 學測）將行列式 $\begin{vmatrix} x & 1 & 2 \\ 1 & x & 2 \\ 1 & 2 & x \end{vmatrix}$ 展開得到多項式 $f(x)$。下列有關 $f(x)$ 的敘述，何者為真？

   (A) $f(x)$ 是一個三次多項式
   (B) $f(1) = 0$
   (C) $f(2) = 0$
   (D) $f(-3) = 0$
   (E) $f(5) = 0$

3. （96 學測）下列哪些選項中的矩陣經過一系列的列運算後可以化成 $\begin{pmatrix} 1 & 2 & 3 & 7 \\ 0 & 1 & 1 & 2 \\ 0 & 0 & 1 & 1 \end{pmatrix}$ ？

   (A) $\begin{pmatrix} 1 & 2 & 3 & 7 \\ 0 & 1 & 1 & 2 \\ 0 & 2 & 3 & 5 \end{pmatrix}$
   (B) $\begin{pmatrix} -1 & 3 & -1 & 0 \\ -1 & 1 & 1 & 0 \\ 3 & 1 & -7 & 0 \end{pmatrix}$
   (C) $\begin{pmatrix} 1 & 1 & 2 & 5 \\ 1 & -1 & 1 & 2 \\ 1 & 1 & 2 & 5 \end{pmatrix}$

(D) $\begin{pmatrix} 2 & 1 & 3 & 6 \\ -1 & 1 & 1 & 0 \\ -2 & 2 & 2 & 1 \end{pmatrix}$ (E) $\begin{pmatrix} 1 & 3 & 2 & 7 \\ 0 & 1 & 1 & 2 \\ 0 & 1 & 0 & 1 \end{pmatrix}$

4. （98 學測）設 a, b, c 為實數，下列有關線性方程組 $\begin{cases} x+2y+az=1 \\ 3x+4y+bz=-1 \\ 2x+10y+7z=c \end{cases}$ 的敘述哪些是

正確的？

(A) 若此線性方程組有解，則必定恰有一組解；

(B) 若此線性方程組有解，則 $11a-3b \neq 7$；

(C) 若此線性方程組有解，則 $c=14$；

(D) 若此線性方程組無解，則 $11a-3b=7$；

(E) 若此線性方程組無解，則 $c \neq 14$。

5. （102 學測）設 n 為正整數，符號 $\begin{bmatrix} 1 & 1 \\ 0 & 2 \end{bmatrix}^n$ 代表矩陣 $\begin{bmatrix} 1 & 1 \\ 0 & 2 \end{bmatrix}$ 自乘 n 次。令 $\begin{bmatrix} 1 & 1 \\ 0 & 2 \end{bmatrix}^n =$

$\begin{bmatrix} a_n & b_n \\ c_n & d_n \end{bmatrix}$，請選出正確的選項：

(A) $a_2=1$

(B) a_1, a_2, a_3 為等比數列

(C) d_1, d_2, d_3 為等比數列

(D) b_1, b_2, b_3 為等差數列

(E) c_1, c_2, c_3 為等差數列

解答：**1. BC**　　**2. ABCD**　　**3. AE**　　**4. DE**　　**5. ABCE**

Chapter **14** 二次曲線

99 年 課 程 綱 要

1. 拋物線：拋物線標準式

2. 橢圓：橢圓標準式（含平移與伸縮）

3. 雙曲線：雙曲線標準式（含平移與伸縮）

（均不含斜或退化的二次曲線；不談一般二次曲線與直線的關係（包括弦與切線），因此也不談焦弦，不探討圓錐曲線的光學性質。）

99 年 課 程 綱 要 細 部 說 明

1. 拋物線

1.1 拋物線的標準式：$\sqrt{x^2 + (y-c)^2} = |y+c|$.
介紹拋物線的各要素：頂點、焦點、準線、對稱軸。

2. 橢圓

2.1 橢圓的標準式：$\sqrt{(x-c)^2 + y^2} + \sqrt{(x+c)^2 + y^2} = 2a$.

(1) 介紹橢圓的各要素：頂點、中心、焦點、長軸、短軸。

(2) 圖形的平移：

透過 $\begin{cases} \bar{x} = x - h \\ \bar{y} = y - k \end{cases}$ ，了解 $\dfrac{(x-h)^2}{a^2} + \dfrac{(y-k)^2}{b^2} = 1$ 的圖形，是 $\dfrac{\bar{x}^2}{a^2} + \dfrac{\bar{y}^2}{b^2} = 1$ 的圖形的

平移。

(3) 圖形的伸縮：透過 $\bar{x} = \dfrac{x}{t}$ ，$\bar{y} = \dfrac{y}{t}$ ，了解 $\dfrac{x^2}{a^2} + \dfrac{y^2}{b^2} = k$ 的圖形，是 $\dfrac{\bar{x}^2}{a^2} + \dfrac{\bar{y}^2}{b^2} = 1$ 的

圖形的伸縮。

(4) 能透過配方法將 $ax^2 + cy^2 + dx + ey + f = 0$ 化成

$a(x - h)^2 + c(y - k)^2 = ah^2 + ck^2 - f$.

3. 雙曲線

3.1 雙曲線的標準式：$\left| \sqrt{(x-c)^2 + y^2} - \sqrt{(x+c)^2 + y^2} \right| = 2a$.

(1) 介紹雙曲線的各要素：頂點、中心、焦點、貫軸、共軛軸、漸近線。

(2) 介紹雙曲線的共軛雙曲線。

(3) 介紹雙曲線圖形的平移與伸縮。

1. 【二次曲線】本章將介紹拋物線、橢圓和雙曲線，它們三者統稱為圓錐曲線，它們都是二元二次方程式，是屬於二次曲線。

2. 【軌跡】平面或空間上滿足某條件的點所成的集合，稱為滿足此條件的「軌跡」。例如：平面上到某一定點距離相等的點所成的集合，稱為圓。

第一單元　拋物線

3. 【拋物線、焦點、準線】拋物線是在同一平面上，與一定點 F 及一定直線 L（點 F 不在直線 L 上）等距離的點所形成的圖形，其中定點 F 稱為此拋物線的焦點，而直線 L 稱為準線。

4. 【拋物線方程式】由拋物線定義知：已知焦點 $F(x_0, y_0)$，準線 $L: ax + by + c = 0$（其中 $F \notin L$），及拋物線上的一點 $P(x, y)$，則 $\overline{PF} = （P$ 點到直線 L 的距離），即

$$\sqrt{(x-x_0)^2 + (y-y_0)^2} = \frac{|ax+by+c|}{\sqrt{a^2+b^2}}$$

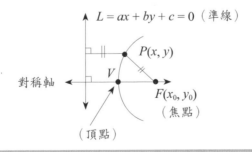

例1　與一定點 $F(5, 0)$ 及一定直線 $L: x = -5$ 等距離的點所形成的圖形為何？

解：

例 2 求與一定點 $F(1, 2)$ 及一定直線 $L: 3x + 4y = 1$ 等距離的點的圖形方程式？

解：

5.【拋物線名詞】底下為拋物線的名詞解釋（見上圖）：

(1) 〔對稱軸〕過焦點 F 且垂直準線 L 的直線稱為此拋物線的「對稱軸」，簡稱「軸」。

(2) 〔頂點〕對稱軸與拋物線的交點稱為「頂點」，如上圖的 V 點。

(3) 〔焦距〕頂點到焦點的距離稱為「焦距」，如上圖的 $\overline{VF}$.

(4) 〔拋物線方程式〕若拋物線的焦點 F 在 x 軸，準線垂直於 x 軸（見下圖），而 y 軸剛好介於準線與焦點 F 中間，且焦點座標為 $(a, 0)$，則：

    (a) 準線方程式為 $x + a = 0$；

    (b) 拋物線方程式為 $\sqrt{(x-a)^2 + y^2} = |x + a| \Rightarrow y^2 = 4ax$.

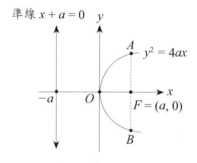

6.【拋物線圖形】 若拋物線方程式為 $y^2 = 4ax$. 則拋物線在 y 軸的右側 $(x \geq 0)$，當 x 增大時，$|y|$ 也增大，即拋物線的右上方和右下方是無限延伸，且此拋物線對稱於 x 軸。

7.【拋物線標準式各參數值】 拋物線標準式的內容：

標準式	頂點	焦點	準線	對稱軸
$y^2 = 4ax$	$(0,0)$	$(a,0)$	$x + a = 0$	$y = 0$ (x 軸)
$x^2 = 4ay$	$(0,0)$	$(0,a)$	$y + a = 0$	$x = 0$ (y 軸)
$(y - k)^2 = 4a(x - h)$	(h, k)	$(a + h, k)$	$x - h + a = 0$	$y = k$
$(x - h)^2 = 4a(y - k)$	(h, k)	$(h, k + a)$	$y - k + a = 0$	$x = h$

其圖形為：

標準式	$y^2 = 4ax(a > 0)$	$y^2 = -4ax(a > 0)$	$x^2 = 4ay(a > 0)$	$x^2 = -4ay(a > 0)$
圖形				

其中：

1. $y^2 = 4ax$ 與 $(y - k)^2 = 4a(x - h)$，當 $a > 0$ 時，開口向右；$a < 0$ 時，開口向左。

2. $x^2 = 4ay$ 與 $(x - h)^2 = 4a(y - k)$，當 $a > 0$ 時，開口向上；$a < 0$ 時，開口向下。

3. $x^2 + dx + ey + f = 0$ 或 $y = ax^2 + bx + c$，可化成 $(x - h)^2 = 4a(y - k)$ 的形式。

4. $y^2 + dx + ey + f = 0$ 或 $x = ay^2 + by + c$，可化成 $(y - k)^2 = 4a(x - h)$ 的形式。

8. 【求拋物線方程式的例子】底下為求拋物線方程式的常見例題：

(1) 已知頂點 (x_0, y_0) 和準線 $x = c$，求拋物線方程式：

例 3　若拋物線的頂點為 $(1, 2)$，準線為 $x = -2$，求此拋物線方程式？

解：

(2) 已知焦點 (x_0, y_0) 和準線 $x = c$：

例 4　若拋物線的焦點為 $(1, 2)$，準線為 $x = -2$，求此拋物線方程式？

解：

(3) 已知頂點 (x_0, y_0)，焦點 (x_1, y_0)：

例 5　若拋物線的頂點 $(1, 2)$，焦點為 $(5, 2)$，求此拋物線方程式？

解：

(4) 已知頂點 (x_0, y_0)，對稱軸 $y = y_0$ 且通過 (x_1, y_1)：

例6　若拋物線的頂點 $(1, 2)$，對稱軸 $y = 2$ 且通過 $(0, 0)$，求此拋物線方程式？

　　解：

(5) 已知對稱軸為 $y = y_0$，且通過 (x_1, y_1) 和 (x_2, y_2)：

例7　若拋物線的對稱軸為 $y = 2$，且通過點 $(3, 2)$ 和 $(7, 4)$，求此拋物線方程式？

　　解：

(6) 對稱軸平行於 x 軸，且通過 (x_1, y_1)，(x_2, y_2) 和 (x_3, y_3)：

例8　若拋物線的對稱軸平行於 x 軸，且通過點 $(1, 2)$、$(3, 0)$ 和 $(9, -2)$，求此拋物線方程式？

　　解：

(7)（非標準式）拋物線的焦點 (x_0, y_0)，準線 $ax + by + c = 0$：其直接用定義來解。

例9　若拋物線的焦點 $(1, 2)$，準線 $x + y = 0$，求此拋物線方程式？

　　解：

9.【平移與伸縮】此處所討論的平移與伸縮，均是坐標軸不動，移動坐標軸上的圖形。假設拋物線方程式為 $y^2 = 4ax$，則

　　(1) 平移：若將拋物線圖形往右平移 h 單位距離，往上平移 k 單位距離，則：

　　　新拋物線方程式為 $(y - k)^2 = 4a(x - h)$，也就是平移公式 $\begin{cases} x \text{用} (x - h) \\ y \text{用} (y - k) \end{cases}$ 代入原拋物線

方程式（$y^2 = 4ax$），即可得到新拋物線方程式。

(2) 伸縮：若將拋物線圖形的 x 軸坐標放大（伸）或縮小（縮）S_x 倍，y 軸坐標放大（伸）或縮小（縮）S_y 倍，則新拋物線方程式為 $\left(\dfrac{y}{S_y}\right)^2 = 4a \cdot \left(\dfrac{x}{S_x}\right) \Rightarrow y^2 = \dfrac{4aS_y^2}{S_x} \cdot x$，

也就是 $\begin{cases} x 用 \dfrac{x}{S_x} \\ y 用 \dfrac{y}{S_y} \end{cases}$ 代入原拋物線方程式（$y^2 = 4ax$），即可得到新拋物線方程式。

(3) 上述第 (2) 點中，若將 x 軸坐標放大或縮小倍數與 y 軸坐標同，即 $S_x = S_y = t$，

則新拋物線方程式為 $\left(\dfrac{y}{t}\right)^2 = 4a \cdot \left(\dfrac{x}{t}\right) \Rightarrow y^2 = 4a \cdot t \cdot x$

例 10 拋物線方程式為 $y^2 = 20x$，

(1) 若將拋物線圖形往右平移 5 單位距離，往上平移 8 單位距離，求新拋物線方程式？

(2) 若將拋物線的 x 軸伸縮 2 倍，y 軸坐標伸縮 3 倍，求新拋物線方程式？

解：

例 11 設拋物線方程式為 $(y + 1)^2 = 4(x - 2)$，若將拋物線圖形往右平移 h 單位距離，往上平移 k 單位距離，得到的新拋物線方程式為 $y^2 - 4x - 4y - 8 = 0$，求 h、k 值？

解：

例 12 設拋物線方程式為 $y^2 = 8x$，若將 x 軸坐標和 y 軸坐標同時伸縮 t 倍，得到的新拋物線方程式為 $y^2 = 4x$，求 t 之值？

解：

第二單元　橢圓

10. 【橢圓、焦點】橢圓是在同一平面上，與相異二定點 F_1 和 F_2 的「距離和」為定值，且此「距離和」大於 $\overline{F_1F_2}$ 的點所形成的圖形，其中 F_1 和 F_2 稱為此橢圓的焦點。

（註：若此「距離和」$= \overline{F_1F_2}$，則圖形為一線段 $\overline{F_1F_2}$；若此「距離和」$< \overline{F_1F_2}$，則無此種圖形。）

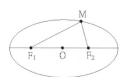

11. 【橢圓的名詞】底下為橢圓的名詞解釋：

(1) 〔中心〕二焦點的中點，稱為橢圓的「中心」。

(2) 〔長軸〕若直線 $\overrightarrow{F_1F_2}$ 與橢圓交於 A 和 A' 二點，則 $\overline{AA'}$ 稱為此橢圓的「長軸」，而 $\overline{OA} = \overline{OA'}$ 稱為半長軸長。橢圓上的任一點到二焦點的距離等於長軸長。

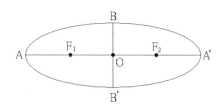

(3) 〔短軸〕通過「中心」，與長軸垂直的直線，和橢圓交於 B 和 B' 二點，則 $\overline{BB'}$ 稱為此橢圓的「短軸」。而 $\overline{OB} = \overline{OB'}$ 稱為半短軸長。

(4) 〔頂點〕長軸的二端點(A 和 A') 和短軸的二端點(B 和 B')，均稱為此橢圓的「頂點」。

(5) 〔焦點位置〕橢圓的二焦點恆在長軸。

☆☆ (6) 〔橢圓範圍〕當橢圓的二焦點在 x 軸上，且其標準式為 $\dfrac{x^2}{a^2} + \dfrac{y^2}{b^2} = 1 (a > b > 0)$，此時此橢圓位於直線 $x = \pm a$ 和 $y = \pm b$ 所圍成的矩形內。

☆☆ (7) 〔橢圓範圍〕若橢圓的二焦點在 y 軸上，且其標準式為 $\dfrac{x^2}{b^2} + \dfrac{y^2}{a^2} = 1 (a > b > 0)$，此時此橢圓位於直線 $x = \pm b$ 和 $y = \pm a$ 所圍成的矩形內。

(8) 〔半焦距長〕如上圖，$\overline{BF_1} = \overline{BF_2} = a$（因 $\overline{BF_1} + \overline{BF_2} = 2a$），$\overline{OB} = b$
$\Rightarrow \overline{OF_1}^2 = \overline{BF_1}^2 - \overline{OB}^2$，令 $\overline{OF_1} = c \Rightarrow c^2 = a^2 - b^2$。

☆☆ (9) 〔橢圓參數式〕橢圓 $\dfrac{x^2}{a^2} + \dfrac{y^2}{b^2} = 1$ 參數表示法為 $x = a\cos\theta, y = b\sin\theta, 0 \le \theta \le 2\pi$。

12.【橢圓標準式各參數值】橢圓標準式的內容：

標準式	中心	長軸頂點	長軸長	短軸長	焦點
$\dfrac{x^2}{a^2}+\dfrac{y^2}{b^2}=1$ $(a>b>0)$	$(0,0)$	$(a,0)$ $(-a,0)$	$2a$	$2b$	$(c,0)$ $(-c,0)$
$\dfrac{x^2}{b^2}+\dfrac{y^2}{a^2}=1$ $(a>b>0)$	$(0,0)$	$(0,a)$ $(0,-a)$	$2a$	$2b$	$(0,c)$ $(0,-c)$
$\dfrac{(x-h)^2}{a^2}+\dfrac{(y-k)^2}{b^2}=1$ $(a>b>0)$	(h,k)	$(a+h,k)$ $(-a+h,k)$	$2a$	$2b$	$(c+h,k)$ $(-c+h,k)$
$\dfrac{(x-h)^2}{b^2}+\dfrac{(y-k)^2}{a^2}=1$ $(a>b>0)$	(h,k)	$(h,a+k)$ $(h,-a+k)$	$2a$	$2b$	$(h,c+k)$ $(h,-c+k)$

（註：$a>b>0$，且 $c=\sqrt{a^2-b^2}$，其中 $2c$ 為二焦點間的距離。）

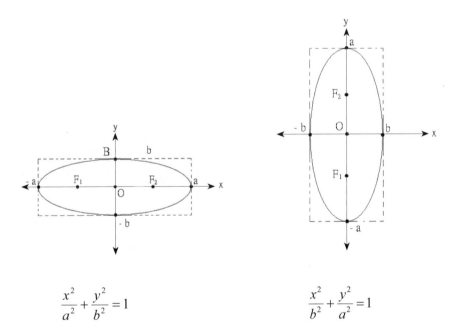

$$\frac{x^2}{a^2}+\frac{y^2}{b^2}=1 \qquad\qquad \frac{x^2}{b^2}+\frac{y^2}{a^2}=1$$

13.【求橢圓方程式的例子】底下為求橢圓方程式的常見例題：

(1) 已知二焦點為 $(x_1,y_1),(x_2,y_1)$，和長軸長 1 $(x_2>x_1)$：

例 13 若橢圓的二焦點 (1, 0)、(1, 8)，長軸長 10，求此橢圓方程式？

解：

(2) 若將 (1) 的長軸長 l 改成短軸長，則只要改 $l = 2b \Rightarrow b = \dfrac{l}{2}, a = \sqrt{b^2 + c^2}$ 即可。

(3) 已知中心點 (x_0, y_0)，長軸長 l_1，短軸長 l_2，長軸平行 x 軸：

例 14 若橢圓的中心點為 (1, 2)，長軸長 6，短軸長 4，且長軸平行 x 軸，求此橢圓方程式？

解：

(4) 已知二焦點 $(x_1, y_1), (x_1, y_2)$，且通過點 (x_0, y_0)：

例 15 若橢圓的二焦點為 (1, 2)、(1, 8)，且通過點 (1, 10)，求此橢圓方程式？

解：

(5) 已知二頂點 (x_1, y_1) 和 (x_1, y_2)，一焦點 (x_3, y_3)：

例 16 若橢圓的二頂點 (1, 2) 和 (1, 10)，一焦點 (4, 6)，求此橢圓方程式？

解：

(6) 已知長軸平行 y 軸，短軸的一頂點為 (x_1, y_1)，一焦點為 (x_2, y_2)

例 17 若橢圓的長軸平行 y 軸，短軸的一頂點為 (5, 2)，一焦點為 (3, 4)，求此橢圓方程式？

解：

(7) 已知橢圓標準式的中心點為 (x_0, y_0)，且通過 (x_1, y_1) 和 (x_2, y_2)：

令橢圓方程式為 $\dfrac{(x-x_0)^2}{a^2} + \dfrac{(y-y_0)^2}{b^2} = 1$，用 $(x_1, y_1),(x_2, y_2)$ 代入，解出 a^2, b^2

(8) 已知有一橢圓與 $\dfrac{x^2}{a^2} + \dfrac{y^2}{b^2} = 1$ $(a > b)$ 共焦點，且經過點 (x_0, y_0)：

令橢圓方程式為 $\dfrac{x^2}{A^2} + \dfrac{y^2}{B^2} = 1$，因它與 $\dfrac{x^2}{a^2} + \dfrac{y^2}{b^2} = 1$ 共焦點 $\Rightarrow c^2 = a^2 - b^2$，即

$A^2 - B^2 = c^2$，且它過點 $(x_0, y_0) \Rightarrow \dfrac{x_0^2}{A^2} + \dfrac{y_0^2}{B^2} = 1$，可解出 A^2 和 B^2

(9) (非標準式) 已知橢圓的二焦點為 (x_0, y_0) 和 (x_1, y_1)，且長軸長 $= l$：

由橢圓的定義可知，橢圓方程式為

$$\sqrt{(x-x_0)^2 + (y-y_0)^2} + \sqrt{(x-x_1)^2 + (y-y_1)^2} = l$$

例 18 若橢圓的二焦點 $(1, 2)$ 和 $(7, 10)$，且長軸長 $= 12$，求此橢圓方程式？

解：

14. **【平移與伸縮】** 此處所討論的平移與伸縮，均是坐標軸不動，移動坐標軸上的圖形。

假設橢圓方程式為 $\dfrac{x^2}{a^2} + \dfrac{y^2}{b^2} = 1$，則

(1) 平移：若將橢圓圖形往右平移 h 單位距離，往上平移 k 單位距離，則新橢圓方程式為 $\dfrac{(x-h)^2}{a^2} + \dfrac{(y-k)^2}{b^2} = 1$，也就是 $\begin{cases} x用(x-h) \\ y用(y-k) \end{cases}$ 代入原橢圓方程式，即可得到新橢圓方程式。

(2) 伸縮：若將橢圓圖形的 x 軸坐標放大（伸）或縮小（縮）S_x 倍，y 軸坐標放大（伸）或縮小（縮）S_y 倍，則新橢圓方程式為 $\dfrac{\left(\dfrac{x}{S_x}\right)^2}{a^2} + \dfrac{\left(\dfrac{y}{S_y}\right)^2}{b^2} = 1 \Rightarrow \dfrac{x^2}{(a \cdot S_x)^2} + \dfrac{y^2}{(b \cdot S_y)^2} = 1$，

也就是 $\begin{cases} x用\dfrac{x}{S_x} \\ y用\dfrac{y}{S_y} \end{cases}$ 代入原橢圓方程式，即可得到新橢圓方程式。

(3) 上述第 (2) 點中，若 x 軸坐標放大或縮小的倍數與 y 軸坐標同，即 $S_x = S_y = t$，

則新橢圓方程式為 $\dfrac{x^2}{(a \cdot t)^2} + \dfrac{y^2}{(b \cdot t)^2} = 1$

例 19 橢圓方程式為 $\dfrac{x^2}{4} + \dfrac{y^2}{8} = 1$，

    (1) 若將橢圓圖形往右平移 5 單位距離，往上平移 8 單位距離，求新橢圓方程式？

    (2) 若將 x 軸伸長 3 倍，將 y 軸坐標伸長 2 倍，求新橢圓方程式？

    解：

例 20 設橢圓方程式為 $\dfrac{x^2}{4} + \dfrac{y^2}{8} = 1$，若將圖形往右平移 h 單位距離，往上平移 k 單位距離，得到的新橢圓方程式為 $8x^2 + 4y^2 - 32x + 24y + 36 = 0$，求 h、k 值？

    解：

例 21 設橢圓方程式為 $\dfrac{x^2}{4} + \dfrac{y^2}{8} = 1$，若將 x 軸坐標和 y 軸坐標同時伸縮 t 倍，得到的新橢圓方程式為 $\dfrac{x^2}{16} + \dfrac{y^2}{32} = 1$，求 t 之值？

    解：

第三單元　雙曲線

15.【雙曲線、焦點】

    (1) 雙曲線是在同一平面上，與相異二點 F_1 和 F_2 的距離差的絕對值為定值（ $= l$ ），且 $0 < l < \overline{F_1 F_2}$ 所形成的圖形，其中 F_1 和 F_2 稱為此雙曲線的焦點。如下圖，$l = \overline{AA'}$。

    (2) 若 M 為雙曲線上的任一點，且 $\overline{MF_1} - \overline{MF_2} = l$，表示點 M 為雙曲線的右支；
    若 $\overline{MF_2} - \overline{MF_1} = l$，表示點 M 為雙曲線的左支。

    (3) 若 $l = \overline{F_1 F_2}$，則圖形為分別以 F_1 和 F_2 為端點的二射線；若 $l > \overline{F_1 F_2}$，則無此圖形

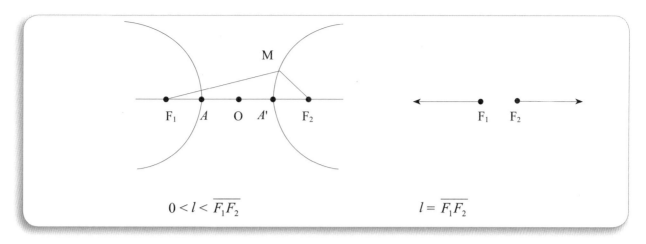

$$0 < l < \overline{F_1F_2}$$ $$l = \overline{F_1F_2}$$

16.【雙曲線的名詞】 底下為雙曲線的名詞解釋：

(1) 〔中心點〕二焦點的中點，稱為此雙曲線的「中心點」。

(2) 〔頂點、貫軸〕直線 $\overline{F_1F_2}$ 和雙曲線交於二點 A 和 A'，則 A 和 A' 稱為「頂點」；且 $\overline{AA'}$ 線段稱為「貫軸」。

(3) 〔共軛軸〕若二頂點的距離 $\overline{AA'} = 2a$，二焦點的距離 $\overline{F_1F_2} = 2c$，則以中心點 O 為中點，長為 $2b$（ $b = \sqrt{c^2 - a^2}$ ）且垂直於貫軸的線段，稱為「共軛軸」。而 a（頂點到中心點的距離）稱為半貫軸，b 稱為半共軛軸。

c 是焦點到中心點的距離（$c^2 = a^2 + b^2$）。

(4) 〔對稱軸、對稱中心〕雙曲線 $\dfrac{x^2}{a^2} - \dfrac{y^2}{b^2} = 1$ 和 $\dfrac{y^2}{a^2} - \dfrac{x^2}{b^2} = 1$ 都對於 x 軸、y 軸對稱，同時也對於原點對稱，此時，x 軸、y 軸稱為此雙曲線的「對稱軸」，而原點稱為此雙曲線的「對稱中心」，也簡稱為雙曲線的中心。

(5) 〔二條漸近線〕

(a) 一條雙曲線有二條漸近線，如下圖，此二漸近線的交點在中心點處。

(b) 若雙曲線方程式為 $\dfrac{x^2}{a^2} - \dfrac{y^2}{b^2} = 1$，則其二條漸近線方程式為 $\dfrac{x^2}{a^2} - \dfrac{y^2}{b^2} = 0$，也就是 $y = \pm \dfrac{b}{a}x$（註：將漸近線方程式 $y = \pm \dfrac{b}{a}x$ 代入雙曲線 $\dfrac{x^2}{a^2} - \dfrac{y^2}{b^2} = 1$ 內，是「無解」的，也就是不相交）。

(c) 同理，雙曲線 $\dfrac{y^2}{a^2} - \dfrac{x^2}{b^2} = 1$ 的二條漸近線方程式為 $\dfrac{y^2}{a^2} - \dfrac{x^2}{b^2} = 0$，也就是 $y = \pm \dfrac{a}{b}x$。

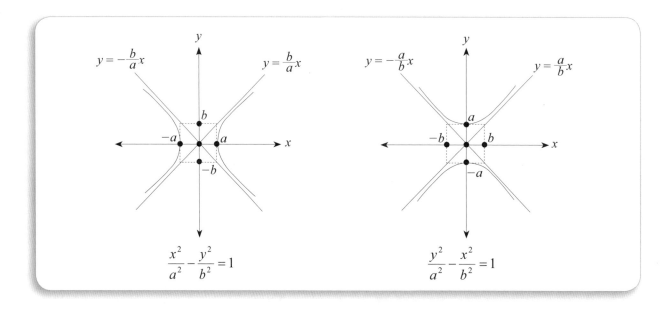

$$\frac{x^2}{a^2} - \frac{y^2}{b^2} = 1 \qquad\qquad \frac{y^2}{a^2} - \frac{x^2}{b^2} = 1$$

17. 【雙曲線標準式各參數值】雙曲線標準式的內容：

標準式	中心點	頂點	焦點	貫軸長	共軛軸長	漸近線
$\dfrac{x^2}{a^2} - \dfrac{y^2}{b^2} = 1$	$(0,0)$	$(\pm a, 0)$	$(\pm c, 0)*$	$2a$	$2b$	$\dfrac{x}{a} \pm \dfrac{y}{b} = 0$
$\dfrac{y^2}{a^2} - \dfrac{x^2}{b^2} = 1$	$(0,0)$	$(0, \pm a)$	$(0, \pm c)$	$2a$	$2b$	$\dfrac{y}{a} \pm \dfrac{x}{b} = 0$
$\dfrac{(x-h)^2}{a^2} - \dfrac{(y-k)^2}{b^2} = 1$	(h,k)	$(h \pm a, k)$	$(h \pm c, k)$	$2a$	$2b$	$\dfrac{x-h}{a} \pm \dfrac{y-k}{b} = 0$
$\dfrac{(y-k)^2}{a^2} - \dfrac{(x-h)^2}{b^2} = 1$	(h,k)	$(h, k \pm a)$	$(h, k \pm c)$	$2a$	$2b$	$\dfrac{y-k}{a} \pm \dfrac{x-h}{b} = 0$

註：$*c = \sqrt{a^2 + b^2}$

18. 【共軛雙曲線】如果一雙曲線的貫軸與共軛軸分別是另一雙曲線的共軛軸與貫軸，則稱此二雙曲線為共軛雙曲線。例如：$\dfrac{(x-h)^2}{a^2} - \dfrac{(y-k)^2}{b^2} = 1$ 和 $\dfrac{(y-k)^2}{b^2} - \dfrac{(x-h)^2}{a^2} = 1$ 是共軛雙曲線。共軛雙曲線和原雙曲線有同樣的漸近線（見下圖）。

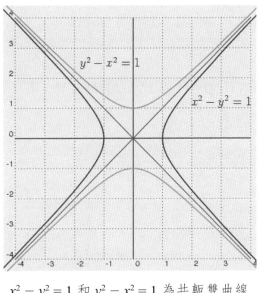

$x^2 - y^2 = 1$ 和 $y^2 - x^2 = 1$ 為共軛雙曲線

☆☆ 19.【雙曲線範圍】當雙曲線的二個焦點在 x 軸上時，其標準式為：

$\dfrac{x^2}{a^2} - \dfrac{y^2}{b^2} = 1\ (a > 0,\ b > 0)$，而此圖形是在不等式 $x \geq a$ 或 $x \leq -a$ 所表示的區域內；

當雙曲線的二個焦點在 y 軸上時，其標準方程式為 $\dfrac{y^2}{a^2} - \dfrac{x^2}{b^2} = 1$ $(a > 0,\ b > 0)$，而

此圖形是在不等式 $y \geq a$ 或 $y \leq -a$ 所表示的區域內。

☆☆ 20.【已知二漸近線，求雙曲線】若 $a_1 x + b_1 y + c_1 = 0$ 和 $a_2 x + b_2 y + c_2 = 0$ 為某一雙曲線的二漸近線，則此雙曲線方程式可設成 $(a_1 x + b_1 y + c_1)(a_2 x + b_2 y + c_2) = k$，其中 k 為未知數。

【求雙曲線方程式的例子】底下為求雙曲線方程式的常見例題：

(1) 已知二焦點 (x_1, y_1)，(x_1, y_2) 和貫軸長 1：

例 22 若雙曲線的二焦點為 $(1, 2)$、$(1, 12)$，貫軸長 8，求雙曲線方程式

解：

(2) 已知二焦點 (x_1, y_1)，(x_2, y_1) 且經過點 (x_0, y_0)：

例 23 若雙曲線的二焦點為 $(1, 2)$、$(1, 12)$，經過點 $(3, 1)$，求雙曲線方程式。

解：

(3) 已知中心點 (x_1, y_1)，一頂點 (x_2, y_1)，一焦點 (x_3, y_1)：

例 24 若雙曲線的中心點為 $(2, -3)$，一頂點 $(5, -3)$，一焦點 $(-3, -3)$，求雙曲線方程式。

解：

(4) 已知二頂點 (x_1, y_1)，(x_1, y_2) 和一焦點 (x_1, y_3)：

例 25 若雙曲線的二頂點 $(5, -3)$，$(-1, -3)$ 和一焦點 $(-3, -3)$，求雙曲線方程式。

解：

(5) 已知雙曲線的二漸近線為 $ax + by + c = 0$ 和 $dx - ey + f = 0$，且經過點 (x_0, y_0)：

例 26 若雙曲線的二漸近線為 $4x + 3y + 1 = 0$ 和 $4x - 3y - 17 = 0$，且經過點 $(5, -3)$，求雙曲線方程式。

解：

(6) 已知雙曲線的二漸近線為 $a_1x + b_1y + c_1 = 0$ 和 $a_2x + b_2y + c_2 = 0$ 及一焦點 (x_0, y_0)：

例 27 若雙曲線的二漸近線為 $4x + 3y + 1 = 0$ 和 $4x - 3y - 17 = 0$ 及一焦點 $(-3, -3)$，求雙曲線方程式。

解：

(7) 已知二焦點 $(x_0, y_0),(x_1, y_0)$ 和一漸近線斜率 m：

例 28 若雙曲線的二焦點為 $(7, -3)$、$(-3, -3)$，一漸近線斜率為 $\dfrac{4}{3}$，求雙曲線方程式

解：

21.【平移與伸縮】此處所討論的平移與伸縮，均是坐標軸不動，移動坐標軸上的圖形。

假設雙曲線方程式為 $\dfrac{x^2}{a^2} - \dfrac{y^2}{b^2} = 1$，則

(1) 平移：若將雙曲線圖形往右平移 h 單位距離，往上平移 k 單位距離，則

新雙曲線方程式為 $\dfrac{(x-h)^2}{a^2} - \dfrac{(y-k)^2}{b^2} = 1$，也就是 $\begin{cases} x用(x-h) \\ y用(y-k) \end{cases}$ 代入原雙曲線方程式，即可得到新雙曲線方程式。

(2) 伸縮：若將雙曲線圖形的 x 軸坐標放大（伸）或縮小（縮）S_x 倍，y 軸坐標放大（伸）或縮小（縮）S_y 倍，則新雙曲線方程式為 $\dfrac{\left(\dfrac{x}{S_x}\right)^2}{a^2} - \dfrac{\left(\dfrac{y}{S_y}\right)^2}{b^2} = 1 \Rightarrow \dfrac{x^2}{(a \cdot S_x)^2} - \dfrac{y^2}{(b \cdot S_y)^2} = 1$，

也就是 $\begin{cases} x用\dfrac{x}{S_x} \\ y用\dfrac{y}{S_y} \end{cases}$ 代入原雙曲線方程式，即可得到新雙曲線方程式。

(3) 上述第 (2) 點中，若將 x 軸坐標放大或縮小倍數與 y 軸坐標同，即 $S_x = S_y = t$，

則新雙曲線方程式為 $\dfrac{x^2}{(a \cdot t)^2} - \dfrac{y^2}{(b \cdot t)^2} = 1$

例 29 雙曲線方程式為 $\dfrac{x^2}{4} - \dfrac{y^2}{8} = 1$，

(1) 若將圖形往右平移 5 單位距離，往上平移 8 單位距離，求新雙曲線方程式？

(2) 若將 x 軸伸長 3 倍，將 y 軸坐標伸長 2 倍，求新雙曲線方程式？

解：

例 30 設雙曲線方程式為 $\dfrac{x^2}{4} - \dfrac{y^2}{8} = 1$，若將圖形往右平移 h 單位距離，往上平移 k 單位距離，得到的新雙曲線方程式為 $8x^2 - 4y^2 - 32x - 24y - 36 = 0$，求 h、k 值？

解：

例 31 設雙曲線方程式為 $\dfrac{x^2}{4} - \dfrac{y^2}{8} = 1$，若將 x 軸坐標和 y 軸坐標同時伸縮 t 倍，得到的新雙曲線方程式為 $\dfrac{x^2}{16} - \dfrac{y^2}{32} = 1$，求 t 之值？

解：

☆☆ **22.【軌跡】軌跡總整理**

(1) 在一條直線上，與一定點等距離的所有的點所有的集合，為二點；

(2) 在平面上，與一定點等距離的所有的點所有的集合，為一圓；

(3) 在平面上，與一定點 F 及一定直線 L（點 F 不在直線 L 上）等距離的點所形成的圖形，為一拋物線。

(4) 在平面上，與相異二定點 F_1 和 F_2 的「距離和」為定值，且：

    (a) 若此「距離和」大於 $\overline{F_1F_2}$ 的點所形成的圖形，為一橢圓。

    (b) 若此「距離和」$= \overline{F_1F_2}$，則圖形為一線段 $\overline{F_1F_2}$；

(c) 若此「距離和」$< \overline{F_1F_2}$，則無此種圖形。

(5) 在平面上，與相異二點 F_1 和 F_2 的距離差的絕對值為定值 ($=l$)，且：

    (a) 若 $0 < l < \overline{F_1F_2}$ 所形成的圖形為一雙曲線，若 M 為雙曲線上的任一點，

        且 F_1 在 F_2 的左邊，則：

        (i) 若 $\overline{MF_1} - \overline{MF_2} = l$，表示點 M 為雙曲線的右支；

        (ii) 若 $\overline{MF_2} - \overline{MF_1} = l$，表示點 M 為雙曲線的左支。

    (b) 若 $l = \overline{F_1F_2}$，則圖形為分別以 F_1 和 F_2 為端點的二射線；

    (c) 若 $l > \overline{F_1F_2}$，則無此種圖形。

例 32 若 P 點與點 $A(1, 2)$、點 $B(5, 0)$ 在同一平面上，求 P 點和 A，B 二點的距離比為 $\dfrac{1}{2}$ 的軌跡方程式。

  解：

例 33 (1) 在同一平面上，求與二點 $(3, 2), (3, -4)$ 距離和為 10 的點軌跡方程式。

       (2) 在同一平面上，求與二點 $(3, 2), (3, -4)$ 距離差的絕對值為 4 的點軌跡方程式。

  解：

例 34 求 k 的範圍，使得 $\dfrac{x^2}{k+5} + \dfrac{y^2}{2k+5} = 1$ 的圖形為 (1) 圓，(2) 橢圓，(3) 雙曲線。

  解：

例 35 在同一平面上，已知 $\overline{AB} = 5$，有一點 C，求下列條件下的 C 點軌跡圖：(1) $\overline{CA} = \overline{CB}$；

(2) $\left|\overline{CA} - \overline{CB}\right| = 2$；　(3) $\left|\overline{CA} - \overline{CB}\right| = 5$；　(4) $\left|\overline{CA} - \overline{CB}\right| = 10$；　(5) $\left|\overline{CA} + \overline{CB}\right| = 2$；

(6) $\left|\overline{CA} + \overline{CB}\right| = 5$；　(7) $\left|\overline{CA} + \overline{CB}\right| = 10$

　解：

83 年 到 102 年 學 測 題 目

1. （84 學測）已知等軸雙曲線 Γ 的一條漸近線為 $x - y = 0$，中心的坐標為 $(1, 1)$，且 Γ 通過點 $(3, 0)$。試問下列敘述那些是正確的？

   (A) Γ 的兩條漸近線互相垂直；

   (B) $x + y = 0$ 為 Γ 的另外一條漸近線；

   (C) Γ 的貫軸在直線 $y = 1$ 上；

   (D) 點 $\left(1, \sqrt{3} - 1\right)$ 為 Γ 的一個頂點；

   (E) 點 $\left(1, \sqrt{6} - 1\right)$ 為 Γ 的一個焦點。

2. （85 學測）坐標平面上有一橢圓，已知其長軸平行 Y 軸，短軸的一個頂點為 $(0, 4)$，且其中一焦點為 $(4, 0)$。問此橢圓長軸的長度為何？

   (A)2　　　　　　　　(B)2 $\sqrt{2}$　　　　　　　　(C)6

   (D)6 $\sqrt{2}$　　　　　　　(E)8 $\sqrt{2}$

3. （85 學測）設 $y = f(x)$ 及 $y = g(x)$ 的圖形都是拋物線，一個開口向上，一個開口向下，則 $y = f(x) + g(x)$ 的圖形可能出現下列那些情形？

   (A) 兩條拋物線　　　　(B) 一條拋物線　　　　(C) 一條直線

   (D) 橢圓　　　　　　　(E) 雙曲線

4. （86 學測）關於方程式 $\left|\dfrac{3x + y - 19}{\sqrt{10}}\right| = \sqrt{\left(x + 1\right)^2 + \left(y - 2\right)^2}$ 所代表的錐線圖形 Γ，下列何者

   為真？

   (A) Γ 為拋物線；

(B) $(1, -2)$ 為 Γ 的焦點；

(C) $3x + y - 19 = 0$ 為 Γ 的漸近線；

(D) $x - 3y + 7 = 0$ 為 Γ 的對稱軸；

(E) $(3, 1)$ 為 Γ 的頂點。

5. （88 學測）關於橢圓 Γ：$\sqrt{(x-1)^2 + (y-2)^2} + \sqrt{(x+1)^2 + (y+2)^2} = 6$，下列何者為真？

(A) $(0, 0)$ 是 Γ 的中心；

(B) $(1, 2), (-1, -2)$ 為 Γ 的焦點；

(C) Γ 的短軸為 4；

(D) Γ 對稱於直線 $x = y$；

(E) Γ 對稱於 $(1, 2)$ 與 $(-1, -2)$ 的連線。

6. （89 學測）在坐標平面上，以 $(-1, 1), (3, 1)$ 為焦點，且通過點 $(3, 4)$ 畫一雙曲線。

試問此雙曲線也會通過下列哪些點？

(A) $(1, 1)$　　　　　　(B) $(-1, 4)$　　　　　　(C) $(3, -2)$

(D) $(-1, -2)$　　　　　(E) $(3, 1)$

7. （89 學測）阿山家在一條東西向馬路的北方 D 點處，為了不同目的，他走到馬路的路線有下列三條：

向南走 a 公尺到 A 點之後，繼續向南走 a 公尺到達馬路；

向東南走 b 公尺到 B 點之後，繼續向南走 b 公尺到達馬路；

向東走 c 公尺到 C 點之後，繼續向南走 c 公尺到達馬路。

根據上述資料，下列選項何者為真？

(A) $c = 2a$　　　　　　(B) $a < b < c$　　　　　(C) $b = \sqrt{2}\,a$

(D) A, B, C, D 四點共圓　　(E) A, B, C 三點剛好在以 D 點為焦點的拋物線上。

8. （90 學測）右下圖為一拋物線的部分圖形，且 A、B、C、D、E 五個點中有一為其焦點。試判斷哪一點是其焦點？（可利用你手邊現有簡易測量工具。）

(A) A　　　　　　　　(B) B

(C) C　　　　　　　　(D) D

(E) E

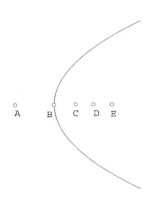

9. （91 補考）下列圖形有一為雙曲線，請將它選出來。

(A)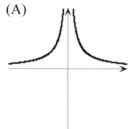

(B)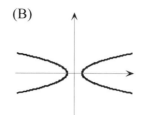

(C)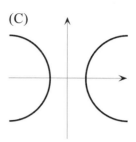

(D)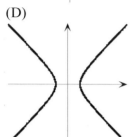

(E)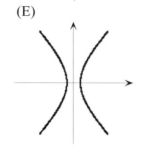

10. 如圖所示，在坐標平面上，以原點 $(0, 0)$ 為頂點，且通過 $(2, 2), (-2, 2)$ 的拋物線，它的焦點坐標為：

(A) $(0, 0.5)$

(B) $(0, 1)$

(C) $(0, 1.5)$

(D) $(0, 2)$

(E) $(0, 4)$

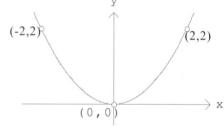

11. 關於雙曲線 $x^2 - y^2 = 1$，下列選項何者為真？

(A) 對稱於 y 軸；

(B) 對稱於直線 $x - y = 0$；

(C) 直線 $x + y = 0$ 為一漸線；

(D) $(-2, 0)$ 及 $(2, 0)$ 為其焦點；

(E) $(-1, 0)$ 及 $(1, 0)$ 為其頂點。

12. 設 $A(1, 0)$ 與 $B(b, 0)$ 為坐標平面上的兩點，其中 $b > 1$。若拋物線 $\Gamma : y^2 = 4x$ 上有一點 P 使得 $\triangle ABP$ 為一正三角形，則 $b = $?

13. （92 學測） 設 P 為雙曲線 $\dfrac{x^2}{9} - \dfrac{y^2}{16} = 1$ 上的一點且位在第一象限。若 F_1、F_2 為此雙曲線的兩個焦點，且 $\overline{PF_1} : \overline{PF_2} = 1 : 3$，則 $\triangle F_1PF_2$ 的周長等於 ?

14. （92 學測） 在只有皮尺沒有梯子的情形下，想要測出一拋物線形拱門的高度。已知此拋物線以過最高點的鉛垂線為對稱軸。現甲、乙兩人以皮尺測得拱門底部寬為

6 公尺，且距底部 $\frac{3}{2}$ 公尺高處其寬為 5 公尺。利用這些數據可推算出拱門的高度為

多少公尺？（化成最簡分數）

15. （**92 補考**）已知坐標平面上一拋物線 C 之對稱軸與坐標軸平行，且 C 通過 $(-1, 6)$ 與

$(3, 6)$ 兩點，試問下列哪些敘述是正確的？

(A) C 與 $x-$ 軸必相交；

(B) C 與 $y-$ 軸必相交；

(C) 如果 C 通過 $(2, 5)$，則可找到實數 $r \neq 2$ 而 C 也通過 $(r, 5)$；

(D) 如果 C 通過 $(4, 8)$，則可找到實數 $s \neq 8$ 而 C 也通過 $(4, s)$；

(E) 如果 C 通過 $(0, 3)$，則 C 的頂點之 $y-$ 坐標為 2。

16. （**92 補考**）設 P 為橢圓 $\Gamma : \dfrac{x^2}{25} + \dfrac{y^2}{9} = 1$ 上的一點且位在上半平面。若 F_1、F_2 為 Γ 之

焦點，且 $\angle F_1PF_2$ 為直角，則 P 點的 $y-$ 坐標為何？（化成最簡分數）

17. （**92 補考**）設 (a, b) 為二次曲線 $x^2 + y^2 - 6x - 2y + 9 = 0$ 上的點，則 $a^2 + b^2 - 2b$ 的最大值

為？

18. （**93 薦甄**）在坐標空間中給定兩點 $A(1, 2, 3)$ 與 $B(7, 6, 5)$。令 S 為 $xy-$ 平面上所有使

得向量 $\overrightarrow{PA}$ 垂直於向量 $\overrightarrow{PB}$ 的 P 點所成的集合，則：

(A) S 為空集合　　　　(B) S 恰含一點　　　　(C) S 恰含兩點

(D) S 為一線段　　　　(E) S 為一圓

19. （**94 學測**）設 F_1 與 F_2 為坐標平面上雙曲線 $\Gamma : \dfrac{x^2}{9} - \dfrac{y^2}{16} = 1$ 的兩個焦點，P 為 Γ 上一

點，使得此三點構成一等腰三角形。試問以下哪些值可能是這些等腰三角形的週長？

(A) 20　　　　　　　　(B) 24　　　　　　　　(C) 28

(D) 32　　　　　　　　(E) 36

20. （**95 學測**）考慮坐標平面上所有滿足 $\sqrt{(x-2)^2 + y^2} + \sqrt{(x-2)^2 + (y+4)^2} = 10$ 的點 (x, y) 所

成的圖形，下列敘述何者正確？

(A) 此圖形為一橢圓　　　　　　　(B) 此圖形為一雙曲線

(C) 此圖形的中心在 $(2, -2)$　　　　(D) 此圖形對稱於 $x - 2 = 0$

(E) 此圖形有一頂點 $(2, 3)$

21. （**96 學測**）坐標平面上方程式 $\dfrac{x^2}{9} + \dfrac{y^2}{4} = 1$ 的圖形與 $\dfrac{(x+1)^2}{16} - \dfrac{y^2}{9} = 1$ 的圖形共有幾個交

點？

(A) 1 個   (B) 2 個   (C) 3 個

(D) 4 個   (E) 0 個

22. （97 學測）設 F_1 與 F_2 為坐標平面上雙曲線 $\Gamma : \dfrac{x^2}{8} - y^2 = 1$ 的兩個焦點，且 $P(-4, 1)$ 為 Γ 上一點。若 $\angle F_1 P F_2$ 的角平分線與 x 軸交於點 D，則 D 的 x 坐標為何？

23. （99 學測）令橢圓 $\Gamma_1 : \dfrac{x^2}{5^2} + \dfrac{y^2}{3^2} = 1$、$\Gamma_2 : \dfrac{x^2}{5^2} + \dfrac{y^2}{3^2} = 2$、$\Gamma_3 : \dfrac{x^2}{5^2} + \dfrac{y^2}{3^2} = \dfrac{2x}{5}$ 的長軸長分別為 l_1、l_2、l_3。請問下列哪一個選項是正確的？

(A) $l_1 = l_2 = l_3$ (B) $l_1 = l_2 < l_3$ (C) $l_1 < l_2 < l_3$

(D) $l_1 = l_3 < l_2$ (E) $l_1 < l_3 < l_2$

24. （99 學測）設 a、b 為實數。已知坐標平面上拋物線 $y = x^2 + ax + b$ 與 x 軸交於 P、Q 兩點，且 $\overline{PQ} = 7$。若拋物線 $y = x^2 + ax + (b + 2)$ 與 x 軸的兩交點為 R、S，則 $\overline{RS} = ?$

25. （100 學測）在坐標平面上，圓 C 的圓心在原點且半徑為 2，已知直線 L 與圓 C 相交，請問 L 與下列哪些圖形一定相交？

(A) x 軸   (B) $y = (\frac{1}{2})^x$ (C) $x^2 + y^2 = 3$

(D) $(x - 2)^2 + y^2 = 16$ (E) $\dfrac{x^2}{9} + \dfrac{y^2}{4} = 1$

26. （101 學測）設 m, n 為正實數，橢圓 $\dfrac{x^2}{m} + \dfrac{y^2}{n} = 1$ 的焦點分別為 $F_1(0, 2)$ 與 $F_2(0, -2)$。若此橢圓上有一點 P 使得 $\triangle PF_1F_2$ 為一正三角形，則 $m = ?$ $n = ?$

27. （102 學測）設 $a < b < c$。已知實係數多項式函數 $y = f(x)$ 的圓形為一開口向上的拋物線，且與 x 軸交於 $(a, 0)$、$(b, 0)$ 兩點；實係數多項式函數 $y = g(x)$ 的圖形亦為一開口向上的拋物線，且跟 x 軸相交於 $(b, 0)$、$(c, 0)$ 兩點。請選出 $y = f(x) + g(x)$ 的圖形可能的選項。

(A) 水平直線

(B) 和 x 軸僅交於一點的直線

(C) 和 x 軸無交點的拋物線

(D) 和 x 軸僅交於一點的拋物線

(E) 和 x 軸交於兩點的拋物線

28. （102 學測）坐標平面上考慮兩點 $Q_1(1, 0), Q_2(-1, 0)$。在下列各方程式的圖形中，請

選出其上至少有一點 P 滿足內積 $\overrightarrow{PQ_1} \cdot \overrightarrow{PQ_2} < 0$ 的選項。

(A) $y = \dfrac{1}{2}$;　　　　(B) $y = x^2 + 1$　　　　(C) $-x^2 + 2y^2 = 1$

(D) $4x^2 + y^2 = 1$　　　(E) $\dfrac{x^2}{2} - \dfrac{y^2}{2} = 1$

29. （102 學測）設 F_1, F_2 為橢圓 Γ 的兩個焦點。S 為以 F_1 為中心的正方形（S 的各邊可不與 Γ 的對稱軸平行）。試問 S 可能有幾個頂點落在 Γ 上？

(A) 1　　　　　　(B) 2　　　　　　(C) 3

(D) 4　　　　　　(E) 0

解答：1. AC　　　2. E　　　　3. BC　　　4. AD　　　5. ABCE　　6. BCD

　　　7. ABE　　　8. C　　　　9. D　　　10. A　　　11. ACE　　12. 5

　　　13. 22　　　14. $\dfrac{54}{11}$　　15. BCE　　16. $\dfrac{9}{4}$　　17. 15　　　18. A

　　　19. BE　　　20. ACDE　　21. A　　　22. −2　　　23. D　　　24. $\sqrt{41}$

　　　25. DE　　　26. $m = 12, n = 16$　　27. DE　　　28. ACD　　29. ABE

國家圖書館出版品預行編目資料

大學學測數學滿級分II／林振義著. －－初
版.－－臺北市：文字復興, 2013.06
　　冊；　公分
ISBN 978-957-11-7084-8 (第2冊：平裝)
1.數學教育
524.32　　　　　　　　102005061

WB04

大學學測數學滿級分II

作　　著 ― 林振義

發 行 人 ― 楊榮川

總 編 輯 ― 王翠華

主　　編 ― 穆文娟

責任編輯 ― 王者香

封面設計 ― 郭佳慈

出 版 者 ― 文字復興有限公司

地　　址：106台北市大安區和平東路二段339號4樓

電　　話：(02)2705-5066　　傳　　真：(02)2706-6100

網　　址：http://www.wunan.com.tw

電子郵件：wunan@wunan.com.tw

劃撥帳號：19628053

戶　　名：文字復興有限公司

台中市駐區辦公室/台中市中區中山路6號

電　　話：(04)2223-0891　　傳　　真：(04)2223-3549

高雄市駐區辦公室/高雄市新興區中山一路290號

電　　話：(07)2358-702　　傳　　真：(07)2350-236

法律顧問　林勝安律師事務所　林勝安律師

出版日期　2013年6月初版一刷

定　　價　新臺幣320元

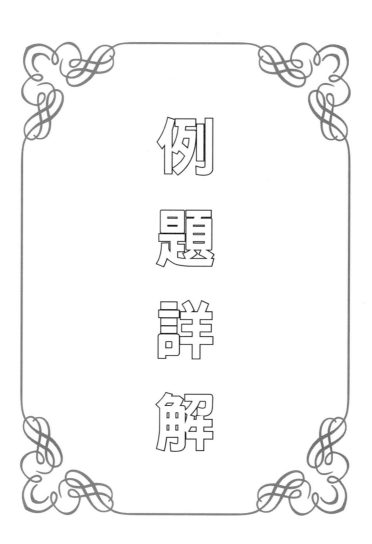

例題詳解

Chapter 8 三角　解答

例1 解：$c = \sqrt{a^2 + b^2} = \sqrt{4^2 + 3^2} = 5$

所以 $\sin A = \dfrac{4}{5}, \cos A = \dfrac{3}{5}$

例2 解：$\overline{AB} = \sqrt{\overline{AC}^2 + \overline{BC}^2} = \sqrt{3^2 + 4^2} = 5$

所以 $\sin A = \dfrac{4}{5}, \cos A = \dfrac{3}{5}$

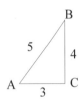

例3 原式 $= \dfrac{\dfrac{1}{2} \cdot \dfrac{\sqrt{3}}{2} + \dfrac{\sqrt{3}}{2}}{\sqrt{3}} = \dfrac{\dfrac{3\sqrt{3}}{4}}{\sqrt{3}} = \dfrac{3}{4}$

例4 (1) $\sin\theta + \sin^2\theta = 1 \Rightarrow \sin^2\theta + \sin\theta - 1 = 0$

$\Rightarrow \sin\theta = \dfrac{-1+\sqrt{5}}{2}$（負號不合，因 $|\sin\theta| \le 1$）

(2) $\cos^2\theta = 1 - \sin^2\theta = \sin\theta = \dfrac{-1+\sqrt{5}}{2}$

例5 原式 $\Rightarrow 2(1 - \sin^2\theta) = \sin\theta$

$\Rightarrow 2\sin^2\theta + \sin\theta - 2 = 0$

$\Rightarrow \sin\theta = \dfrac{-1 \pm \sqrt{5}}{4}$（負號不合）

$\Rightarrow \sin\theta = \dfrac{\sqrt{5}-1}{4}$

例6 二根之和：$\sin\theta + \cos\theta = -k \cdots (1)$；

二根之積：$\sin\theta\cos\theta = k \cdots (2)$

$(1)^2 \Rightarrow \sin^2\theta + \cos^2\theta + 2\sin\theta\cos\theta = k^2$

$\Rightarrow k^2 - 2k - 1 = 0$

所以 $k = 1 \pm \sqrt{2}$（「+」不合，$\sin\theta\cos\theta = k < 1$）；

即 $k = 1 - \sqrt{2}$

例7 (1) $\dfrac{\sin\theta + \cos\theta}{\cos\theta - 3\sin\theta} = \dfrac{\tan\theta + 1}{1 - 3\tan\theta} = \dfrac{2+1}{1-3\times 2} = -\dfrac{3}{5}$

(2) $\dfrac{\sin^2\theta + 2\cos^2\theta}{\cos^2\theta + 2\sin\theta\cos\theta} = \dfrac{\tan^2\theta + 2}{1 + 2\tan\theta} = \dfrac{4+2}{1+2} = 2$

例8 $\sin\theta < 0 \Rightarrow \theta$ 可能在第三或第四象限。

$\cos\theta > 0 \Rightarrow \theta$ 可能在第一或第四象限。

要同時滿足上述二條件，所以 θ 在第四象限。

例9 (1) 若 x 在第一象限，則 $y = 1 + 1 + 1 = 3$

(2) 若 x 在第二象限，則 $y = 1 - 1 - 1 = -1$

(3) 若 x 在第三象限，則 $y = -1 - 1 + 1 = -1$

(4) 若 x 在第四象限，則 $y = -1 + 1 - 1 = -1$

所以其可能的值為 **3** 或 **-1**

例10 令 $\alpha + 3\beta = a(\alpha + \beta) + b(\alpha - \beta)$

$\Rightarrow a + b = 1, a - b = 3 \Rightarrow a = 2, b = -1$

$\begin{cases} 90° < \alpha + \beta < 120° \Rightarrow 180° < 2(\alpha+\beta) < 240° \\ 30° < \alpha - \beta < 60° \Rightarrow -60° < -(\alpha-\beta) < -30° \end{cases}$

$\Rightarrow 180° - 60° < 2(\alpha+\beta) - (\alpha-\beta) < 240° - 30°$

即 **$120° < \alpha + 3\beta < 210°$**

例 11 因 θ 在第二象限 $\Rightarrow$ 斜邊 $= \sqrt{(-2)^2 + 3^2}$
$= \sqrt{13}$

$$\sin\theta = \frac{3}{\sqrt{13}}$$

$$\cos\theta = \frac{-2}{\sqrt{13}}$$

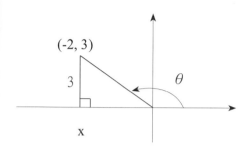

例 12 (1) $\Rightarrow \sin 0° + \sin 1° + \cdots + \sin 179° - \sin 0° - \sin 1° - \cdots - \sin 179° + \sin 360° = \sin 360° = \mathbf{0}$

(2) $\Rightarrow \cos 0° + \cos 1° + \cdots + \cos 89° + \cos 90° - \cos 89° - \cos 88° - \cdots - \cos 0° = \cos 90° = \mathbf{0}$

(3) $\Rightarrow \sin^2 0° + \sin^2 1° + \cdots + \sin^2 89° + \cos^2 0° + \cos^2 1° + \cos^2 89° + \sin^2 180°$
$= 1 + 1 + \cdots + 1 + \sin^2 180° = \mathbf{90}$

例 13 (1) $\sin(-930°) = -\sin 930° = -\sin(720° + 210°) = -\sin 210°$
$= -\sin(180° + 30°) = \sin 30° = \dfrac{1}{2}$

(2) $\cos(-\dfrac{23}{6}\pi) = \cos\dfrac{23}{6}\pi = \cos(4\pi - \dfrac{\pi}{6})$
$= \cos(-\dfrac{\pi}{6}) = \cos(\dfrac{\pi}{6}) = \dfrac{\sqrt{3}}{2}$

例 14 (1) $\sin 1230° = \sin(3 \cdot 360° + 150°) = \sin 150° = \sin(180° - 150°) = \sin 30° = \dfrac{1}{2}$

(2) $\cos 1230° = \cos 150° = -\cos(180° - 150°) = -\cos 30° = -\dfrac{\sqrt{3}}{2}$

(3) $\sin(-1230°) = -\sin 1230° = -\dfrac{1}{2}$

(4) $\cos(-1230°) = \cos 1230° = -\dfrac{\sqrt{3}}{2}$

(5) $-\sin 1230° = -\dfrac{1}{2}$

例 15 (1) $\sin(180° + \theta)\cos(90° + \theta) - \sin(90° - \theta)\cos(180° - \theta)$
$= -\sin(\theta)(-\sin\theta) - \cos\theta(-\cos\theta)$
$= \sin^2\theta + \cos^2\theta = \mathbf{1}$

(2) $\dfrac{\sin(180° + \theta)\tan^2(180° - \theta)}{\cos(270° + \theta)} - \dfrac{\sin(270° - \theta)}{\sin(90° + \theta)\cos^2\theta}$

$= \dfrac{(-\sin\theta)(-\tan\theta)^2}{\sin\theta} - \dfrac{(-\cos\theta)}{\cos\theta\cos^2\theta}$

$= -\tan^2\theta + \dfrac{1}{\cos^2\theta} = \dfrac{-\sin^2\theta + 1}{\cos^2\theta} = \dfrac{\cos^2\theta}{\cos^2\theta}$

$= \mathbf{1}$

例 16 (1) $2k\pi + \pi < \theta < 2k\pi + \dfrac{3}{2}\pi$ （乘以 2）

$\Rightarrow 4k\pi + 2\pi < 2\theta < 4k\pi + 3\pi$

$\Rightarrow 2(2k+1)\pi < 2\theta < 2(2k+1)\pi + \pi$
（令 $2k + 1 = m$）

$\Rightarrow 2m\pi < 2\theta < 2m\pi + \pi$

所以 2θ 可能在第一或第二象限。

(2) $2k\pi + \pi < \theta < 2k\pi + \dfrac{3}{2}\pi$ （除以 2）

$\Rightarrow k\pi + \dfrac{\pi}{2} < \dfrac{\theta}{2} < k\pi + \dfrac{3}{4}\pi$，

(a) 當 $k =$ 偶數，$\dfrac{\theta}{2}$ 在第二象限；

(b) 當 $k =$ 奇數，$\dfrac{\theta}{2}$ 在第四象限

由 (a)(b) $\Rightarrow \dfrac{\theta}{2}$ 可能在第二或第四象限。

(3) $2k\pi + \pi < \theta < 2k\pi + \dfrac{3}{2}\pi$ （除以 3）

$\Rightarrow \dfrac{2k\pi + \pi}{3} < \dfrac{\theta}{3} < \dfrac{2k\pi + \dfrac{3}{2}\pi}{3}$

(a) 當 $k = 3$ 的倍數，$\dfrac{\theta}{3}$ 在第一象限；

(b) 當 $k = 3$ 的倍數加 1，$\dfrac{\theta}{3}$ 在第三象限；

(c) 當 $k = 3$ 的倍數加 2，$\dfrac{\theta}{3}$ 在第四象限

由 (a)(b)(c) $\Rightarrow \dfrac{\theta}{3}$ 可能在第一、三或四象限

例 17 其斜邊為 $\sqrt{(2t)^2 + (-4t)^2} = 2\sqrt{5}\,|t|$

(1) 若 $t > 0$，表點 $(2t, -4t)$ 在第四象限，則

$$\sin\theta = \dfrac{-4t}{2\sqrt{5}\,t} = -\dfrac{2\sqrt{5}}{5},$$

$$\cos\theta = \dfrac{2t}{2\sqrt{5}\,t} = \dfrac{\sqrt{5}}{5}$$

(2) 若 $t < 0$，表點 $(2t, -4t)$ 在第二象限，則

$$\sin\theta = \dfrac{-4t}{2\sqrt{5}\,|t|} = \dfrac{-4t}{-2\sqrt{5}\,t} = \dfrac{2\sqrt{5}}{5},$$

$$\cos\theta = \dfrac{2t}{-2\sqrt{5}\,t} = -\dfrac{\sqrt{5}}{5}$$

例 18 (1) 點 $P(3\sqrt{3}, 3) = (r\cos\theta, r\sin\theta) \Rightarrow r\cos\theta = 3\sqrt{3}$，$r\sin\theta = 3$

$(r\cos\theta)^2 + (r\sin\theta)^2 = (3\sqrt{3})^2 + 3^2$

$\Rightarrow r^2 = 36 \Rightarrow r = 6$

$6\cdot\cos\theta = 3\sqrt{3}$，$6\cdot\sin\theta = 3$

$\Rightarrow \cos\theta = \dfrac{\sqrt{3}}{2}$，$\sin\theta = \dfrac{1}{2}$ $\Rightarrow \theta = 30°$

所以 P 點的極坐標為 $(6, 30°)$

(2) 點 $Q = (-3, 3\sqrt{3}) = (r\cos\theta, r\sin\theta) \Rightarrow r\cos\theta = -3$，$r\sin\theta = 3\sqrt{3}$

$(r\cos\theta)^2 + (r\sin\theta)^2 = (-3)^2 + (3\sqrt{3})^2$

$\Rightarrow r^2 = 36 \Rightarrow r = 6$

$6\cdot\cos\theta = -3$，$6\cdot\sin\theta = 3\sqrt{3}$ $\Rightarrow \cos\theta = -\dfrac{1}{2}$，$\sin\theta = \dfrac{\sqrt{3}}{2}$ $\Rightarrow \theta = 120°$

所以 Q 點的極坐標為 $(6, 120°)$

例 19 點 $P = (r\cdot\cos\theta, r\cdot\sin\theta) = (10\cos(120°), 10\sin(120°)) = (-5, 5\sqrt{3})$

例 20 設 $a = 2k, b = 4k, c = 5k$，則

$$\cos A = \dfrac{(4^2 + 5^2 - 2^2)k^2}{2\cdot 4\cdot 5 k^2} = \dfrac{37}{2\cdot 4\cdot 5} = \dfrac{37}{40}$$

$$\cos B = \dfrac{(2^2 + 5^2 - 4^2)k^2}{2\cdot 2\cdot 5 k^2} = \dfrac{13}{2\cdot 2\cdot 5} = \dfrac{13}{20}$$

$$\cos C = \dfrac{(2^2 + 4^2 - 5^2)k^2}{2\cdot 2\cdot 4 k^2} = \dfrac{-5}{2\cdot 2\cdot 4} = \dfrac{-5}{16}$$

$\Rightarrow \cos A : \cos B : \cos C = \dfrac{37}{40} : \dfrac{13}{20} : \dfrac{-5}{16}$

$= 74 : 52 : -25$

例 21 由 $a + 2b - 2c = 0$，$a - 2b + c = 0$（二式相加）

$\Rightarrow 2a - c = 0 \Rightarrow c = 2a$ 代入前式

$\Rightarrow a + 2b - 4a = 0 \Rightarrow b = \dfrac{3}{2}a$。

$\Rightarrow a:b:c = a : \dfrac{3}{2}a : 2a = 2a : 3a : 4a$

$= 2 : 3 : 4$。

所以 $\sin A : \sin B : \sin C = 2 : 3 : 4$

例 22 面積 $= \dfrac{1}{2}ab\sin C = \dfrac{1}{2} \times 4 \times 6 \times \sin 30°$

$= 6$（註：$\angle C$ 要二邊的夾角）

第三邊：$c^2 = a^2 + b^2 - 2ab\cos C = 4^2 + 6^2$

$- 2 \times 4 \times 6 \times \dfrac{\sqrt{3}}{2} = 52 - 24\sqrt{3}$

$\Rightarrow c = \sqrt{52 - 24\sqrt{3}}$

例 23 由 $\dfrac{a}{\sin A} = \dfrac{b}{\sin B} \Rightarrow \dfrac{\sqrt{3}}{\sin A} = \dfrac{\sqrt{2}}{\sin 45°}$

$\Rightarrow \sin A = \dfrac{\sqrt{3}}{2} \Rightarrow \angle A = 60°$ 或 $120°$

(1) $\angle A = 60° \Rightarrow \angle C = 180° - \angle A - \angle B = 75°$

由 $\dfrac{a}{\sin A} = \dfrac{c}{\sin C} \Rightarrow c = a\cdot\dfrac{\sin C}{\sin A} = \sqrt{3}\cdot$

$\dfrac{\dfrac{\sqrt{6}+\sqrt{2}}{4}}{\dfrac{\sqrt{3}}{2}} = \dfrac{\sqrt{6}+\sqrt{2}}{2}$

(2) $\angle A = 120° \Rightarrow \angle C = 180° - \angle A - \angle B$

$= 15° \Rightarrow c = a\cdot\dfrac{\sin C}{\sin A} = \dfrac{\sqrt{6}-\sqrt{2}}{2}$

所以此題（SSA）有二解，即

(a) $\angle A = 60°$，$\angle C = 75°$，$C = \dfrac{\sqrt{6} + \sqrt{2}}{2}$

(b) $\angle A = 120°$，$\angle C = 15°$，$C = \dfrac{\sqrt{6} - \sqrt{2}}{2}$

例 24 面積 $= \dfrac{1}{2} bc \sin A \Rightarrow \sqrt{3} = \dfrac{1}{2} \cdot 1 \cdot c \sin 60°$

$\Rightarrow c = 4$

而 $a^2 = b^2 + c^2 - 2bc \cos A \Rightarrow a^2 = 1 + 4^2$

$- 2 \cdot 1 \cdot 4 \cdot \cos 60° \Rightarrow a = \sqrt{13}$

例 25 $\sin 2A = \sin 2B \Rightarrow 2A = 2B$ 或 $2A = \pi - $

$2B \Rightarrow A = B$ 或 $A + B = \dfrac{\pi}{2}$

所以其為等腰三角形或為直角三角形。

例 26 (1) 因 $\sin A = \dfrac{a}{2R}$，$\sin B = \dfrac{b}{2R}$，

$\Rightarrow a \sin^2 A = b \sin^2 B \Rightarrow \dfrac{a^3}{(2R)^2} = \dfrac{b^3}{(2R)^2}$

$\Rightarrow (a - b)(a^2 + ab + b^2) = 0$，

$\Rightarrow a = b$（因 $a^2 + ab + b^2 > 0$）

$\Rightarrow \triangle ABC$ 為等腰三角形

(2) $a \cos B - b \cos A = c \Rightarrow a \cdot \dfrac{c^2 + a^2 - b^2}{2ca}$

$- b \cdot \dfrac{b^2 + c^2 - a^2}{2bc} = c$

$\Rightarrow c^2 + a^2 - b^2 - (b^2 + c^2 - a^2) = 2c^2$

$\Rightarrow a^2 = b^2 + c^2$

$\Rightarrow \triangle ABC$ 為直角三角形

例 27 $\angle A : \angle B : \angle C = 3 : 4 : 5$ 且 $\angle A + $
$\angle B + \angle C = 180°$，

解得 $\angle A = 45°$，$\angle B = 60°$，$\angle C = $
$75°$，

$\dfrac{a}{\sin A} = 2R \Rightarrow a = 2R \cdot \sin A = 2 \cdot 2 \cdot \sin 45°$

$= 2\sqrt{2}$

$\dfrac{b}{\sin B} = 2R \Rightarrow b = 2R \cdot \sin B = 2 \cdot 2 \cdot \sin 60°$

$= 2\sqrt{3}$

$\triangle ABC$ 的面積 $= \dfrac{1}{2} ab \sin C = \dfrac{1}{2} \cdot 2\sqrt{2} \cdot$

$2\sqrt{3} \cdot \sin 75° = 2\sqrt{6} \cdot \dfrac{\sqrt{6} + \sqrt{2}}{4} = 3 + \sqrt{3}$

例 28 (1) 如下圖，$\triangle OAB$ 為等腰三角形，其

$\overline{OA} = \overline{OB} = r, \overline{AC} = \overline{CB}, \angle AOC = \angle BOC$
$= \theta$

且 $\theta = \dfrac{360°}{2n} = \dfrac{180°}{n}$

(a) $\overline{AC}(= \dfrac{1}{2}\overline{AB}) = r \sin\theta \Rightarrow \overline{AB} = $

$2\overline{AC} = 2r \sin\dfrac{180°}{n}$

(b) $\overline{OC} = r \cos\theta = r \cos\dfrac{180°}{n}$

$\triangle OAB$ 面積

$= \dfrac{1}{2}\overline{AB} \cdot \overline{OC} = \dfrac{1}{2} \cdot 2r \cdot \sin\dfrac{180°}{n} \cdot$

$r \cos\dfrac{180°}{n} = r^2 \sin\dfrac{180°}{n} \cdot \cos\dfrac{180°}{n}$

所以內接正 n 邊形面積 $= n \cdot \triangle$

OAB 面積 $= nr^2 \sin\dfrac{180°}{n} \cos\dfrac{180°}{n}$

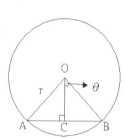

(2) 如下圖，$\triangle OAB$ 為等腰三角形，其

$\overline{OC} = r, \overline{AC} = \overline{CB}, \angle AOC = \angle BOC = \theta$

且 $\theta = \dfrac{360°}{2n} = \dfrac{180°}{n}$

(a) $\overline{AC}(= \dfrac{1}{2}\overline{AB}) = \overline{OC} \tan\theta = r \tan\dfrac{180°}{n}$

$\Rightarrow \overline{AB} = 2r \tan\dfrac{180°}{n}$

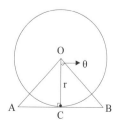

(b) $\triangle OAB$ 面積 $= \dfrac{1}{2}\overline{AB}\cdot\overline{OC} = \dfrac{1}{2}\cdot 2r\cdot$

$\tan\dfrac{180°}{n}\cdot r = r^2\tan\dfrac{180°}{n}$

所以外切正 n 邊形面積 $= n\cdot\triangle OAB$

面積 $= nr^2\tan\dfrac{180°}{n}$

例 29 (1) 其內接正 6 邊形的

(a) 邊長 $= 2\cdot 2\cdot\sin\dfrac{180°}{6} = \mathbf{2}$,

(b) 面積 $= 6\cdot 2^2\sin\dfrac{180°}{6}\cos\dfrac{180°}{6}$

$= 24\cdot\dfrac{1}{2}\cdot\dfrac{\sqrt{3}}{2} = \mathbf{6\sqrt{3}}$

(2) 其外切正 6 邊形的

(a) 邊長 $= 2\cdot 2\cdot\tan\dfrac{180°}{6} = 4\cdot\dfrac{1}{\sqrt{3}}$

$= \mathbf{\dfrac{4\sqrt{3}}{3}}$,

(b) 面積 $= 6\cdot 2^2\tan\dfrac{180°}{6} = 24\cdot\dfrac{1}{\sqrt{3}}$

$= \mathbf{8\sqrt{3}}$

例 30 $\sin 40°\cos 10° - \sin 10°\cos 40° = \sin(40°$
$- 10°) = \sin 30° = \dfrac{1}{2}$

例 31 (1) $\sin 15° = \sin(45° - 30°) = \sin 45°\cos$
$30° - \sin 30°\cos 45°$

$= \dfrac{\sqrt{2}}{2}\cdot\dfrac{\sqrt{3}}{2} - \dfrac{1}{2}\cdot\dfrac{\sqrt{2}}{2} = \dfrac{\sqrt{6}-\sqrt{2}}{4}$

(2) $\cos 15° = \cos(45° - 30°) = \cos 45°\cos$
$30° + \sin 30°\sin 45°$

$= \dfrac{\sqrt{2}}{2}\cdot\dfrac{\sqrt{3}}{2} + \dfrac{1}{2}\cdot\dfrac{\sqrt{2}}{2} = \dfrac{\sqrt{6}+\sqrt{2}}{4}$

(3) $\tan 15° = \dfrac{\sin 15°}{\cos 15°} = \dfrac{\sqrt{6}-\sqrt{2}}{\sqrt{6}+\sqrt{2}}$

$= \dfrac{(\sqrt{6}-\sqrt{2})(\sqrt{6}-\sqrt{2})}{(\sqrt{6}+\sqrt{2})(\sqrt{6}-\sqrt{2})}$

$= \mathbf{2 - \sqrt{3}}$

例 32 因 $0 < \alpha < 90°$ 且 $\sin\alpha = \dfrac{3}{5} \Rightarrow \cos\alpha = \dfrac{4}{5}$

因 $90° < \beta < 180°$ 且 $\sin\beta = \dfrac{5}{13} \Rightarrow \cos\beta =$

$-\dfrac{12}{13}$

(1) $\sin(\alpha - \beta) = \sin\alpha\cos\beta - \sin\beta\cos\alpha$

$= \dfrac{3}{5}\cdot(-\dfrac{12}{13}) - \dfrac{5}{13}\cdot\dfrac{4}{5} = -\dfrac{\mathbf{56}}{\mathbf{65}}$

(2) $\cos(\alpha + \beta) = \cos\alpha\cos\beta - \sin\alpha\sin\beta$

$= \dfrac{4}{5}\cdot(-\dfrac{12}{13}) - \dfrac{3}{5}\cdot\dfrac{5}{13} = -\dfrac{\mathbf{63}}{\mathbf{65}}$

例 33 $\dfrac{\tan 20° + \tan 40°}{1 - \tan 20°\cdot\tan 40°} = \tan(20° + 40°)$

$= \tan 60° = \dfrac{\sin 60°}{\cos 60°} = \mathbf{\sqrt{3}}$

例 34 $\tan(C) = \tan(180° - A - B) = -\tan(A + B)$

$= -\dfrac{\tan A + \tan B}{1 - \tan A\cdot\tan B} = -\dfrac{\dfrac{1}{3}+\dfrac{1}{2}}{1 - \dfrac{1}{3}\cdot\dfrac{1}{2}} = -1$

所以 $\angle C = \mathbf{135°}$

例 35 因 θ 在第二象限上,且 $\sin\theta = \dfrac{3}{5} \Rightarrow \cos\theta$

$= -\dfrac{4}{5}$

(1) $\sin(2\theta) = 2\sin\theta\cos\theta = 2\cdot\dfrac{3}{5}\cdot(-\dfrac{4}{5})$

$= -\dfrac{\mathbf{24}}{\mathbf{25}}$

(2) $\cos(2\theta) = 2\cos^2\theta - 1 = 2\left(-\dfrac{4}{5}\right)^2 - 1$

$= \dfrac{\mathbf{7}}{\mathbf{25}}$

(3) $\tan(2\theta) = \dfrac{\sin(2\theta)}{\cos(2\theta)} = \dfrac{-\dfrac{24}{25}}{\dfrac{7}{25}} = -\dfrac{\mathbf{24}}{\mathbf{7}}$

例 36 (1) $\sin\theta + \cos\theta = \dfrac{1}{3}$（兩邊平方）

$\Rightarrow 1 + 2\sin\theta\cdot\cos\theta = \dfrac{1}{9} \Rightarrow \sin(2\theta) = -\dfrac{\mathbf{8}}{\mathbf{9}}$

(2) $\cos(2\theta) = \pm\sqrt{1 - \sin^2(2\theta)}$

$= \pm\sqrt{1 - \dfrac{(-8)^2}{9^2}} = \pm\dfrac{\mathbf{\sqrt{17}}}{\mathbf{9}}$

(3) $\tan(2\theta) = \dfrac{\sin(2\theta)}{\cos(2\theta)} = \pm\dfrac{-8}{\sqrt{17}} = \mp\dfrac{\mathbf{8}}{\sqrt{\mathbf{17}}}$

例 37 $\sin 3\theta + \sin\theta = 0 \Rightarrow (3\sin\theta - 4\sin^3\theta)$
$+ \sin\theta = 0 \Rightarrow \sin\theta(1 - \sin^2\theta) = 0$
所以 $\sin\theta = \mathbf{0}$、$\sin\theta = \mathbf{1}$ 或 $\sin\theta = \mathbf{-1}$

例 38 (1)$\sin 22.5° = \sqrt{\dfrac{1 - \cos 45°}{2}} = \sqrt{\dfrac{1 - \dfrac{\sqrt{2}}{2}}{2}}$

$\qquad = \sqrt{\dfrac{2 - \sqrt{2}}{4}} = \dfrac{\sqrt{2 - \sqrt{2}}}{2}$

(2)$\cos 22.5° = \sqrt{\dfrac{1 + \cos 45°}{2}} = \sqrt{\dfrac{1 + \dfrac{\sqrt{2}}{2}}{2}}$

$\qquad = \sqrt{\dfrac{2 + \sqrt{2}}{4}} = \dfrac{\sqrt{2 + \sqrt{2}}}{2}$

例 39 因 θ 在 $90°$ 到 $180°$ 之間，且 $\sin\theta = \dfrac{3}{5}$

$\Rightarrow \cos\theta = -\dfrac{4}{5}$ 且 $\dfrac{\theta}{2}$ 在第一象限。

(1) $\sin(\dfrac{\theta}{2}) = \sqrt{\dfrac{1 - \cos\theta}{2}} = \sqrt{\dfrac{1 - (-\dfrac{4}{5})}{2}}$

$\qquad = \sqrt{\dfrac{9}{10}} = \dfrac{\sqrt{90}}{10}$

(2) $\cos(\dfrac{\theta}{2}) = \sqrt{\dfrac{1 + \cos\theta}{2}} = \sqrt{\dfrac{1 + (-\dfrac{4}{5})}{2}}$

$\qquad = \sqrt{\dfrac{1}{10}} = \dfrac{\sqrt{10}}{10}$

(3) $\tan(\dfrac{\theta}{2}) = \dfrac{\sin(\dfrac{\theta}{2})}{\cos(\dfrac{\theta}{2})} = \dfrac{\dfrac{\sqrt{90}}{10}}{\dfrac{\sqrt{10}}{10}} = 3$

例 40 令 $\overline{OP} = h$，
在 $\triangle AOP$ 中，$\tan 30° = \dfrac{h}{AO} \Rightarrow \overline{AO} =$

$h \cdot \cot 30° = \sqrt{3}h$

在 $\triangle BOP$ 中，$\tan 45° = \dfrac{h}{BO} \Rightarrow \overline{BO} =$

$h \cdot \cot 45° = h$

在 $\triangle AOB$ 中，$\overline{AB}^2 = \overline{AO}^2 + \overline{BO}^2 - 2\overline{AO} \cdot$

$\overline{BO}\cos 60°$

$\Rightarrow 20^2 = (\sqrt{3}h)^2 + h^2 - 2(\sqrt{3}h)h\dfrac{1}{2}$

$\Rightarrow h = \dfrac{\mathbf{20}}{\sqrt{\mathbf{4 - \sqrt{3}}}}$

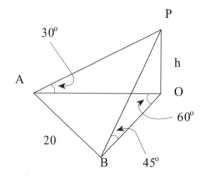

Chapter 9 直線與圓　解答

例1 $y-3=\dfrac{1-3}{2-1}(x-1)\Rightarrow y=-2x+5$

例2 $x=2$

例3 (3) 號直線的斜率最大；(4) 號直線的斜率最小。

例4 $x+2y=3\Rightarrow y=-\dfrac{1}{2}x+\dfrac{3}{2}$

$\Rightarrow$ 斜率為 $-\dfrac{1}{2}$；$\tan\theta=-\dfrac{1}{2}$

例5 三點共線表示其斜率相同，即 AB 斜率等於 BC 斜率

$\Rightarrow\dfrac{2-a}{3-1}=\dfrac{3-2}{-1-3}\Rightarrow\dfrac{2-a}{2}=\dfrac{1}{-4}\Rightarrow a=\dfrac{5}{2}$

例6 $\tan\theta=-\dfrac{1}{2}\Rightarrow$ 斜率為 $-\dfrac{1}{2}$；令直線方程式為 $y=-\dfrac{1}{2}x+b$

因此直線通過點 $(2,1)$，所以 $1=-\dfrac{1}{2}\cdot 2+b\Rightarrow b=2$

直線方程式為 $y=-\dfrac{1}{2}x+2$

例7 此直線方程式為 $\dfrac{x}{3}+\dfrac{y}{4}=1$。

例8 (1) 令此直線與 x、y 軸的交點，分別為 a、b

(2) 直線方程式為：$\dfrac{x}{a}+\dfrac{y}{b}=1$

(3) 再用算術平均數大於等於幾何平均數，求出最小值的 a、b，其解法如下：

因直線通過 $(3，5)$，所以 $\dfrac{3}{a}+\dfrac{5}{b}=1$

而 $\dfrac{\dfrac{3}{a}+\dfrac{5}{b}}{2}\geq\sqrt{\dfrac{3}{a}\times\dfrac{5}{b}}\Rightarrow\dfrac{1}{2}\geq\sqrt{\dfrac{15}{ab}}\Rightarrow ab\geq 60$

當 $\dfrac{3}{a}=\dfrac{5}{b}$ 時，等號成立，也就是圍成最小面積 $\left(=\dfrac{1}{2}ab\right)$ 的直線

即 $\dfrac{3}{a}=\dfrac{5}{b}=\dfrac{1}{2}\Rightarrow a=6,b=10\Rightarrow$ 直線方程式為 $\dfrac{x}{6}+\dfrac{y}{10}=1$

所以最小面積 $=\dfrac{1}{2}ab=30$

例9 此直線方程式的斜率與 $3x+y=1$ 相同 $\Rightarrow$ 可以假設直線方程式為 $3x+y=k$，再將 $(1,2)$ 代入，可求出 $k=5$

$\Rightarrow$ 直線方程式為 $3x+y=5$

例10 若新直線的斜率為 m，而 $3x+y=1$ 的斜率為 -3

$\Rightarrow m(-3)=-1\Rightarrow m=\dfrac{1}{3}$

新直線方程式為 $y=\dfrac{1}{3}x+k$，以 $(1,2)$ 代入，可得 k 值，$k=\dfrac{5}{3}$

所以直線方程式為 $y=\dfrac{1}{3}x+\dfrac{5}{3}$

另解：可以假設直線方程式為：

$x-3y=k$，以 $(1,2)$ 代入，可得 k 值，$k=1-3\times 2=-5$

所以直線方程式為 $x-3y=-5$

例11 先將 $x+y=2$ 和 $2x+y=3$ 的交點求出，解得 $(1,1)$

再用二點 $(1,1)$，$(2,3)$ 求出直線方程式，為 $2x-y-1=0$

例12 解 $L_1：x+2y=4$ 和 $L_2：2x-3y=1$ 的聯立方程式，

得 $x=2，y=1$

例 13 (1) 交於一點 ⇒ $\dfrac{1}{2} \neq \dfrac{2}{m}$ ⇒ $m \neq 4$

(2) 平行 ⇒ $\dfrac{1}{2} = \dfrac{2}{m} \neq \dfrac{4}{1}$ ⇒ $m = 4$

(3) 垂直，表示斜率的乘積等於−1 ⇒

$$(-\dfrac{1}{2})(-\dfrac{2}{m}) = -1 \Rightarrow m = -1$$

例 14 有下列三種情況無法圍成三角形

(1) L_3 平行 L_1 ⇒ $\dfrac{1}{m} = \dfrac{2}{-1}$ ⇒ $m = -\dfrac{1}{2}$

(2) L_3 平行 L_2 ⇒ $\dfrac{2}{m} = \dfrac{-3}{-1}$ ⇒ $m = \dfrac{2}{3}$

(3) 三直線交一點，先求 L_1 和 L_2 的交點坐標，由上題知，$x = 2$，$y = 1$ 代入 L_3 ⇒ $m \cdot 2 - 1 = 4$ ⇒ $m = \dfrac{5}{2}$

所以 **m 值可為$-\dfrac{1}{2}$、$\dfrac{2}{3}$ 和 $\dfrac{5}{2}$**

例 15 $(2 + 2 \cdot 5 - 3)(-5 + 2 \cdot 3 - 3) = 9 \cdot (-2) = -18 < 0$

所以 **A、B 二點在直線的不同側**

例 16 A、B 二點在直線的同一側 ⇒ $(2 \cdot 2 + m \cdot 5 - 3)(2 \cdot (-5) + m \cdot 3 - 3) > 0$ ⇒ $(5m+1)(3m-13) > 0$ ⇒ **$m > \dfrac{13}{3}$ 或 $m < -\dfrac{1}{5}$**

例 17 (1) 先找出此 n 邊行的頂點：

(a) $-x + 2y = 4$ 和 $x + 2y = 8$ 的交點，解二聯立方程式得 $x = 2, y = 3$

(b) $-x + 2y = 4$ 和 y 軸的交點，解二聯立方程式得 $x = 0, y = 2$

(c) $x + 2y = 8$ 和 x 軸的交點，解二聯立方程式得 $x = 8, y = 0$

(d) x 軸和 y 軸的交點，解二聯立方程式得 $x = 0, y = 0$

(2) $f(2, 3) = 2 \cdot 2 + 3 \cdot 3 = 13$

$f(0, 2) = 2 \cdot 0 + 3 \cdot 2 = 6$

$f(8, 0) = 2 \cdot 8 + 3 \cdot 0 = 16$

$f(0, 0) = 2 \cdot 0 + 3 \cdot 0 = 0$

所以 **$(8, 0)$ 會使得 $f(x, y)$ 最大值 = 16；$(0, 0)$ 會使得 $f(x, y)$ 最小值 = 0**

例 18 (1) 依題意列出不等式和目標函數 $f(x, y)$；

令他養 x 隻雞和 y 隻豬，則

(a) $x + y \leq 16$

(b) $x \leq 10$

(c) $15x + 45y \leq 540$ ⇒ $x + 3y \leq 36$

(d) $x \geq 0, y \geq 0$

目標函數：求 $f(x, y) = 7x + 20y$ 最大值

(2) 將所有的不等式畫到 $x - y$ 平面上，求其 n 邊形的頂點；

(a) $x = 0$ 和 $x + 3y = 36$ 的交點坐標為 $(0, 12)$

(b) $x + 3y = 36$ 和 $x + y = 16$ 的交點坐標為 $(6, 10)$

(c) $x + y = 16$ 的 $x = 10$ 交點坐標為 $(10, 6)$

(d) $x = 10$ 和 $y = 0$ 的交點坐標為 $(10, 0)$

(e) $y = 0$ 和 $x = 0$ 的交點坐標為 $(0, 0)$

(3) 將 n 個頂點坐標代入目標函數，求最大值

(a) $(0, 12)$ 代入，$f(x, y) = 7x + 20y = 7 \cdot 0 + 20 \cdot 12 = 240$

(b) $(6, 10)$ 代入，$f(x, y) = 7x + 20y = 7 \cdot 6 + 20 \cdot 10 = 242$

(c) $(10, 6)$ 代入，$f(x, y) = 7x + 20y = 7 \cdot 10 + 20 \cdot 6 = 190$

(d) $(10, 0)$ 代入，$f(x, y) = 7x + 20y = 7 \cdot 10 + 20 \cdot 0 = 70$

(e) $(0, 0)$ 代入，$f(x, y) = 7x + 20y = 7 \cdot 0 + 20 \cdot 0 = 0$

所以 **最大值為 242；也就是養 6 隻雞和 10 隻豬。**

例 19 (1) 依題意列出不等式和目標函數 $f(x, y)$；

令食物 A 吃 x 單位，食物 B 吃 y 單位，則

(a) 蛋白質量：$2x + 6y \geq 30$

(b) 脂肪量：$4x + 2y \geq 20$

(c) 食物 B 要求：$y \geq 2$

(d) $x \geq 0, y \geq 0$

目標函數：求 $f(x, y) = 18x + 12y$ 最

小值

(2) 將所有的不等式畫到 $x - y$ 平面上，求其 n 邊形的頂點：

    (a) $x = 0$ 和 $4x + 2y = 20$ 的交點坐標為 $(0, 10)$

    (b) $4x + 2y = 20$ 和 $2x + 6y = 30$ 的交點坐標為 $(3, 4)$

    (c) $2x + 6y = 30$ 的 $y = 2$ 交點坐標為 $(9, 2)$

(3) 將 n 個頂點坐標代入目標函數，求最小值

    (a) $(0, 10)$ 代入，$f(x, y) = 18x + 12y = 18 \cdot 0 + 12 \cdot 10 = 120$

    (b) $(3, 4)$ 代入，$f(x, y) = 18x + 12y = 18 \cdot 3 + 12 \cdot 4 = 102$

    (c) $(9, 2)$ 代入，$f(x, y) = 18x + 12y = 18 \cdot 9 + 12 \cdot 2 = 186$

    所以最小值為 102；也就是食物 A 吃 3 單位，食物 B 吃 4 單位。

例 20 (1) $(x - 1)^2 + (y - 2)^2 = 3^2$

(2) 圓心為 $\left(\dfrac{1+5}{2}, \dfrac{2+6}{2}\right) = (3, 4)$，半徑為 $r = \sqrt{(3-1)^2 + (4-2)^2} = 2\sqrt{2}$

所以圓方程式為：

$$(x - 3)^2 + (y - 4)^2 = 8$$

例 21 其圓心為 $(1, 2)$，令圓方程式為 $(x - 1)^2 + (y - 2)^2 = a$

經過點 $(3, 4) \Rightarrow (3 - 1)^2 + (4 - 2)^2 = a$
$\Rightarrow a = 8$

所以圓方程式為 $(x - 1)^2 + (y - 2)^2 = 8$

例 22 (1) 其圓心在直線 $2x - y = 1$ 上，令其圓心為 $(t, 2t - 1)$，

(2) 圓心到圓上點的距離相等

$\Rightarrow \sqrt{(t-2)^2 + (2t-1-1)^2}$
$= \sqrt{(t-4)^2 + (2t-1-3)^2}$
$\Rightarrow (t - 2)^2 + (2t - 2)^2 = (t - 4)^2 + (2t - 4)^2 \Rightarrow t = 2$

(3) 其圓心為 $(2, 3)$，半徑為

$r = \sqrt{(2-2)^2 + (3-1)^2} = 2$

所以圓方程式為 $(x - 2)^2 + (y - 3)^2 = 4$

例 23 (1) $k = 0$，才為圓方程式。

(2) 原式 $\Rightarrow x^2 + y^2 + 3x - 2y - 2 = 0$

$\Rightarrow \left(x + \dfrac{3}{2}\right)^2 + (y - 1)^2 = \dfrac{9}{4} + 1 + 2 = \dfrac{21}{4}$

所以圓心為 $\left(-\dfrac{3}{2}, 1\right)$，半徑為 $\dfrac{\sqrt{21}}{2}$。

例 24 $(1, -1)$ 代入 $\Rightarrow 1^2 + (-1)^2 + a \cdot 1 + b \cdot (-1) + c = 0$

$(-2, 2)$ 代入 $\Rightarrow (-2)^2 + 2^2 + a \cdot (-2) + b \cdot 2 + c = 0$

$(1 + \sqrt{8}, 1)$ 代入 $\Rightarrow (1 + \sqrt{8})^2 + 1^2 + a \cdot (1 + \sqrt{8}) + b \cdot 1 + c = 0$

解 $\begin{cases} a - b + c = -2 \\ -2a + 2b + c = -8 \\ (1 + \sqrt{8})a + b + c = -10 - \sqrt{8} \end{cases}$

得：$a = -2, b = -4, c = -4$

$\Rightarrow$ 圓方程式為 $x^2 + y^2 - 2x - 4y - 4 = 0$

例 25 原方程式化解成 $\left(x + \dfrac{k}{2}\right)^2 + \left(y + \dfrac{3}{2}\right)^2$

$= \dfrac{1}{4}\left(k^2 + 3^2 - 4 \cdot 4\right)$

令 $\Delta = k^2 + 9 - 16 = k^2 - 7$

(1) $\Delta > 0$ 表一圓 $\Rightarrow k^2 - 7 > 0 \Rightarrow k > \sqrt{7}$ 或 $k < -\sqrt{7}$

(2) $\Delta = 0$ 表一點 $\Rightarrow k^2 - 7 = 0 \Rightarrow k = \pm\sqrt{7}$

(3) $\Delta < 0$ 表不為任何圖形 $\Rightarrow -\sqrt{7} < k < \sqrt{7}$

例 26 由上一題的例子知，若它為一圓，其 k 要滿足：$(k > \sqrt{7}$ 或 $k < -\sqrt{7})$

將 $(1, 1)$ 代入方程式內 $\Rightarrow \Delta = 1^2 + 1^2 + k \cdot 1 + 3 \cdot 1 + 4 = k + 9$

(1) $\Delta > 0$ 表點 $(1, 1)$ 在圓的外部 $\Rightarrow k + 9 > 0 \Rightarrow k > -9$，

又要同時滿足 $(k > \sqrt{7}$ 或 $k < -\sqrt{7})$
$\Rightarrow (-9 < k < -\sqrt{7}$ 或 $k > \sqrt{7})$。

(2) $\Delta = 0$ 表點 $(1, 1)$ 在圓上 $\Rightarrow k + 9 = 0 \Rightarrow k = -9$（滿足 $k > \sqrt{7}$ 或 $k < -\sqrt{7}$）。

(3) $\Delta < 0$ 表點 $(1, 1)$ 在圓內部 $\Rightarrow k < -9$，

又要同時滿足（滿足 $k > \sqrt{7}$ 或 $k < -\sqrt{7}$）$\Rightarrow k < -9$。

例27 (1) 圓心 $(10 , 8)$ 到 $x + 2y = 2$ 的距離為

$$\frac{|10 + 2 \cdot 8 - 2|}{\sqrt{1^2 + 2^2}} = \frac{24}{\sqrt{5}} = \frac{24\sqrt{5}}{5}$$

所以最短距離為 $\dfrac{\mathbf{24\sqrt{5}}}{\mathbf{5}} - \mathbf{1}$，最長距離為 $\dfrac{\mathbf{24\sqrt{5}}}{\mathbf{5}} + \mathbf{1}$

(2) 令過圓心 $(10 , 8)$ 和直線 $x + 2y = 2$ 垂直的直線方程式為

$y - 8 = m(x - 10)$，

則 $m \cdot (-\dfrac{1}{2}) = -1 \Rightarrow m = 2 \Rightarrow$

直線方程式為 $y - 8 = 2(x - 10) \Rightarrow$
$2x - y = 12$

(a) 最近（或最遠）距離在直線上的點座標為：二直線的交點，即解 $2x - y = 12$, $x + 2y = 2$ 方程組 $\Rightarrow x = \dfrac{26}{5}, y = \dfrac{-8}{5}$

(b) 最近距離、最遠距離在圓上的位置為：直線 $2x - y = 12$ 和圓 $(x - 10)^2 + (y - 8)^2 = 1$ 的交點。解此二聯立方程組，得
$(x = 10 + \dfrac{\sqrt{5}}{5}, y = 8 + \dfrac{2\sqrt{5}}{5})$ 或
$(x = 10 - \dfrac{\sqrt{5}}{5}, y = 8 - \dfrac{2\sqrt{5}}{5})$

因 $(\mathbf{10 + \dfrac{\sqrt{5}}{5}, 8 + \dfrac{2\sqrt{5}}{5}})$ 離直線 $2x - y = 12$ 較遠，因此其為最遠距離的座標，而 $(\mathbf{10 - \dfrac{\sqrt{5}}{5}, 8 - \dfrac{2\sqrt{5}}{5}})$ 為最近距離的座標。

例28 切線方程式為 $x_0 x + y_0 y + d \cdot \dfrac{x_0 + x}{2} + e \cdot \dfrac{y_0 + y}{2} + f = 0$，

$\Rightarrow 6x + 4y - 4 \cdot \dfrac{6 + x}{2} - 2 \cdot \dfrac{4 + y}{2} - 20 = 0$

$\Rightarrow 4x + 3y - 36 = 0$

另解：令切線方程式為 $y - 4 = m(x - 6)$
$\Rightarrow y = m(x - 6) + 4$
點 $(6, 4)$ 和圓心 $(2, 1)$ 連線的斜率為 $\dfrac{4 - 1}{6 - 2} = \dfrac{3}{4}$

其兩斜率相乘 $= -1 \Rightarrow m \cdot \dfrac{3}{4} = -1$

$\Rightarrow m = -\dfrac{4}{3}$，

切線方程式為 $y = -\dfrac{4}{3}(x - 6) + 4$。

例29 令切線的斜率為 m，所以切線方程式為 $y = m(x - 4) \Rightarrow mx - y - 4m = 0$，因圓心 $(2 , 3)$ 到此直線的距離為半徑（$= 2$），所以 $\dfrac{|2m - 3 - 4m|}{\sqrt{m^2 + 1^2}} = 2 \Rightarrow |2m + 3| = 2\sqrt{m^2 + 1} \Rightarrow m = -\dfrac{5}{12}$

切線方程式為 $y = -\dfrac{5}{12}(x - 4)$，因只求出一斜率值，表示另一條切線通過點 $(4, 0)$ 且平行於 y 軸（無斜率）
$\Rightarrow$ **另一切線方程式為 $x = 4$**

例30 $x^2 + y^2 - 2x - 4y + 3 = 0 \Rightarrow (x - 1)^2 + (y - 2)^2 = 2$，所以其圓心為 $(1, 2)$、半徑為 $\sqrt{2}$

(1) 令切線方程式為 $y + 1 = m(x - 2) \Rightarrow mx - y - 1 - 2m = 0$，圓心 $(1, 2)$ 到此切線方程式的距離等於半徑 $\sqrt{2}$，
即 $\dfrac{|m - 2 - 1 - 2m|}{\sqrt{m^2 + 1}} = \sqrt{2}$，二邊平方，
解得 $m = -1$ 或 $m = 7$
$\Rightarrow$ 二切線方程式 **$x + y = 1$ 或 $7x - y = 15$**

(2) 切線長 $= \sqrt{(P\text{點到圓心})^2 - (\text{半徑})^2} = \sqrt{(1^2 + 3^2) - 2} = \sqrt{\mathbf{8}}$

例31 $x^2 + y^2 + 4x - 6y - 3 = 0 \Rightarrow (x + 2)^2 + (y - 3)^2 = 4^2$
此圓的圓心為 $(-2, 3)$，半徑為 4
圓心 $(-2, 3)$ 到直線的距離

$$d = \frac{|3 \cdot (-2) - 4 \cdot 3 - k|}{\sqrt{3^2 + (-4)^2}} = \frac{|18 + k|}{5}$$

(1) 相交於 **2** 點：

$d < r \Rightarrow \dfrac{|18 + k|}{5} < 4 \Rightarrow |18 + k| < 20$

$\Rightarrow -20 < 18 + k < 20 \Rightarrow \mathbf{-38 < k < 2}$

(2) 相切：

$$d = r \Rightarrow \frac{|18+k|}{5} = 4 \Rightarrow |18+k| = 20$$

$$\Rightarrow 18+k = \pm 20 \Rightarrow k = -38 \text{ 或 } k = 2$$

(3) 不相交：

$$d > r \Rightarrow \frac{|18+k|}{5} > 4 \Rightarrow |18+k| > 20$$

$$\Rightarrow 18+k > 20 \text{ 或 } 18+k < -20 \Rightarrow k > 2 \text{ 或 } k < -38$$

例 32　$x+y=1 \Rightarrow x = 1-y$，代入圓方程式

$x^2+y^2+4x-6y-3=0 \Rightarrow (1-y)^2+y^2 + 4(1-y) - 6y - 3 = 0$

$\Rightarrow 2y^2 - 12y + 2 = 0 \Rightarrow y = 3 \pm \sqrt{2}$，

$x = 1 - y = 1 - (3 \pm \sqrt{2}) = -2 \mp \sqrt{2}$

此二交點的坐標為 $(-2-\sqrt{2},\ 3+\sqrt{2})$

和 $(-2+\sqrt{2},\ 3-\sqrt{2})$

例 33　$x^3+y^2+4x-6y-3=0 \Rightarrow (x+2)^2 + (y-3)^2 = 4^2$

此圓的圓心為 $(-2, 3)$，半徑為 4

此切線方程式可設為 $y = 2x+b \Rightarrow 2x - y + b = 0$（$b$ 為未知數），

利用圓心到此切線的距離為 2，得

$$\frac{|2 \cdot (-2) - 3 + b|}{\sqrt{2^2+1}} = 2 \ ,$$

$\Rightarrow |b-7| = 2\sqrt{5} \Rightarrow b - 7 = \pm 2\sqrt{5} \Rightarrow b = 7 \pm 2\sqrt{5}$，

所以此切線方程式為 $y = 2x + (7 + 2\sqrt{5})$

或 $y = 2x + (7 - 2\sqrt{5})$

例 34　弦長 $= 2\sqrt{10^2 - 6^2} = 2\sqrt{64} = 16$

例 35　因 $\overline{PT}^2 = \overline{PO}^2 - r^2$，

又 $\overline{PO} = \sqrt{3^2+4^2} = 5$，

所以 $\overline{PT} = \sqrt{5^2 - 2^2} = \sqrt{21}$

例 36　令 $x = 3\cos\theta - 2,\ y = 3\sin\theta + 1$，則

$3x + 4y = 3(3\cos\theta - 2) + 4(3\sin\theta + 1) = 9\cos\theta + 12\sin\theta - 2$

$= \sqrt{9^2+12^2} \left[\frac{9\cos\theta}{\sqrt{9^2+12^2}} + \frac{12\sin\theta}{\sqrt{9^2+12^2}} \right] - 2 =$

$15[\cos\theta\sin\phi + \sin\theta\cos\phi] - 2$

$= 15\sin(\theta+\phi) - 2$，

所以 $3x + 4y$ 的最大值為 13，最小值為 -17。

Chapter 10 平面向量　解答

例 1

(1) $\overrightarrow{AB} = (4-1, 6-2) = (\mathbf{3,4})$

(2) $|\overrightarrow{AB}| = \sqrt{3^2 + 4^2} = \mathbf{5}$

(3) $\overrightarrow{AB}$ 的單位向量 $= \dfrac{\overrightarrow{AB}}{|\overrightarrow{AB}|} = (\dfrac{\mathbf{3}}{\mathbf{5}}, \dfrac{\mathbf{4}}{\mathbf{5}})$

(4) 5 倍的 $\overrightarrow{AB} = 5(3,4) = (\mathbf{15,20})$

(5) $\overrightarrow{AA} = (1-1, 2-2) = (\mathbf{0,0})$

(6) $|\overrightarrow{AA}| = \mathbf{0}$

例 2 令 $Q = (a, b)$，則

(a) $\overrightarrow{PQ} = (a-2, b-3) = (1,2) \Rightarrow a = 3, b = 5 \Rightarrow \mathbf{Q = (3, 5)}$

(b) $\overrightarrow{PQ} = (a-1, b+4) = (-4,4) \Rightarrow a = -3, b = 0 \Rightarrow \mathbf{Q = (-3, 0)}$

例 3 其有三個解，即平行四邊形 $ABCD$、$ABDC$ 和 $ADBC$ 等。令第四個頂點 $D = (a, b)$，

(1) 若平行四邊形為 $ABCD$，則 $\overrightarrow{AB} = \overrightarrow{DC}$
$\Rightarrow (3-1, 0-2) = (0-a, 4-b) \Rightarrow$
$\mathbf{a = -2, b = 6}$

(2) 若平行四邊形為 $ABDC$，則 $\overrightarrow{AB} = \overrightarrow{CD}$
$\Rightarrow (3-1, 0-2) = (a-0, b-4) \Rightarrow$
$\mathbf{a = 2, b = 2}$

(3) 若平行四邊形為 $ADBC$，則 $\overrightarrow{AD} = \overrightarrow{CB}$
$\Rightarrow (a-1, b-2) = (3-0, 0-4) \Rightarrow$
$\mathbf{a = 4, b = -2}$

例 4

(1) $\vec{a} = \vec{b}$，即 $x + y = 3$ 且 $2x + y = 2y \Rightarrow$
$\mathbf{x = 1, y = 2}$

(2) $\vec{a} = \vec{b} = (3, 4) \Rightarrow |\vec{a}| = \sqrt{3^2 + 4^2} = \mathbf{5}$

例 5 $\vec{a}$ 的單位向量為

$\dfrac{\vec{a}}{|\vec{a}|} = \dfrac{(3,4)}{\sqrt{3^2 + 4^2}} = (\dfrac{\mathbf{3}}{\mathbf{5}}, \dfrac{\mathbf{4}}{\mathbf{5}})$

例 6 (1) $\overrightarrow{AB} = (2, 4)$、$\overrightarrow{BC} = (-6, -2)$、$\overrightarrow{CA}$

$= (4, -2) \Rightarrow$
$2\overrightarrow{AB} + 3\overrightarrow{BC} - \overrightarrow{CA} = 2(2, 4) + 3(-6, -2) - (4, -2) = (4, 8) + (-18, -6) + (-4, 2) = (\mathbf{-18, 4})$

(2) 因 $\overrightarrow{AB} = (2, 4)$，其單位向量為

$\dfrac{\overrightarrow{AB}}{|\overrightarrow{AB}|} = \dfrac{1}{\sqrt{2^2 + 4^2}}(2,4) = (\dfrac{\mathbf{1}}{\sqrt{\mathbf{5}}}, \dfrac{\mathbf{2}}{\sqrt{\mathbf{5}}})$

例 7 $t\overrightarrow{OA} + \overrightarrow{OB} = t(2, 1) + (3, 4) = (2t + 3, t + 4)$，

$|t\overrightarrow{OA} + \overrightarrow{OB}| = \sqrt{(2t+3)^2 + (t+4)^2}$
$= \sqrt{5(t+2)^2 + 5}$

所以當 $\mathbf{t = -2}$ 時，$|t\overrightarrow{OA} + \overrightarrow{OB}|$ 有最小值 $= \sqrt{5}$

例 8 $\overrightarrow{PQ} = \overrightarrow{PO} + \overrightarrow{OQ} = -\overrightarrow{OP} + \overrightarrow{OQ} =$
$(-\cos\theta + 2 + \sin\theta, -\sin\theta + 2 - \cos\theta)$，
所以 $|\overrightarrow{PQ}|$

$= \sqrt{(-\cos\theta + 2 + \sin\theta)^2 + (-\sin\theta + 2 - \cos\theta)^2}$，
$= \sqrt{((2-\cos\theta) + \sin\theta)^2 + ((2-\cos\theta) - \sin\theta)^2}$
$= \sqrt{2(2-\cos\theta)^2 + 2(\sin\theta)^2} = \sqrt{10 - 8\cos\theta}$
當 $\cos\theta = -1$，也就是 $\theta = \pi$ 時，$|\overrightarrow{PQ}|$ 有最大值 $= \mathbf{3\sqrt{2}}$

例 9

(1) 錯誤，在同一線上的平行向量，其終點可以在一起

(2) 錯誤，其方向可以不相同

(3) 錯誤，零向量例外

(4) 錯誤，平行的二向量只要方向相同，不需要共線

例 10 由題意知 $|\vec{A}| \neq 0 \Rightarrow |t\vec{A}| = |t||\vec{A}| = 1 \Rightarrow |t|$
$= \dfrac{1}{|\vec{A}|}$，故 $\mathbf{t = \dfrac{\pm 1}{|\vec{A}|}}$

例 11 (1) 一直線，通過 A 點且平行於 L 的直

大學學測數學滿級分 II

線

(2) 二點，此二點距離 A 均為一單位長，分別在 A 的二側，且其連線平行 L

(3) 一圓，以 A 為圓心，單位長為半徑的圓

例12 $\vec{a}=(2,5)$、$\vec{b}=(-4,x)$ 平行

$\Rightarrow \dfrac{2}{-4}=\dfrac{5}{x} \Rightarrow x=\mathbf{-10}$

例13 (1) (a) $\overrightarrow{CD}=\overrightarrow{CP}+\overrightarrow{PD}=-\overrightarrow{AB}+\overrightarrow{BC}=\vec{b}-\vec{a}$

(b) $\overrightarrow{DE}=-\overrightarrow{AB}=-\vec{a}$

(c) $\overrightarrow{EF}=-\overrightarrow{BC}=-\vec{b}$

(d) $\overrightarrow{FA}=-\overrightarrow{CD}=\vec{a}-\vec{b}$

(2) (a) $\overrightarrow{AB}+\overrightarrow{BC}+\overrightarrow{CD}=\vec{a}+\vec{b}+(\vec{b}-\vec{a})=2\vec{b}$

(b) $\overrightarrow{AB}+\overrightarrow{BD}=\overrightarrow{AB}+\overrightarrow{BC}+\overrightarrow{CD}=\vec{a}+\vec{b}$
$+(\vec{b}-\vec{a})=2\vec{b}$

(3) $\overrightarrow{AC}+\overrightarrow{CE}+\overrightarrow{EA}=\overrightarrow{AA}=\vec{0}$

例14 $|\vec{a}|=\sqrt{3^2+4^2}=5$，$|\vec{b}|=\sqrt{5^2+12^2}=13$，

則

(1) $\Big||\vec{a}|-|\vec{b}|\Big|=|5-13|=8$，

$\Big||\vec{a}|-|\vec{b}|\Big|^2=64$（因為後面的值有根號，平方是為了方便比較大小）

(2) $|\vec{a}|+|\vec{b}|=18$，$(|\vec{a}|+|\vec{b}|)^2=324$

(3) $|\vec{a}-\vec{b}|=|(-2,-8)|=\sqrt{(-2)^2+(-8)^2}$
$=\sqrt{68}$，$\Rightarrow|\vec{a}-\vec{b}|^2=68$

(4) $|\vec{a}+\vec{b}|=|(8,16)|=\sqrt{(8)^2+(16)^2}$
$=\sqrt{320}$，$|\vec{a}+\vec{b}|^2=320$

所以 $\Big||\vec{a}|-|\vec{b}|\Big|<|\vec{a}-\vec{b}|<|\vec{a}+\vec{b}|<|\vec{a}|+|\vec{b}|$

例15 (1) 因 $\dfrac{1}{2}\ne\dfrac{2}{1}$，所以向量 $(1,2)$ 與 $(2,1)$

不平行，其可當成基底。

(2) $(4,5)=r\cdot(1,2)+s\cdot(2,1)$

$\Rightarrow \begin{cases}4=r+2s\\5=2r+s\end{cases}$，解得 $r=2,s=1$

即 $\mathbf{(4,5)=2\cdot(1,2)+1\cdot(2,1)}$

註：若 $\vec{a}$、$\vec{b}$ 兩向量平行，則無此性質。

例如：$\vec{a}=(1,2)$、$\vec{b}=(3,6)$，則無法用 $\vec{a}$、$\vec{b}$ 二向量來表示向量 $(4,5)$

例16 (1) 找出與向量 $(1,2)$ 垂直的向量，為

$(2,-1)$

(2) $(4,5)=r(1,2)+s(2,-1)\Rightarrow\begin{cases}4=r+2s\\5=2r-s\end{cases}$，

解得 $r=\dfrac{14}{5},s=\dfrac{3}{5}$

(3) 向量 $(4,5)$ 分解為 $\dfrac{14}{5}\cdot(1,2)$ 和

$\dfrac{3}{5}\cdot(2,-1)$ 兩個分量，即分解成

$\left(\dfrac{\mathbf{14}}{\mathbf{5}},\dfrac{\mathbf{28}}{\mathbf{5}}\right)$ 和 $\left(\dfrac{\mathbf{6}}{\mathbf{5}},\dfrac{\mathbf{-3}}{\mathbf{5}}\right)$

例17 (1) 其 $\tan\theta=\dfrac{4}{3}$，所以其方向角為 $\mathbf{53°}$，

長度 $=\sqrt{3^2+4^2}=\mathbf{5}$

(2) 其 $\tan\theta=\dfrac{4}{-3}$（第二象限），方向角為 $180°-53°=\mathbf{127°}$，長度
$=\sqrt{(-3)^2+4^2}=\mathbf{5}$

(3) 其 $\tan\theta=\dfrac{-4}{-3}$（第三象限），方向角為 $180°+53°=\mathbf{233°}$，長度
$=\sqrt{(-3)^2+(-4)^2}=\mathbf{5}$

例18 (1) $|\vec{x}|=\sqrt{1^2+(-1)^2}=\mathbf{\sqrt{2}}$

(2) $|\vec{y}|=\sqrt{2^2+1^2}=\mathbf{\sqrt{5}}$

(3) $\vec{x}\cdot\vec{y}=1\cdot2+(-1)\cdot1=\mathbf{1}$

(4) $\cos\theta=\dfrac{\vec{x}\cdot\vec{y}}{|\vec{x}||\vec{y}|}=\dfrac{1}{\sqrt{2}\sqrt{5}}=\dfrac{1}{\sqrt{10}}=\dfrac{\mathbf{\sqrt{10}}}{\mathbf{10}}$

例19 (1) $\vec{a}\cdot\vec{b}=(1,2)\cdot(2,4)=2+8=\mathbf{10}$

(2) $\vec{a}\cdot\vec{b}=|\vec{a}||\vec{b}|\cos\theta$

$\Rightarrow\cos\theta=\dfrac{10}{\sqrt{1+4}\sqrt{4+16}}=\dfrac{10}{\sqrt{5}\sqrt{20}}=1$

$\Rightarrow\mathbf{\theta=0°}$

例20 (1) 因 $\overrightarrow{AB}\cdot\overrightarrow{AC}=|\overrightarrow{AB}||\overrightarrow{AC}|\cos A$，

而 $\cos A$ 可由

$\overline{BC}^2=\overline{AB}^2+\overline{AC}^2-2\overline{AB}\cdot\overline{AC}\cos A$

$\Rightarrow\overrightarrow{AB}\cdot\overrightarrow{AC}=\overline{AB}\times\overline{AC}\times$

$\dfrac{\overline{AB}^2+\overline{AC}^2-\overline{BC}^2}{2\overline{AB}\times\overline{AC}}=5\times7\times$

$\dfrac{5^2+7^2-6^2}{2\times5\times7}=\mathbf{19}$

(2) $\overrightarrow{AB} \cdot \overrightarrow{BC} = -\overrightarrow{BA} \cdot \overrightarrow{BC}$

$= -|\overrightarrow{BA}\| \overrightarrow{BC}|\cos B$

而 $\cos B$ 可由得

$\overline{AC}^2 = \overline{AB}^2 + \overline{BC}^2 - 2\overline{AB} \cdot \overline{BC} \cos B$

$\Rightarrow -\overrightarrow{BA} \cdot \overrightarrow{BC} = -\overline{BA} \times \overline{BC} \times$

$\dfrac{\overline{AB}^2 + \overline{BC}^2 - \overline{AC}^2}{2\overline{AB} \times \overline{BC}} = (-5) \cdot$

$6 \cdot \dfrac{5^2 + 6^2 - 7^2}{2 \times 5 \times 6} = \mathbf{-6}$

例21 $\vec{F} \cdot i = 0 \Rightarrow \vec{F}$ 在 y 軸上。

$\vec{F} \cdot j = 0 \Rightarrow \vec{F}$ 在 x 軸上。

$\vec{F}$ 同時在 x 軸和 y 軸上,故 $\vec{F}$ 必為原點,

即 $\vec{F} = \mathbf{(0, 0)}$ 為零向量

例22 $|\vec{F} \cdot \vec{u}| = \|\vec{F}\| \vec{u}|\cos\theta| = |\vec{F}||\cos\theta| \leq |\vec{F}|$

∴ 當 $|\cos\theta| = 1$ 等號成立(即 $|\vec{F} \cdot \vec{u}|$ 有最大值)

$\Rightarrow |\cos\theta| = 1 \Rightarrow \theta = 0°$ 或 $180° \Rightarrow \vec{F} /\!/ \vec{u}$,

即 $\vec{u}$ 與 $\vec{F}$ 的關係是平行

例23 **(1)** $\overrightarrow{OA} \cdot \overrightarrow{OB} = |\overrightarrow{OA}\|\overrightarrow{OB}|\cos\theta = 5 \times 6 \times$

$\dfrac{1}{2} = \mathbf{15}$

(2) $\left|\overrightarrow{OA} - \overrightarrow{OB}\right|^2 = (\overrightarrow{OA} - \overrightarrow{OB}) \cdot (\overrightarrow{OA} - \overrightarrow{OB}) =$

$\left|\overrightarrow{OA}\right|^2 - 2\overrightarrow{OA} \cdot \overrightarrow{OB} + \left|\overrightarrow{OB}\right|^2 = 25 - 2 \times 15 +$

$36 = 31 \Rightarrow \left|\overrightarrow{OA} - \overrightarrow{OB}\right| = \sqrt{\mathbf{31}}$

(3) $\left|2\overrightarrow{OA} + 3\overrightarrow{OB}\right|^2 = (2\overrightarrow{OA} + 3\overrightarrow{OB}) \cdot (2\overrightarrow{OA} +$

$3\overrightarrow{OB}) = 4\left|\overrightarrow{OA}\right|^2 + 12\overrightarrow{OA} \cdot \overrightarrow{OB} + 9\left|\overrightarrow{OB}\right|^2$

$= 4 \times 25 + 12 \times 15 + 9 \times 36 = 604$

$\Rightarrow \left|2\overrightarrow{OA} + 3\overrightarrow{OB}\right| = \sqrt{\mathbf{604}}$

例24 **(1)** $\vec{x}$ 和 $\vec{y}$ 平行且同向時,等號才成立。

(2) $\vec{x}$ 和 $\vec{y}$ 垂直時,等號才成立(直角三角形二邊的平方和等於斜邊的平方)

(3) $\vec{x}$ 和 $\vec{y}$ 平行時,等號成立 $(\vec{x} \cdot \vec{y} = |\vec{x}\| \vec{y}|\cos\theta)$

(4) $\vec{x}$ 和 $\vec{y}$ 平行且方向相同時,等號成立 $(\vec{x} \cdot \vec{y} = |\vec{x}\| \vec{y}|\cos\theta)$

(5) 任何條件均成立(若 $\vec{x}$ 和 $\vec{y}$ 不平行,等號不成立)

例25 $|s\vec{x} + t\vec{y}|^2 = (s\vec{x} + t\vec{y}) \cdot (s\vec{x} + t\vec{y})$

$= s^2\vec{x} \cdot \vec{x} + 2st\vec{x} \cdot \vec{y} + t^2\vec{y} \cdot \vec{y}$

其中 $\vec{x} \cdot \vec{x} = |\vec{x}|^2 = 1$,$\vec{y} \cdot \vec{y} = |\vec{y}|^2 = 1$。

因 $\vec{x}$,$\vec{y}$ 垂直

$\Rightarrow \vec{x} \cdot \vec{y} = 0 \Rightarrow |s\vec{x} + t\vec{y}|^2 = s^2 + t^2$

例26 **(1)** $\vec{a} + \vec{b} + \vec{c} = \vec{0} \Rightarrow \vec{b} + \vec{c} = -\vec{a}$(同時內積 $\vec{a}$)

$\vec{a} \cdot \vec{b} + \vec{a} \cdot \vec{c} = -\vec{a} \cdot \vec{a} = -|\vec{a}|^2 \Rightarrow -1 + (-3)$

$= -|\vec{a}|^2 \Rightarrow |\vec{a}| = \mathbf{2}$

(2) $\vec{a} + \vec{b} + \vec{c} = \vec{0} \Rightarrow \vec{a} + \vec{c} = -\vec{b}$

$\vec{b} \cdot \vec{a} + \vec{b} \cdot \vec{c} = -\vec{b} \cdot \vec{b} = -|\vec{b}|^2 \Rightarrow -1 + (-2)$

$= -|\vec{b}|^2 \Rightarrow |\vec{b}| = \sqrt{\mathbf{3}}$

(3) $\vec{a} + \vec{b} + \vec{c} = \vec{0} \Rightarrow \vec{a} + \vec{b} = -\vec{c}$

$\vec{c} \cdot \vec{a} + \vec{c} \cdot \vec{b} = -\vec{c} \cdot \vec{c} = -|\vec{c}|^2 \Rightarrow -3 + (-2)$

$= -|\vec{c}|^2 \Rightarrow |\vec{c}| = \sqrt{\mathbf{5}}$

(4) $|\vec{a} + \vec{b} - 2\vec{c}|^2 = |\vec{a}|^2 + |\vec{b}|^2 + 4|\vec{c}|^2 + 2\vec{a} \cdot \vec{b} -$

$4\vec{a} \cdot \vec{c} - 4\vec{b} \cdot \vec{c}$

$= 4 + 3 + 4 \times 5 + 2(-1) - 4(-3) -$

$4(-2) = 45$,所以 $|\vec{a} + \vec{b} - 2\vec{c}| = \sqrt{\mathbf{45}}$

例27 **(1)** 若 P 點在線段 $\overline{AB}$ 上,

$\overrightarrow{OP} = \left(\dfrac{3 \times 0 + 2 \times 4}{3 + 2}, \dfrac{3 \times 5 + 2 \times 1}{3 + 2}\right)$

$= \left(\dfrac{\mathbf{8}}{\mathbf{5}}, \dfrac{\mathbf{17}}{\mathbf{5}}\right)$

(2) 若 P 點不在線段 $\overline{AB}$ 上,令 $\overrightarrow{OP} = (a,b)$,因 $\overline{AP} > \overline{BP}$,表點 B 在 A、P 間,$\overline{AB}:\overline{BP} = 1:2$,所以

$\overrightarrow{OB} = (0,5) = \left(\dfrac{2 \times 4 + 1 \times a}{3}, \dfrac{2 \times 1 + 1 \times b}{3}\right)$

$\Rightarrow \begin{cases} 0 = 8 + a \\ 15 = 2 + b \end{cases} \Rightarrow \begin{cases} a = -8 \\ b = 13 \end{cases}$

$\overrightarrow{OP} = \mathbf{(-8, 13)}$

例28 此題可以用分點公式來做,令 O 為原點,

(1) 若位置為 $A - P - B$,則

$\overrightarrow{OP} = \dfrac{5\overrightarrow{OA} + 3\overrightarrow{OB}}{3 + 5} = \dfrac{5(1,2) + 3(7,6)}{8}$

$= \dfrac{(26,28)}{8} = \left(\dfrac{26}{8}, \dfrac{28}{8}\right) = \left(\dfrac{\mathbf{13}}{\mathbf{4}}, \dfrac{\mathbf{7}}{\mathbf{2}}\right)$

(2) 若位置為 $P - A - B$(因 $\overline{BP} > \overline{AP}$),

因 $\overrightarrow{AP}:\overrightarrow{AB}=3:2$，所以

$$\overrightarrow{OA}=\frac{3\overrightarrow{OB}+2\overrightarrow{OP}}{2+3}$$

$$\Rightarrow\overrightarrow{OP}=\frac{5\overrightarrow{OA}-3\overrightarrow{OB}}{2}=\frac{5(1,2)-3(7,6)}{2}$$

$$=\frac{(-16,-8)}{2}=(\mathbf{-8,-4})$$

例29 $\overline{AB}=c=\sqrt{0^2+4^2}=4$；

$\overline{BC}=a=\sqrt{3^2+0^2}=3$；

$\overline{CA}=b=\sqrt{3^2+4^2}=5$

(1) 內心的座標 =

$$\left(\frac{ax_1+bx_2+cx_3}{a+b+c},\frac{ay_1+by_2+cy_3}{a+b+c}\right)=$$

$$\left(\frac{3\cdot1+5\cdot1+4\cdot4}{3+4+5},\frac{3\cdot2+5\cdot6+4\cdot6}{3+4+5}\right)$$

$$=(\mathbf{2,5})$$

(2) $\overrightarrow{AI}=\frac{b}{a+b+c}\overrightarrow{AB}+\frac{c}{a+b+c}\overrightarrow{AC}=$

$$\frac{5}{3+4+5}(0,4)+\frac{4}{3+4+5}(3,4)=(\mathbf{1,3})$$

(3) $\overrightarrow{AD}=\frac{b}{b+c}\overrightarrow{AB}+\frac{c}{b+c}\overrightarrow{AC}=\frac{5}{5+4}(0,4)$

$$+\frac{4}{5+4}(3,4)=\left(\frac{\mathbf{4}}{\mathbf{3}},\mathbf{4}\right)$$

例30 設 O 點座標 $=(x,y)$

(1) $\overrightarrow{AO}\cdot\overrightarrow{AB}=\frac{1}{2}|\overrightarrow{AB}|^2\Rightarrow(x-1,y-2)\cdot$

$$(0,4)=\frac{1}{2}(16)\Rightarrow y=4$$

(2) $\overrightarrow{AO}\cdot\overrightarrow{AC}=\frac{1}{2}|\overrightarrow{AC}|^2\Rightarrow(x-1,y-2)\cdot(3,4)$

$$=\frac{1}{2}(25)\Rightarrow 3x+4y=\frac{47}{2}\Rightarrow x=\frac{5}{2}$$

所以 O 點坐標 $=\left(\frac{\mathbf{5}}{\mathbf{2}},\mathbf{4}\right)$

例31 $\triangle ABC$ 的重心座標為

$$\left(\frac{x_1+x_2+x_3}{3},\frac{y_1+y_2+y_3}{3}\right)$$

$$=\left(\frac{1+1+4}{3},\frac{2+6+6}{3}\right)=(\mathbf{2},\frac{\mathbf{14}}{\mathbf{3}})\text{。}$$

例32 (1) $\frac{x-1}{5-1}=\frac{y-2}{4-2}\Rightarrow\mathbf{x-2y=-3}$，

（或利用斜率來解，即

$y-2=\frac{4-2}{5-1}(x-1)\Rightarrow x-2y=-3$）

(2) $\frac{x-4}{2}=\frac{y-5}{3}\Rightarrow\mathbf{3x-2y=2}$

例33 先列出其參數式直線方程式，即

$$\frac{x-2}{5-2}=\frac{y-3}{2-3}=t\Rightarrow x=3t+2,y=-t+3$$

(1) 線段 $\overline{AB}\Rightarrow x=3t+2,y=-t+3$，$0$

$\leqq t\leqq 1$，$t\in R$

(2) 直線 $\overleftrightarrow{AB}\Rightarrow x=3t+2,y=-t+3$，

$t\in R$

(3) 射線 $\overrightarrow{AB}\Rightarrow x=3t+2,y=-t+3$，$t$

$\geqq 0$，$t\in R$

(4) 射線 $\overrightarrow{BA}\Rightarrow x=3t+2,y=-t+3$，$t$

$\leqq 1$，$t\in R$

例34 (1) 求二直線的聯立方程式，解出 $x=2$，

$y=1$ 即為其交點

(2) 將 2 個參數的 t 改成不同，即

$$L_1:\begin{cases}x=2+3t\\y=1+t\end{cases},L_2:\begin{cases}x=1+2s\\y=3+4s\end{cases}$$

則 (a) x 座標相同 $\Rightarrow 2+3t=1+2s$

(b) y 座標相同 $\Rightarrow 1+t=3+4s\Rightarrow$

$$\Rightarrow\text{解出 }s=-\frac{7}{10},t=-\frac{4}{5}$$

用 s 或 t 代入其名字的參數式，求

出 $x,y\Rightarrow x=-\frac{2}{5},y=\frac{1}{5}$

註：此題也可以將參數式改成 (1) 的

直線方程式來解

(3) 將 $x=1+2t,y=3+4t$，改成

$$\frac{x-1}{2}=\frac{y-3}{4}\Rightarrow 4x-2y+2=0$$

即解 $2x+3y=4$ 和 $4x-2y+2=0$

聯立方程式 $\Rightarrow x=\frac{1}{8},y=\frac{5}{4}$

例35 由距離的公式

$$d=\frac{|-2+2\times(-4)-5|}{\sqrt{1^2+2^2}}=\frac{15}{\sqrt{5}}=3\sqrt{5}$$

例36 先將 x,y 前的係數改成一樣，即 $4x+$

$2y=2,4x+2y=5$，所以距離 =

$$\frac{|5-2|}{\sqrt{4^2+2^2}}=\frac{3}{\sqrt{20}}=\frac{3\sqrt{5}}{10}$$

例37 (1) L_1 的方向向量為 $(2,3)$；L_2 的方向向

量為 $(1,-3)$，所以

$$\cos\theta = \frac{a_1 a_2 + b_1 b_2}{\sqrt{a_1^2 + b_1^2}\sqrt{a_2^2 + b_2^2}} =$$

$$\frac{2 \times 1 + 3 \times (-3)}{\sqrt{2^2 + 3^2}\sqrt{1^2 + (-3)^2}} = \frac{-7}{\sqrt{130}}$$

$$\Rightarrow \cos\theta = \frac{-7}{\sqrt{130}}$$

另一個夾角 $\cos(\pi - \theta) = -\cos\theta$

$$= \frac{7}{\sqrt{130}}$$

(2) 二直線的法向量為 $(2, 3)$ 和 $(1, -3)$，所以

$$\cos\theta = \frac{a_1 a_2 + b_1 b_2}{\sqrt{a_1^2 + b_1^2}\sqrt{a_2^2 + b_2^2}} =$$

$$\frac{2 \times 1 + 3 \times (-3)}{\sqrt{2^2 + 3^2}\sqrt{1^2 + (-3)^2}} = \frac{-7}{\sqrt{130}}$$

$$\Rightarrow \cos\theta = \frac{-7}{\sqrt{130}}$$

另一個夾角 $\cos(\pi - \theta) = -\cos\theta$

$$= \frac{7}{\sqrt{130}}$$

(3) 其夾角 $\tan\theta = \left| \dfrac{m_1 - m_2}{1 + m_1 m_2} \right| = \left| \dfrac{2 - (-3)}{1 + (2)(-3)} \right|$

$$= \frac{5}{5} = 1 \Rightarrow \theta = 45° \Rightarrow \cos\theta = \frac{\sqrt{2}}{2}$$

另一個夾角為 $135° \Rightarrow \cos\theta = -\dfrac{\sqrt{2}}{2}$

例38　令直線方程式為 $y - 1 = m(x - 2)$，而 $x - 3y + 4 = 0$ 的斜率為 $\dfrac{1}{3}$，所以

$$\tan 45° = \left| \frac{m - \dfrac{1}{3}}{1 + \dfrac{1}{3}m} \right| \Rightarrow \left| \frac{3m - 1}{3 + m} \right| = 1$$

$\Rightarrow (3m - 1)^2 = (3 + m)^2$，解得 $m = -\dfrac{1}{2}$ 或 $m = 2$，所以直線方程式為 $y - 1 = -\dfrac{1}{2}(x - 2)$ 或 $y - 1 = 2(x - 2)$

例39　利用角平分線直線上的任一點到二直線的距離等長來解：

(1) 令角平分線直線上的一點座標為 (x, y)，則

$$\frac{(4x + 3y - 2)}{\sqrt{4^2 + 3^2}} = \pm \frac{(3x + 4y + 5)}{\sqrt{3^2 + 4^2}} \Rightarrow 4x + 3y - 2 = \pm(3x + 4y + 5)$$

所以二條角平分線方程式為 $7x + 7y + 3 = 0$ 和 $x - y - 7 = 0$

(2) 要看那一條是銳角平分線，可以用作圖法來看，斜率為負的 $7x + 7y + 3 = 0$ 為銳角的角平分線

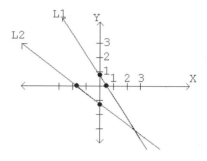

例40　我們先將三個頂點求出來，分別為 $A(1, 0)$、$B(5, 7)$、$C(-2, 5)$ 所以其圖形為

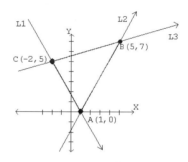

例41　$\begin{vmatrix} 2 & 3 \\ 1 & 4 \end{vmatrix} = 2 \times 4 - 1 \times 3 = 5$

例42　(1) 垂直的有：(c)、(e)
　　　(2) 平行的有：(a)、(c)、(d)

例43　(a) $\begin{vmatrix} 2a & 2b \\ c & d \end{vmatrix} = 2 \begin{vmatrix} a & b \\ c & d \end{vmatrix} = 2 \times 6 = 12$

(b) $\begin{vmatrix} c & d \\ a & b \end{vmatrix} = - \begin{vmatrix} a & b \\ c & d \end{vmatrix} = -6$

(c) $\begin{vmatrix} a - 2c & b - 2d \\ c & d \end{vmatrix} = \begin{vmatrix} a & b \\ c & d \end{vmatrix} + \begin{vmatrix} -2c & -2d \\ c & d \end{vmatrix}$

$$= \begin{vmatrix} a & b \\ c & d \end{vmatrix} + (-2) \times \begin{vmatrix} c & d \\ c & d \end{vmatrix} = 6 + (-2) \times 0 = 6$$

例44　$\triangle ABC$ 的面積 $= \dfrac{1}{2}\begin{vmatrix} a_1 & b_1 \\ a_2 & b_2 \end{vmatrix}$ 的絕對值

$$= \left| \frac{1}{2}\begin{vmatrix} 2 & 3 \\ 1 & -2 \end{vmatrix} \right| = \frac{1}{2}|-4 - 3| = \frac{7}{2}$$

例 45　$\overrightarrow{AB} = (-1-2, 4-3) = (-3, 1)$，$\overrightarrow{AC} = (5-2, 1-3) = (3, -2)$

$\triangle ABC$ 的面積 $= \dfrac{1}{2} \begin{vmatrix} a_1 & b_1 \\ a_2 & b_2 \end{vmatrix}$ 的絕對值

$= |\dfrac{1}{2} \begin{vmatrix} -3 & 1 \\ 3 & -2 \end{vmatrix}| = \dfrac{1}{2}|6-3| = \dfrac{3}{2}$

例 46　(1) 設 $D = (a, b)$，則

$\overrightarrow{AB} = (-1-2, 4-3) = (-3, 1)$，

$\overrightarrow{DC} = (5-a, 1-b)$

$\overrightarrow{AB} = \overrightarrow{DC} \Rightarrow \begin{cases} 5-a = -3 \\ 1-b = 1 \end{cases} \Rightarrow \begin{cases} a = 8 \\ b = 0 \end{cases}$

(2) $\overrightarrow{AD} = (8-2, 0-3) = (6, -3)$

$ABCD$ 的面積 $= \begin{vmatrix} a_1 & b_1 \\ a_2 & b_2 \end{vmatrix}$ 的絕對值

$= |\begin{vmatrix} -3 & 1 \\ 6 & -3 \end{vmatrix}| = |9-6| = 3$（是例 45 的 2 倍）

例 47　$\overrightarrow{OB} = \sqrt{(-1)^2 + 2^2} = \sqrt{5}$，所以 $\{(2, 3) + t \cdot (-1, 2) | 1 \le t \le 5\}$ 的線段長 $= (5-1)\sqrt{5} = 4\sqrt{5}$。

另解：(1) $t = 1$ 時，位置為 $(2-1, 3+2) = (1, 5)$

(2) $t = 5$ 時，位置為 $(2 + 5 \cdot (-1), 3 + 5 \cdot 2) = (-3, 13)$

(1)(2) 二點的距離為

$\sqrt{(1+3)^2 + (5-13)^2} = \sqrt{16+64} = \sqrt{80} = 4\sqrt{5}$

例 48　向量 $(1, 2)$ 和 $(2, 1)$ 所圍成的平行四邊形面積 $= |\begin{vmatrix} 1 & 2 \\ 2 & 1 \end{vmatrix}| = |1-4| = 3$

例 49　$\vec{a}$、$\vec{b}$ 兩向量所圍成的平行四邊形面積 $= \begin{vmatrix} 2 & 3 \\ -1 & 2 \end{vmatrix} = 7$

所以圍成的面積為 $(4-1) \cdot (8-2) \cdot 7 = 126$

例 50　$\overrightarrow{AB} = (2, -3)$，$\overrightarrow{AC} = (1, 3)$，$\overrightarrow{AB}$ 和 $\overrightarrow{AC}$ 所圍成的平行四邊形面積為：

$\begin{vmatrix} 2 & -3 \\ 1 & 3 \end{vmatrix} = 9$

所以由 P 點的軌跡所組成的面積 $= (5-2)(3-1(-1))9 = 108$

例 51　(1) $\vec{a}$ 向量投影到 $\vec{b}$ 向量的長度

$\dfrac{\vec{a} \cdot \vec{b}}{|\vec{b}|} = \dfrac{(2,4) \cdot (3,4)}{\sqrt{3^2 + 4^2}} = \dfrac{22}{5}$。

(2) $\vec{a}$ 向量投影到 $\vec{b}$ 向量的向量

$= \dfrac{(\vec{a} \cdot \vec{b})}{|\vec{b}|} \cdot \dfrac{\vec{b}}{|\vec{b}|} = \dfrac{22}{5} \cdot \dfrac{(3,4)}{\sqrt{3^2 + 4^2}}$

$= \dfrac{22}{25}(3,4) = \left(\dfrac{66}{25}, \dfrac{88}{25}\right)$。

例 52　(1) $\vec{a}$ 在 $\vec{b}$ 的正射影為：

$\dfrac{(\vec{a} \cdot \vec{b})}{|\vec{b}|^2} \vec{b} = \dfrac{3+4}{2}(1,1) = \left(\dfrac{7}{2}, \dfrac{7}{2}\right)$

正射影長 $= \sqrt{\left(\dfrac{7}{2}\right)^2 + \left(\dfrac{7}{2}\right)^2} = \dfrac{7\sqrt{2}}{2}$

(2) 此題也就是要將 $\vec{a}$ 在 L 的方向向量的正射影找出來，而 L 的方向向量為：

令 $x = t$，$y = -2t + 5$，因此方向向量為 $(1, -2)$

$\vec{a}$ 在 $\vec{c} = (1, -2)$ 的正射影為

$\dfrac{(\vec{a} \cdot \vec{c})}{|\vec{c}|^2} \vec{c} = \dfrac{3-8}{5}(1, -2) = (-1, 2)$

正射影長 $= \sqrt{1^2 + (2)^2} = \sqrt{5}$

例 53　(1) $\left[(3x)^2 + (2y)^2\right] \left[\left(\dfrac{1}{3}\right)^2 + \left(-\dfrac{1}{2}\right)^2\right]$

$\ge \left[(3x)\left(\dfrac{1}{3}\right) + (2y)\left(-\dfrac{1}{2}\right)\right]^2$

$\Rightarrow (9x^2 + 4y^2)\left(\dfrac{1}{9} + \dfrac{1}{4}\right) \ge (x-y)^2$

$\Rightarrow 13 \times \dfrac{13}{36} \ge (x-y)^2$

$\Rightarrow -\dfrac{13}{6} \le x - y \le \dfrac{13}{6}$

(2) 當 $\dfrac{3x}{\frac{1}{3}} = \dfrac{2y}{-\frac{1}{2}}$ 時，即 $9x = -4y$ 時，等號成立。因

$$9x^2 + 4y^2 = 13 \Rightarrow 9\left(\frac{-4y}{9}\right)^2 + 4y^2 = 13$$

$$\Rightarrow \frac{4}{9}y^2 = 1 \Rightarrow y = \pm\frac{3}{2}$$

(a) 當 $y = \dfrac{3}{2}$ 時，$x = -\dfrac{2}{3}$，代入 $x-y$

　　的值為最小值（$= -\dfrac{13}{6}$）

(b) 當 $y = -\dfrac{3}{2}$ 時，$x = \dfrac{2}{3}$，代入 $x-y$

　　的值為最大值（$= \dfrac{13}{6}$）

例 54 這種 (a) 已知個別的平方相加，要求沒有平方的和（或差）；或

(b) 沒有平方的和（或差），要求平方相加的題目，就要想到用柯西不等式

(1) $\left[\left(\sqrt{2}a\right)^2 + \left(\sqrt{3}b\right)^2\right]\left[\left(\dfrac{5}{\sqrt{2}}\right)^2 + \left(\dfrac{-2}{\sqrt{3}}\right)^2\right]$

$\geq \left[\sqrt{2}a \cdot \dfrac{5}{\sqrt{2}} + \sqrt{3}b\left(-\dfrac{2}{\sqrt{3}}\right)\right]^2$

（註：第二項所加入的值 $\left[\left(\dfrac{5}{\sqrt{2}}\right)^2 + \left(\dfrac{-2}{\sqrt{3}}\right)^2\right]$，是由 $2a^2 + 3b^2 = 10$ 和 $5a - 2b + 4$ 來湊成）

$\Rightarrow (2a^2 + 3b^2)(\dfrac{25}{2} + \dfrac{4}{3}) \geqq (5a - 2b)^2$

$\Rightarrow 10 \times \dfrac{83}{6} \geqq (5a - 2b)^2$

$\Rightarrow -\sqrt{\dfrac{415}{3}} \leq 5a - 2b \leq \sqrt{\dfrac{415}{3}} \Rightarrow 4 -$

$\sqrt{\dfrac{415}{3}} \leq 5a - 2b + 4 \leq 4 + \sqrt{\dfrac{415}{3}}$，

所以最大值 $= 4 + \sqrt{\dfrac{415}{3}}$，最小值 $=$

$4 - \sqrt{\dfrac{415}{3}}$

(2) $\left[\left(\sqrt{3}a\right)^2 + \left(\sqrt{2}b\right)^2\right]\left[\left(\dfrac{2}{\sqrt{3}}\right)^2 + \left(\dfrac{-3}{\sqrt{2}}\right)^2\right]$

$\geq \left(2a - 3b\right)^2 = 100$

$\Rightarrow (3a^2 + 2b^2)(\dfrac{4}{3} + \dfrac{9}{2}) \geqq 100 \Rightarrow (3a^2 +$

$2b^2) \geqq 100 \cdot \dfrac{6}{35} = \dfrac{120}{7}$

所以最小值為 $\dfrac{120}{7}$

當 $\dfrac{\frac{\sqrt{3}a}{2}}{\sqrt{3}} = \dfrac{\frac{\sqrt{2}b}{-3}}{\sqrt{2}}$ 時，等號成立

$\Rightarrow \dfrac{3}{2}a = \dfrac{-2}{3}b$

又因 $2a - 3b = 10$，可得 $a = \dfrac{8}{7}$，

$b = -\dfrac{18}{7}$

例 55 $\Delta = \begin{vmatrix} 2 & 1 \\ 1 & -2 \end{vmatrix} = -5$，

$\Delta_x = \begin{vmatrix} 4 & 1 \\ -3 & -2 \end{vmatrix} = -5$，

$\Delta_y = \begin{vmatrix} 2 & 4 \\ 1 & -3 \end{vmatrix} = -10$，其解為 $x = \dfrac{-5}{-5} = 1$，

$y = \dfrac{-10}{-5} = 2$。

例 56 $\Delta = \begin{vmatrix} a & 4 \\ 1 & a \end{vmatrix} = a^2 - 4 = (a+2)(a-2)$

(1) 唯一解 $\Rightarrow \Delta = (a+2)(a-2) \neq 0 \Rightarrow a \neq 2$ 且 $a \neq -2$

(2) 無解 $\Rightarrow \Delta = (a+2)(a-2) = 0 \Rightarrow a = 2$ 或 $a = -2$ 且 $\Delta_x = \begin{vmatrix} 2 & 4 \\ 1 & a \end{vmatrix} \neq 0$

$\Rightarrow 2a - 4 \neq 0 \Rightarrow a \neq 2$

所以 $a = -2$ 為無解

(3) 無窮多組解 $\Rightarrow \Delta = (a+2)(a-2) = 0$

$\Rightarrow a = 2$ 或 $a = -2$ 且 $\Delta_x = \begin{vmatrix} 2 & 4 \\ 1 & a \end{vmatrix} = 0$

$\Rightarrow 2a - 4 = 0 \Rightarrow a = 2$

所以 $a = 2$ 為無窮多組解

Chapter 11 空間向量　解答

例 1　$\begin{vmatrix} 1 & 2 & 1 \\ 2 & 1 & -1 \\ 2 & -2 & 1 \end{vmatrix} = 1 \cdot 1 \cdot 1 + 2 \cdot (-1) \cdot 2 + 1 \cdot (-2) \cdot$

$2 - 1 \cdot 1 \cdot 2 - 2 \cdot 2 \cdot 1 - 1 \cdot (-2) \cdot (-1) = \mathbf{-15}$

例 2　(1) $(-3, 4, 0), 5, (-3, 4, 5)$

(2) $(-3, 0, -5), 4, (-3, -4, -5)$

(3) $(0, 4, -5), 3, (3, 4, -5)$

(4) $(-3, 0, 0), \sqrt{41}, (-3, -4, 5)$

(5) $(0, 4, 0), \sqrt{34}, (3, 4, 5)$

(6) $(0, 0, -5), 5, (3, -4, -5)$

(7) $5\sqrt{2}, (3, -4, 5)$

例 3　$\sqrt{1^2 + 2^2 + 3^2} = \sqrt{14}$

例 4　距離 $= \sqrt{(5-1)^2 + (6-2)^2 + (7-3)^2} = \sqrt{48} = 4\sqrt{3}$；

其中點坐標為

$\left(\dfrac{1+5}{2}, \dfrac{2+6}{2}, \dfrac{3+7}{2} \right) = (\mathbf{3, 4, 5})$

例 5　$\overrightarrow{PQ} = (5-1, 6-2, 7-3) = (\mathbf{4, 4, 4})$

$|\overrightarrow{PQ}| = \sqrt{(5-1)^2 + (6-2)^2 + (7-3)^2} = \sqrt{48} = 4\sqrt{3}$；

例 6　(1) $2\vec{a} - 3\vec{b} = 2(1, 2, 3) - 3(3, -1, 2) =$

$(2, 4, 6) - (9, -3, 6) = (\mathbf{-7, 7, 0})$

(2) $|2\vec{a} - 3\vec{b}| = \sqrt{(-7)^2 + 7^2 + 0^2} = \mathbf{7\sqrt{2}}$

例 7　P 點在 t 秒後的位置為 $(3, 5, 2) + t(2, -2, 1) = (3 + 2t, 5 - 2t, 2 + t)$，

所以當 $t = 5$ 時的位置為 $(3 + 2 \cdot 5, 5 - 2 \cdot 5, 2 + 5) = (\mathbf{13, -5, 7})$

例 8　令 $P(a, b, c)$，則

$\overline{PA}^2 + \overline{PB}^2 + \overline{PC}^2$

$= [(a-2)^2 + (b-1)^2 + (c-3)^2] + [(a-1)^2 + (b-2)^2 + c^2] + [a^2 + b^2 + (c-3)^2]$

$= 3a^2 - 6a + 3b^2 - 6b + 3c^2 - 12c + 28$

$= 3(a-1)^2 + 3(b-1)^2 + 3(c-2)^2 + 10$

所以當 $a = 1$, $b = 1$. $c = 2$ 時有最小值，

其值為：**10**

例 9　$2 \cdot \overrightarrow{CA} + t \cdot \overrightarrow{CB} = 2(2, 1, 0) + t \cdot (1, 2, -2)$

$= (4+t, 2+2t, -2t)$

$\Rightarrow |2 \cdot \overrightarrow{CA} + t \cdot \overrightarrow{CB}|$

$= \sqrt{(4+t)^2 + (2+2t)^2 + (-2t)^2}$

$= \sqrt{9t^2 + 16t + 20}$

所以當 $t = \dfrac{-16}{2 \cdot 9} = -\dfrac{8}{9}$ 有最小

值 $\sqrt{\dfrac{4 \cdot 9 \cdot 20 - 16^2}{4 \cdot 9}} = \dfrac{\sqrt{464}}{6} = \dfrac{2\sqrt{29}}{3}$

例 10　$\overrightarrow{BA} = (-2, -3)$，$\overrightarrow{BC} = (2, -5)$，平行四邊

形的面積 $= \left| \begin{vmatrix} -2 & -3 \\ 2 & -5 \end{vmatrix} \right| = \mathbf{16}$。

例 11　$\overrightarrow{BA} = (-2, -3)$，$\overrightarrow{BC} = (2, -5)$，$\triangle ABC$ 的

面積 $= \dfrac{1}{2} \left| \begin{vmatrix} -2 & -3 \\ 2 & -5 \end{vmatrix} \right| = \mathbf{8}$。

例 12　$\overrightarrow{BA} = (-2, -3)$，$\overrightarrow{BC} = (2, k-5)$，

（表 $\triangle ABC$ 的面積 $= 0$）

$\begin{vmatrix} -2 & -3 \\ 2 & k-5 \end{vmatrix} = 0 \Rightarrow -2(k-5) + 6 = 0 \Rightarrow k = \mathbf{8}$

例 13　此平行六面體體積 $= \left| \begin{vmatrix} 1 & 0 & 2 \\ 2 & 3 & 0 \\ 0 & 3 & 4 \end{vmatrix} \right| = 24$。

例 14　由題目得知，$\begin{vmatrix} a_1 & a_2 & a_3 \\ b_1 & b_2 & b_3 \\ c_1 & c_2 & c_3 \end{vmatrix} = 2$，

$$\begin{vmatrix} a_1+b_1 & a_2+b_2 & a_3+b_3 \\ 2a_1+3c_1 & 2a_2+3c_2 & 2a_3+3c_3 \\ 2b_1 & 2b_2 & 2b_3 \end{vmatrix} =$$

$$\begin{vmatrix} a_1 & a_2 & a_3 \\ 2a_1+3c_1 & 2a_2+3c_2 & 2a_3+3c_3 \\ 2b_1 & 2b_2 & 2b_3 \end{vmatrix} +$$

$$\begin{vmatrix} b_1 & b_2 & b_3 \\ 2a_1+3c_1 & 2a_2+3c_2 & 2a_3+3c_3 \\ 2b_1 & 2b_2 & 2b_3 \end{vmatrix} \text{---}(1)$$

其中 $\begin{vmatrix} a_1 & a_2 & a_3 \\ 2a_1+3c_1 & 2a_2+3c_2 & 2a_3+3c_3 \\ 2b_1 & 2b_2 & 2b_3 \end{vmatrix} =$

$$\begin{vmatrix} a_1 & a_2 & a_3 \\ 2a_1 & 2a_2 & 2a_3 \\ 2b_1 & 2b_2 & 2b_3 \end{vmatrix} + \begin{vmatrix} a_1 & a_2 & a_3 \\ 3c_1 & 3c_2 & 3c_3 \\ 2b_1 & 2b_2 & 2b_3 \end{vmatrix}$$

$$= 0 + 3 \cdot 2 \cdot \begin{vmatrix} a_1 & a_2 & a_3 \\ c_1 & c_2 & c_3 \\ b_1 & b_2 & b_3 \end{vmatrix}$$

$$= (-6) \cdot \begin{vmatrix} a_1 & a_2 & a_3 \\ b_1 & b_2 & b_3 \\ c_1 & c_2 & c_3 \end{vmatrix} = -6 \cdot 2 = -12$$

而 $\begin{vmatrix} b_1 & b_2 & b_3 \\ 2a_1+3c_1 & 2a_2+3c_2 & 2a_3+3c_3 \\ 2b_1 & 2b_2 & 2b_3 \end{vmatrix}$

$$= \begin{vmatrix} b_1 & b_2 & b_3 \\ 2a_1 & 2a_2 & 2a_3 \\ 2b_1 & 2b_2 & 2b_3 \end{vmatrix} + \begin{vmatrix} b_1 & b_2 & b_3 \\ 3c_1 & 3c_2 & 3c_3 \\ 2b_1 & 2b_2 & 2b_3 \end{vmatrix}$$

$$= 0 + 0 = 0$$

所以由 $\vec{a}+\vec{b}$、$2\vec{a}+3\vec{c}$、$2\vec{b}$ 所構成的平行六面體體積 $= |(-12) + 0| = \mathbf{12}$

例 15 向量 $\overrightarrow{AB} = (1,1,-1)$、$\overrightarrow{AC} = (-2,3,-1)$、$\overrightarrow{AD} = (-1,a,0)$ 圍成的體積為 0，即

$$\begin{vmatrix} 1 & 1 & -1 \\ -2 & 3 & -1 \\ -1 & a & 0 \end{vmatrix} = 0 \Rightarrow a = \frac{2}{3}$$

例 16 (1) 點 C 在 $\overline{AB}$ 上，且 $\overline{AC}:\overline{CB} = 2:3$，則

$$x = \frac{3 \cdot 1 + 2 \cdot 6}{2+3}, \ y = \frac{3 \cdot 2 + 2 \cdot 8}{2+3},$$

$$z = \frac{3 \cdot 1 + 2 \cdot 9}{2+3} \Rightarrow x = \mathbf{3}, \ y = \frac{\mathbf{22}}{\mathbf{5}},$$

$$z = \frac{\mathbf{21}}{\mathbf{5}}$$

(2) 點 C 在 $\overline{AB}$ 外，且 $\overline{AC}:\overline{CB} = 2:5$，表點 A 在 $\overline{CB}$ 內，且 $\overline{CA}:\overline{BA} = 2:3$ 則

$$1 = \frac{3 \cdot x + 2 \cdot 6}{2+3}, \ 2 = \frac{3 \cdot y + 2 \cdot 8}{2+3},$$

$$1 = \frac{3 \cdot z + 2 \cdot 9}{2+3} \Rightarrow x = -\frac{\mathbf{7}}{\mathbf{3}}, \ y = -\mathbf{2},$$

$$z = -\frac{\mathbf{13}}{\mathbf{3}}$$

例 17 (1) $\overrightarrow{AB} = (1,0,3)$；$\overrightarrow{AC} = (0,2,2)$；$\overrightarrow{AB} \cdot \overrightarrow{AC} = 1 \cdot 0 + 0 \cdot 2 + 3 \cdot 2 = \mathbf{6}$

(2) $\cos\theta = \dfrac{\overrightarrow{AB} \cdot \overrightarrow{AC}}{|\overrightarrow{AB}||\overrightarrow{AC}|} = \dfrac{6}{\sqrt{10}\sqrt{8}} = \dfrac{3}{2\sqrt{5}}$

$$\Rightarrow \sin\theta = \sqrt{1-\cos^2\theta} = \sqrt{1-\frac{9}{20}}$$

$$= \sqrt{\frac{11}{20}} = \frac{\sqrt{\mathbf{55}}}{\mathbf{10}}$$

(3) $\overrightarrow{AB} \cdot \overrightarrow{BC} = -\overrightarrow{BA} \cdot \overrightarrow{BC}$

$\overrightarrow{BA} = (-1,0,-3)$；$\overrightarrow{BC} = (-1,2,-1)$；

$\overrightarrow{AB} \cdot \overrightarrow{BC} = -\overrightarrow{BA} \cdot \overrightarrow{BC} = -(-1,0,-3) \cdot (-1,2,-1) = -(1+0+3) = \mathbf{-4}$

(4) $|\overrightarrow{AB}| = \sqrt{1^2 + 0^2 + 3^2} = \sqrt{10}$；$|\overrightarrow{AC}| = \sqrt{0^2 + 2^2 + 2^2} = 2\sqrt{2}$

$\triangle ABC$ 的面積 $= \dfrac{1}{2}|\overrightarrow{AB}||\overrightarrow{AC}|\sin\theta =$

$$\frac{1}{2}\sqrt{10} \cdot 2\sqrt{2} \cdot \frac{\sqrt{55}}{10} = \sqrt{11}$$

另解 (4)：用外積來解，

$$\overrightarrow{AB} \times \overrightarrow{AC} = \begin{vmatrix} \vec{i} & \vec{j} & \vec{k} \\ 1 & 0 & 3 \\ 0 & 2 & 2 \end{vmatrix} = -6\vec{i} - 2\vec{j} + 2\vec{k}$$

$\triangle ABC$ 的面積 $= \dfrac{1}{2}|\overrightarrow{AB} \times \overrightarrow{AC}| =$

$$\frac{1}{2}\sqrt{(-6)^2 + (-2)^2 + 2^2} = \frac{1}{2}\sqrt{44} = \sqrt{\mathbf{11}}$$

例 18 $[a^2 + (2b)^2 + (3c)^2][1^2 + (\frac{1}{2})^2 + (\frac{1}{3})^2]$

$$\geq (a+b+c)^2$$

$$\Rightarrow (a+b+c)^2 \leq 4 \cdot \frac{49}{36} = \frac{49}{9}$$

$\Rightarrow -\dfrac{7}{3} \le (a+b+c) \le \dfrac{7}{3}$

所以最大值 $= \dfrac{7}{3}$，最小值 $= -\dfrac{7}{3}$

(1) 若 $a+b+c = \dfrac{7}{3}$，則 $\dfrac{a}{1} = \dfrac{2b}{\frac{1}{2}} = \dfrac{3c}{\frac{1}{3}} =$

$t \Rightarrow a = t$，$b = \dfrac{t}{4}$，$c = \dfrac{t}{9}$ 代入

$t + \dfrac{t}{4} + \dfrac{t}{9} = \dfrac{7}{3} \Rightarrow t = \dfrac{12}{7} \Rightarrow a = \dfrac{12}{7}$，

$b = \dfrac{3}{7}$，$c = \dfrac{4}{21}$ 為最大值

(2) 若 $a+b+c = -\dfrac{7}{3}$，則 $\dfrac{a}{1} = \dfrac{2b}{\frac{1}{2}} = \dfrac{3c}{\frac{1}{3}} = t$

$\Rightarrow a = t$，$b = \dfrac{t}{4}$，$c = \dfrac{t}{9}$ 代入

得 $a = -\dfrac{12}{7}$，$b = -\dfrac{3}{7}$，$c = -\dfrac{4}{21}$ 為最小值

例 19 $a^2 + b^2 + c^2 + 2a + 4b + 6c = (a+1)^2 + (b+2)^2 + (c+3)^2 - 14$

$[(a+1)^2 + (b+2)^2 + (c+3)^2][1^2 + (-1)^2 + 2^2] \ge [(a+1) \cdot 1 + (b+2) \cdot (-1) + (c+3) \cdot 2]^2$

$= (a - b + 2c + 5)^2 = 36$

$\Rightarrow (a+1)^2 + (b+2)^2 + (c+3)^2 \ge 6 \Rightarrow (a+1)^2 + (b+2)^2 + (c+3)^2 - 14 \ge -8$（最小值）

若 $\dfrac{a+1}{1} = \dfrac{b+2}{-1} = \dfrac{c+3}{2} = t$，等號成立，

即 $a = t-1$，$b = -t-2$，$c = 2t-3$

代入 $a - b + 2c = 1 \Rightarrow (t-1) - (-t-2) + 2(2t-3) = 1 \Rightarrow t = 1$

$\Rightarrow a = 0$，$b = -3$，$c = -1$ 時，最小值 $= -8$

例 20 $c = \overline{AB} = \sqrt{(3-1)^2 + (1-2)^2 + (5-3)^2} = 3$

$a = \overline{BC} = \sqrt{(3-3)^2 + (3-1)^2 + (5-5)^2} = 2$

$b = \overline{CA} = \sqrt{(3-1)^2 + (3-2)^2 + (5-3)^2} = 3$

則 (a) $\triangle ABC$ 的內心為

$(\dfrac{ax_1 + bx_2 + cx_3}{a+b+c}, \dfrac{ay_1 + by_2 + cy_3}{a+b+c}, \dfrac{az_1 + bz_2 + cz_3}{a+b+c})$

$= (\dfrac{2 \cdot 1 + 3 \cdot 3 + 3 \cdot 3}{2+3+3}, \dfrac{2 \cdot 2 + 3 \cdot 1 + 3 \cdot 3}{2+3+3}, \dfrac{2 \cdot 3 + 3 \cdot 5 + 3 \cdot 5}{2+3+3})$

$= (\dfrac{5}{2}, 2, \dfrac{9}{2})$

(b) $\triangle ABC$ 的重心為

$(\dfrac{x_1 + x_2 + x_3}{3}, \dfrac{y_1 + y_2 + y_3}{3}, \dfrac{z_1 + z_2 + z_3}{3})$

$= (\dfrac{1+3+3}{3}, \dfrac{2+1+3}{3}, \dfrac{3+5+5}{3}) = (\dfrac{7}{3}, 2, \dfrac{13}{3})$

例 21 (1) $\vec{a}$ 向量投影到 $\vec{b}$ 向量的長度

$= \dfrac{\vec{a} \cdot \vec{b}}{|\vec{b}|} = \dfrac{(2,1,3) \cdot (1,4,-4)}{\sqrt{1^2 + 4^2 + (-4)^2}} = \dfrac{2+4-12}{\sqrt{33}}$

$= -\dfrac{6}{\sqrt{33}} = -\dfrac{2\sqrt{33}}{11}$（負號表示 $\vec{a}$ 和 $\vec{b}$ 的夾角大於 $90°$）

(2) $\vec{a}$ 向量投影到 $\vec{b}$ 向量的向量

$\dfrac{\vec{a} \cdot \vec{b}}{|\vec{b}|} \cdot \dfrac{\vec{b}}{|\vec{b}|} = \dfrac{(2,1,3) \cdot (1,4,-4)}{[1^2 + 4^2 + (-4)^2]} \cdot (1,4,-4)$

$= \dfrac{-6}{33}(1,4,-4) = (\dfrac{-2}{11}, \dfrac{-8}{11}, \dfrac{8}{11})$

例 22 (1) $\vec{a} \times \vec{b} = \begin{vmatrix} \vec{i} & \vec{j} & \vec{k} \\ 2 & 1 & 3 \\ 3 & 0 & 1 \end{vmatrix} = \vec{i}(1-0) + \vec{j}(9-2) + \vec{k}(0-3) = \vec{i} + 7\vec{j} - 3\vec{k}$

(2) $(\vec{a} \times \vec{b}) \cdot \vec{a} = (1,7,-3) \cdot (2,1,3) = 2 + 7 - 9 = 0 \Rightarrow \vec{a} \times \vec{b}$ 垂直 $\vec{a}$。

例 23 $\vec{a} \times \vec{b} = \begin{vmatrix} \vec{i} & \vec{j} & \vec{k} \\ -1 & 1 & 0 \\ 2 & 2 & 1 \end{vmatrix} = \vec{i}(1-0) + \vec{j}(0+1) + \vec{k}(-2-2) = \vec{i} + \vec{j} - 4\vec{k}$

(1) $|\vec{a} \times \vec{b}| = \sqrt{1^2 + 1^2 + (-4)^2} = \sqrt{18} = 3\sqrt{2}$

(2) $|\vec{a}| = \sqrt{(-1)^2 + 1^2 + 0^2} = \sqrt{2}$

$|\vec{b}| = \sqrt{2^2 + 2^2 + 1^2} = \sqrt{9} = 3$

$|\vec{a} \times \vec{b}| = |\vec{a}| \|\vec{b}| \sin\theta \Rightarrow 3\sqrt{2} = \sqrt{2} \cdot 3 \cdot \sin\theta \Rightarrow \sin\theta = 1$

例 24 由上例知 $|\vec{a} \times \vec{b}| = 3\sqrt{2}$，所以平行四邊形的面積 $= 3\sqrt{2}$

例 25 (1) 設第四的頂點坐標 $D = (x, y, z)$，

(a) 若為平行四邊形 $ABCD$，則 $\overrightarrow{AB} = \overrightarrow{DC}$

即 $(2, 0, 2) = (1 - x, 2 - y, 3 - z)$

$\Rightarrow x = -1, y = 2, z = 1$

(b) 若為平行四邊形 $ABDC$，則

$\overrightarrow{AB} = \overrightarrow{CD}$

即 $(2, 0, 2) = (x - 1, y - 2, z - 3)$

$\Rightarrow x = 3, y = 2, z = 5$

(c) 若為平行四邊形 $ADBC$，則

$\overrightarrow{AD} = \overrightarrow{CB}$

即 $(x, y - 1, z) = (1, -1. -1)$

$\Rightarrow x = 1, y = 0, z = -1$

(2) $\overrightarrow{AB} = (2, 0, 2)$，$\overrightarrow{AC} = (1, 1, 3)$

$$\overrightarrow{AB} \times \overrightarrow{AC} = \begin{vmatrix} \vec{i} & \vec{j} & \vec{k} \\ 2 & 0 & 2 \\ 1 & 1 & 3 \end{vmatrix} = \vec{i}(0-2) +$$

$\vec{j}(2-6) + \vec{k}(2-0) = -2\vec{i} - 4\vec{j} + 2\vec{k}$

平行四邊形的面積 $= |\overrightarrow{AB} \times \overrightarrow{AC}| =$

$\sqrt{(-2)^2 + (-4)^2 + 2^2} = \sqrt{24} = 2\sqrt{6}$

例26 $\overrightarrow{AB} = (2, 0, 2)$，$\overrightarrow{AC} = (1, 1, 3)$

$$\overrightarrow{AB} \times \overrightarrow{AC} = \begin{vmatrix} \vec{i} & \vec{j} & \vec{k} \\ 2 & 0 & 2 \\ 1 & 1 & 3 \end{vmatrix} = \vec{i}(0-2) + \vec{j}(2-6)$$

$+ \vec{k}(2-0) = -2\vec{i} - 4\vec{j} + 2\vec{k}$

$|\overrightarrow{AB} \times \overrightarrow{AC}| = \sqrt{(-2)^2 + (-4)^2 + 2^2} = \sqrt{24}$

$= 2\sqrt{6}$

所以三角形的面積 $= \dfrac{1}{2}(2\sqrt{6}) = \sqrt{6}$

例27 $\overrightarrow{AB} = (2, 0)$，$\overrightarrow{AC} = (1, 1)$

$$\overrightarrow{AB} \times \overrightarrow{AC} = \begin{vmatrix} \vec{i} & \vec{j} & \vec{k} \\ 2 & 0 & 0 \\ 1 & 1 & 0 \end{vmatrix} = \vec{k}(2-0) = 2\vec{k}$$

$|\overrightarrow{AB} \times \overrightarrow{AC}| = 2$

所以三角形的面積 $\dfrac{1}{2} \cdot 2 = 1$

另解：面積 $= \dfrac{1}{2}\begin{vmatrix} 2 & 0 \\ 1 & 1 \end{vmatrix} = \dfrac{1}{2} \cdot 2 = 1$

例28 平行六面體的體積 $=$

$\begin{vmatrix} 1 & 2 & 2 \\ 1 & 3 & 1 \\ 2 & 3 & 0 \end{vmatrix} = |0 + 4 + 6 - 12 - 3 - 0| = |-5| = 5$

例29 點 $(0, 0, 0)$ 和點 $(0, -1, 2)$ 的線段長

為 $\sqrt{0^2 + (-1)^2 + 2^2} = \sqrt{5}$，所以 $\{(1, 2, 3) + t \cdot (0, -1, 2) | 1 \le t \le 5\}$ 的線段長

$= (5-1)\sqrt{5} = 4\sqrt{5}$。

另解：$t = 1$ 的坐標 $= (1, 1, 5)$

$t = 5$ 的坐標 $= (1, -3, 13)$

線段長 $=$

$\sqrt{(1-1)^2 + (1-(-3))^2 + (5-13)^2} = 4\sqrt{5}$

例30 $\vec{a} \times \vec{b} = \begin{vmatrix} \vec{i} & \vec{j} & \vec{k} \\ 1 & 2 & 3 \\ 0 & -1 & 2 \end{vmatrix} = 7\vec{i} - 2\vec{j} - \vec{k}$，

$|\vec{a} \times \vec{b}| = \sqrt{7^2 + (-2)^2 + (-1)^2} = \sqrt{54} = 3\sqrt{6}$

所以圍成的面積為

$(4-1) \cdot (8-2) \cdot 3\sqrt{6} = 54\sqrt{6}$

例31 公垂向量 $= \begin{vmatrix} \vec{i} & \vec{j} & \vec{k} \\ 1 & 2 & 3 \\ 2 & -1 & 1 \end{vmatrix} = 5\vec{i} + 5\vec{j} - 5\vec{k}$

（或 $\vec{i} + \vec{j} - \vec{k}$）或 $-5\vec{i} - 5\vec{j} + 5\vec{k}$（或 $-\vec{i} - \vec{j} + \vec{k}$）

例32 $\begin{vmatrix} \vec{i} & \vec{j} & \vec{k} \\ 2 & 3 & 1 \\ 1 & 0 & -3 \end{vmatrix} = -9\vec{i} + 7\vec{j} - 3\vec{k}$

$\Rightarrow a : b : c = -9 : 7 : -3$ 或 $9 : -7 : 3$

例33 $\begin{vmatrix} a & b & c \\ d & e & f \\ g & h & i \end{vmatrix} = -d\begin{vmatrix} b & c \\ h & i \end{vmatrix} + e\begin{vmatrix} a & c \\ g & i \end{vmatrix} - f\begin{vmatrix} a & b \\ g & h \end{vmatrix}$

例34 $\begin{vmatrix} 1 & 2 & 0 \\ 2 & 3 & 1 \\ 3 & 1 & 0 \end{vmatrix} = 0 \times \begin{vmatrix} 2 & 3 \\ 3 & 1 \end{vmatrix} - 1 \times \begin{vmatrix} 1 & 2 \\ 3 & 1 \end{vmatrix} + 0 \times$

$\begin{vmatrix} 1 & 2 \\ 2 & 3 \end{vmatrix} = -(1-6) = 5$

例35 它無法直接乘開，底下以 $(1, 2, 0, 3)$ 列來降階

$\begin{vmatrix} 1 & 2 & 0 & 3 \\ 2 & 1 & 1 & 0 \\ 3 & 1 & 2 & 1 \\ 0 & 1 & 2 & 2 \end{vmatrix} = 1 \cdot \begin{vmatrix} 1 & 1 & 0 \\ 1 & 2 & 1 \\ 1 & 2 & 2 \end{vmatrix} - 2 \cdot \begin{vmatrix} 2 & 1 & 0 \\ 3 & 2 & 1 \\ 0 & 2 & 2 \end{vmatrix} +$

$$0 \cdot \begin{vmatrix} 2 & 1 & 0 \\ 3 & 1 & 1 \\ 0 & 1 & 2 \end{vmatrix} - 3 \cdot \begin{vmatrix} 2 & 1 & 1 \\ 3 & 1 & 2 \\ 0 & 1 & 2 \end{vmatrix}$$

$$= 1 \cdot 1 - 2 \cdot (-2) - 3 \cdot (-3) = \mathbf{14}$$

例 36　$\Delta = \begin{vmatrix} 1 & -1 & 1 \\ 2 & 3 & -2 \\ 1 & 2 & -1 \end{vmatrix} = -3 + 2 + 4 - 3 - 2 + 4$

$= 2$

$$x = \dfrac{\begin{vmatrix} 1 & -1 & 1 \\ 4 & 3 & -2 \\ 3 & 2 & -1 \end{vmatrix}}{2} = 1 \,,$$

$$y = \dfrac{\begin{vmatrix} 1 & 1 & 1 \\ 2 & 4 & -2 \\ 1 & 3 & -1 \end{vmatrix}}{2} = 2 \,,$$

$$z = \dfrac{\begin{vmatrix} 1 & -1 & 1 \\ 2 & 3 & 4 \\ 1 & 2 & 3 \end{vmatrix}}{2} = 2$$

例 37　設此三數為 $x, y, z \Rightarrow \begin{cases} x+y+z=8 \\ x+y=4 \\ y+z=7 \end{cases}$ ，解

此方程組 $\Rightarrow \begin{cases} \mathbf{\mathit{x}=1} \\ \mathbf{\mathit{y}=3} \\ \mathbf{\mathit{z}=4} \end{cases}$

例 38　$(1)a = -3, (2)a = 2, (3)a \neq 2$ 且 $a \neq -3$

例 39　方法一：假設多項式為 $f(x) = ax^2 + bx + c$，則

$\begin{cases} \text{代入}(1,0) & \Rightarrow a+b+c=0 \\ \text{代入}(-1,-2) & \Rightarrow a-b+c=-2 \\ \text{代入}(-2,3) & \Rightarrow 4a-2b+c=3 \end{cases}$，解得 a

$= 2, b = 1, c = -3$

所以多項式為 $\mathbf{\mathit{f(x)} = 2\mathit{x}^2 + \mathit{x} - 3}$

方法二：多項式為

$$f(x) = 0 \cdot \frac{(x+1)(x+2)}{(1+1)(1+2)} + (-2)$$

$$\frac{(x-1)(x+2)}{(-1-1)(-1+2)} + (3)\frac{(x-1)(x+1)}{(-2-1)(-2+1)}$$

$$= 2x^2 + x - 3$$

例 40　$\begin{vmatrix} 1 & 2 & 1 \\ 2 & -1 & -3 \\ 0 & 2 & k \end{vmatrix} = 0 \Rightarrow -5k + 10 = 0 \Rightarrow \mathbf{\mathit{k} = 2}$

Chapter 12 空間的直線與平面　解答

例 1　$\dfrac{x-1}{7-1}=\dfrac{y-2}{6-2}=\dfrac{z-3}{5-3}\Rightarrow\dfrac{x-1}{6}=\dfrac{y-2}{4}$

$=\dfrac{z-3}{2}\Rightarrow\dfrac{x-1}{3}=\dfrac{y-2}{2}=\dfrac{z-3}{1}$

例 2　因方向向量 $(2,-1,0)$ 有一項為 0，所以不能表示成例 1 的形式，要改成：
$x=1+2t,\ y=-t,\ z=3,\ t\in R$

例 3　其為平行，因

(1) 方向向量 $\dfrac{2}{4}=\dfrac{3}{6}=\dfrac{1}{2}(=\dfrac{1}{2})$ 成比例，

(2) 將 L_1 上的一點 $(1,2,0)$ 代入 L_2，即

$$\begin{cases}1=3+4t\Rightarrow t=-\dfrac{1}{2}\\ 2=6t\Rightarrow t=\dfrac{1}{3}\\ 0=1+2t\Rightarrow t=-\dfrac{1}{2}\end{cases},$$

有一個 $t\ (=\dfrac{1}{3})$ 與其他二個 $t\ (-\dfrac{1}{2})$ 不同，所以為平行

例 4　先將第二條直線的 t 改成 s，再令 x 和 y 座標相同來求出 s 和 t，

即 $\begin{bmatrix}3+2t=2+s\\ 4+3t=3+2s\end{bmatrix}\Rightarrow t=-1,\ s=-1$，分

別代入 z 軸，

得 L_1 的 $z=4+2(-1)=2$，

L_2 的 $z=3+(-1)=2$ 相同，

表示二直線交於一點，交點為 $x=3+2t=1,\ y=4+3t=1,\ z=4+2t=2$，即
交點為 **(1, 1, 2)**

例 5　同上例，解得 $t=-1,\ s=-1$，分別代入 z 軸，

得 L_1 的 $z=2+(-1)=1$ 和

L_2 的 $z=3+(-1)=2$ 不相同，

表示二直線為歪斜線。

例 6　因二直線重疊

$\Rightarrow\dfrac{2}{c}=\dfrac{1}{4}=\dfrac{-1}{d}\Rightarrow c=8,\ d=-4$

又直線 L_2 通過點 $(1,0,-2)$，代入 L_2 直線方程式，

得 $L_2:\dfrac{1+a}{8}=\dfrac{0+b}{4}=\dfrac{-2}{-4}\Rightarrow\dfrac{1+a}{8}=\dfrac{b}{4}=\dfrac{1}{2}$

$\Rightarrow a=3,\ b=2$

所以 **$a=3,\ b=2,\ c=8,\ d=-4$**

例 7　其法向量為 **(2, -1, 3)** 或 **(-2, 1, -3)** $(x,y,z$ 前的係數）

例 8　過點 $(1,-2,3)$ 且其法向量為 $(2,-1,2)$ 的平面方程式為：

$2\cdot(x-1)-1\cdot(y+2)+2\cdot(z-3)=0$
$\Rightarrow 2x-y+2z=10$

例 9　二平面的法向量分別為 $(1,0,-2)$ 和 $(2,-3,2)$，所以交角的餘弦值為

$\Rightarrow\cos\theta=\dfrac{1\cdot2+0\cdot(-3)+(-2)\cdot2}{\sqrt{1^2+0^2+(-2)^2}\sqrt{2^2+(-3)^2+2^2}}$

$=\dfrac{-2}{\sqrt{5}\cdot\sqrt{17}}=\dfrac{-2}{\sqrt{85}}$

例 10　距離 $=\dfrac{|3\cdot1+0\cdot2+4\cdot1+5|}{\sqrt{3^2+0^2+4^2}}=\dfrac{12}{5}$

例 11　其為 $\begin{vmatrix}x-1 & y-2 & z-3\\ 2-1 & -1-2 & 1-3\\ 2-1 & 3-2 & 1-3\end{vmatrix}=0$

$\Rightarrow\begin{vmatrix}x-1 & y-2 & z-3\\ 1 & -3 & -2\\ 1 & 1 & -2\end{vmatrix}=0$

$\Rightarrow 8(x-1)+0(y-2)+4(z-3)=0\Rightarrow$
平面方程式為 **$2x+z=5$**

例 12 其為 $\begin{vmatrix} x-1 & y-2 & z-3 \\ 1 & 2 & -1 \\ 2-1 & 3-2 & 1-3 \end{vmatrix} = 0 \Rightarrow$ 平面方程

式為 $3x - y + z = 4$

例 13 其為 $\begin{vmatrix} x-1 & y & z+2 \\ 2 & 1 & -1 \\ -2 & 1 & 2 \end{vmatrix} = 0 \Rightarrow$ 平面方程式

為 $3x - 2y + 4z + 5 = 0$

例 14 其為 $\begin{vmatrix} x-1 & y & z+2 \\ 2 & 1 & -1 \\ (-3)-1 & 2 & 0+2 \end{vmatrix} = 0 \Rightarrow$ 平面方程

式為 $x + 2z + 3 = 0$

例 15 平面方程式可設為 $(x - y + 2z - 2) + k(2x + y - z - 3) = 0$，再將點 $(1, 2, 3)$ 代入方程式，得 $k = \dfrac{3}{2}$，所以方程式為 $8x + y + z = 13$

例 16 直線 $L : \dfrac{x-1}{2} = y+1 = \dfrac{z}{3} = t \Rightarrow x = 1+2t$,

$y = -1+t, \ z = 3t$

將直線的 x, y, z 代入平面內，得：$2(1 + 2t) + (-1 + t) - 3t = 3 \Rightarrow t = 1$

所以直線和平面交於一點，交點為 $x = 1 + 2t = 3, y = -1 + t = 0, z = 3t = 3$，即交點為 $(3, 0, 3)$

例 17 將直線的 x, y, z 代入平面內，得：

$(1 + 2t) - (-t) + 2(2 + at) = b$

$\Rightarrow (3 + 2a)t = b - 5$

(1) 直線 L 與平面 E 交於一點（能解得唯一的 t 解）：

$(3 + 2a) \neq 0 \Rightarrow a \neq -\dfrac{3}{2}, \ b \in \mathbf{R}$

(2) 直線 L 躺在平面 E 上（能解得無窮多的 t 解（即解得 $0 = 0$））：

$(3 + 2a) = 0$ 且 $(b - 5) = 0$

$\Rightarrow a = -\dfrac{3}{2}, \ b = 5$

(3) 直線 L 與平面 E 平行（不能解出 t 解（例如解得 $0 \cdot t = 1$））：

$(3 + 2a) = 0$ 且 $(b - 5) \neq 0$

$\Rightarrow a = -\dfrac{3}{2}, \ b \neq 5$

例 18 (a) 令此直線的方向向量為 (a, b, c)，因它與二平面的法向量垂直，所以內積為 0

$\Rightarrow 1 \cdot a + 2 \cdot b - 3 \cdot c = 0$ 且 $1 \cdot a - 1 \cdot b + 1 \cdot c = 0$

$\Rightarrow a : b : c = \begin{vmatrix} i & j & k \\ 1 & 2 & -3 \\ 1 & -1 & 1 \end{vmatrix} = 1 : 4 : 3$。

(b) 找出此交線上的任一點：

令 $z = 0$，平面方程式變成 $x + 2y = 0$ 和 $x - y = 3$，

解聯立方程式，得 $x = 2$，$y = -1$，又 $z = 0$，

所以參數式為 $\dfrac{x-2}{1} = \dfrac{y+1}{4} = \dfrac{z}{3}$

例 19 取直線上的任一點 $(0, -1, 3)$，求它到平面的距離，

即為 $\dfrac{|1 \cdot 0 - 2 \cdot (-1) + 0 \cdot 3 + 3|}{\sqrt{1^2 + (-2)^2 + 0^2}} = \dfrac{5}{\sqrt{5}} = \sqrt{5}$

例 20 先將 E_2 改成 $x + 2y + 3z = \dfrac{1}{2}$，

所以其距離為 $\dfrac{\left|1 - \dfrac{1}{2}\right|}{\sqrt{1^2 + 2^2 + 3^2}} = \dfrac{1}{2\sqrt{14}}$

$= \dfrac{\sqrt{14}}{28}$

例 21 距離 $=$

$\sqrt{(2t-1)^2 + (-1+t-2)^2 + (2-t-1)^2}$

$= \sqrt{6t^2 - 12t + 11}$，

所以當 $t = \dfrac{-(-12)}{2 \cdot 6} = 1$ 時有最小值，

其最小值（距離）為

$\sqrt{\dfrac{4 \cdot 6 \cdot 11 - 12^2}{4 \cdot 6}} = \sqrt{5}$

例 22 求 L_2 上的一點 $(-3, 4, 0)$ 到 $L_1 : x = 2t$, $y = 1 + t, z = -2 - t$ 的距離，

距離 $=$

$\sqrt{(2t+3)^2 + (1+t-4)^2 + (-2-t-0)^2}$

$= \sqrt{6t^2 + 10t + 22}$，

所以當 $t = \dfrac{-(10)}{2 \cdot 6} = \dfrac{-5}{6}$ 時有最小值，

其最小值（距離）為

$$\sqrt{\frac{4 \cdot 6 \cdot 22 - 10^2}{4 \cdot 6}} = \sqrt{\frac{107}{6}} = \frac{\sqrt{642}}{6}$$

例23 先 求 包 含 $x = \dfrac{y}{2} = -z + 4\left(= \dfrac{z-4}{-1}\right)$ 且

$\dfrac{x-3}{2} = \dfrac{y+1}{-2} = z - 2$ 平行的平面方程

式， 即 $\begin{vmatrix} x & y & z-4 \\ 1 & 2 & -1 \\ 2 & -2 & 1 \end{vmatrix} = 0 \Rightarrow y + 2z -$

$8 = 0$，

而點 $(3, -1, 2)$ 到此直線的距離為

$$\frac{|-1 + 2 \cdot 2 - 8|}{\sqrt{1^2 + 2^2}} = \frac{5}{\sqrt{5}} = \sqrt{5}$$

例24 角平分線平面方程式為

$$\frac{|x - 2y + 2z - 4|}{\sqrt{1^2 + (-2)^2 + 2^2}} = \frac{|2x + y - 2z - 3|}{\sqrt{2^2 + 1^2 + (-2)^2}}$$

$$\Rightarrow \frac{(x - 2y + 2z - 4)}{3} = \frac{(2x + y - 2z - 3)}{3} \text{ 或}$$

$$\frac{(x - 2y + 2z - 4)}{3} = -\frac{(2x + y - 2z - 3)}{3}$$

$$\Rightarrow x + 3y - 4z = -1 \text{ 或 } 3x - y = 7$$

例25 $\begin{vmatrix} \vec{i} & \vec{j} & \vec{k} \\ 1 & 2 & -1 \\ 2 & -1 & 1 \end{vmatrix} = \vec{i} - 3\vec{j} - 5\vec{k}$，其方向向量

為 $(1, -3, -5)$

例26 $\begin{vmatrix} \vec{i} & \vec{j} & \vec{k} \\ 2 & 0 & 1 \\ -1 & 2 & 1 \end{vmatrix} = -2\vec{i} - 3\vec{j} + 4\vec{k} \Rightarrow$ 垂直的向

量為 $(-2, -3, 4)$

例27 $\begin{vmatrix} \vec{i} & \vec{j} & \vec{k} \\ 2 & 3 & 1 \\ 1 & 0 & -3 \end{vmatrix} = -9\vec{i} + 7\vec{j} - 3\vec{k}$

$\Rightarrow a : b : c = -9 : 7 : -3$

例28 設 P，Q 分別在 L_1 上和 L_2 上與公垂線

的交點，則

$P : x = -1 + 2t, y = 3 - 2t, z = t$ 和 $Q :$

$x = s, y = 2s, z = 4 - s$，$\overrightarrow{PQ} = (s + 1 - 2t, 2s - 3 + 2t, 4 - s - t)$

(1) $\overrightarrow{PQ}$ 垂直 $L_1 \Rightarrow (2, -2, 1)(s + 1 - 2t, 2s - 3 + 2t, 4 - s - t) = 0 \Rightarrow 3t + s = 4$

(2) $\overrightarrow{PQ}$ 垂直 $L_2 \Rightarrow (1, 2, -1)(s + 1 - 2t, 2s - 3 + 2t, 4 - s - t) = 0 \Rightarrow t + 2s = 3$

由 (1)(2) $\Rightarrow t = 1, s = 1 \Rightarrow P$ 點為 $(1, 1, 1)$，

Q 點為 $(1, 2, 3)$

公垂線的方程式為 $\dfrac{y-1}{1} = \dfrac{z-1}{2}, x = 1$

例29 (1) $\Delta = \begin{vmatrix} 1 & 2 & 1 \\ 1 & -1 & 1 \\ 1 & 1 & 2 \end{vmatrix} = -3 \neq 0$，所以其恰

有一解（三平面交於一點）。

(2) $\Delta = \begin{vmatrix} 1 & 2 & 1 \\ 2 & 4 & 2 \\ 1 & 1 & 1 \end{vmatrix} = 0$，

$\Delta_x = \begin{vmatrix} 1 & 2 & 1 \\ 3 & 4 & 2 \\ 2 & 1 & 1 \end{vmatrix} = -1 \neq 0$，

所以其為無解

（二平面 $x + 2y + z = 1, 2x + 4y + 2z = 3$ 平行）。

(3) $\Delta = \begin{vmatrix} 1 & 2 & 1 \\ 2 & 4 & 2 \\ 1 & 1 & 1 \end{vmatrix} = 0$，

$\Delta_x = \begin{vmatrix} 1 & 2 & 1 \\ 2 & 4 & 2 \\ 2 & 1 & 1 \end{vmatrix} = 0$，

$\Delta_y = \begin{vmatrix} 1 & 1 & 1 \\ 2 & 2 & 2 \\ 1 & 2 & 1 \end{vmatrix} = 0$，

$\Delta_z = \begin{vmatrix} 1 & 2 & 1 \\ 2 & 4 & 2 \\ 1 & 1 & 2 \end{vmatrix} = 0$

其為無窮多組解。

（二平面 $x + 2y + z = 1, 2x + 4y + 2z = 2$ 重疊且與第三平面交於一線）。

(4) $\Delta = \begin{vmatrix} 1 & 2 & 1 \\ 2 & 4 & 2 \\ 3 & 6 & 3 \end{vmatrix} = 0$，其為無解（三平

面平行）

(5) $\Delta = \begin{vmatrix} 1 & 2 & 1 \\ 2 & 4 & 2 \\ 3 & 6 & 3 \end{vmatrix} = 0$，其為無解（二平

面重疊且與第三平面平行）

例30 (1) $\Delta = \begin{vmatrix} 1 & 0 & 1 \\ -1 & 1 & 2 \\ 0 & 1 & 1 \end{vmatrix} = -2 \neq 0$，

所以向量 $(1, 2, 3)$ 可以表示成向量 $(1, 0, 1)$、$(-1, 1, 2)$ 和 $(0, 1, 1)$ 的線性組合

(2) $(1, 2, 3) = x(1, 0, 1) + y(-1, 1, 2) + z(0, 1, 1)$

$\Rightarrow \begin{cases} x - y = 1 \\ y + z = 2 \\ x + 2y + z = 3 \end{cases}$ $\Rightarrow$ 解得 $x = 1, y = 0,$

$z = 2$

所以 $(1, 2, 3) = 1 \cdot (1, 0, 1) + 0 \cdot (-1, 1, 2) + 2 \cdot (0, 1, 1)$

Chapter **13** 矩陣　　解答

例 1

(1) $A + B = \begin{bmatrix} 1 & 3 & -2 \\ 0 & 2 & 1 \\ 2 & -3 & -1 \end{bmatrix} + \begin{bmatrix} 3 & -1 & 1 \\ -2 & 1 & 0 \\ -1 & 2 & 1 \end{bmatrix}$

$= \begin{bmatrix} 4 & 2 & -1 \\ -2 & 3 & 1 \\ 1 & -1 & 0 \end{bmatrix}$

(2) $3A = 3 \times \begin{bmatrix} 1 & 3 & -2 \\ 0 & 2 & 1 \\ 2 & -3 & -1 \end{bmatrix} = \begin{bmatrix} 3 & 9 & -6 \\ 0 & 6 & 3 \\ 6 & -9 & -3 \end{bmatrix}$

(3) $3A - 2B = 3 \times \begin{bmatrix} 1 & 3 & -2 \\ 0 & 2 & 1 \\ 2 & -3 & -1 \end{bmatrix}$

$-2 \begin{bmatrix} 3 & -1 & 1 \\ -2 & 1 & 0 \\ -1 & 2 & 1 \end{bmatrix} = \begin{bmatrix} 3 & 9 & -6 \\ 0 & 6 & 3 \\ 6 & -9 & -3 \end{bmatrix}$

$- \begin{bmatrix} 6 & -2 & 2 \\ -4 & 2 & 0 \\ -2 & 4 & 2 \end{bmatrix} = \begin{bmatrix} -3 & 11 & -8 \\ 4 & 4 & 3 \\ 8 & -13 & -5 \end{bmatrix}$

例 2 $\begin{bmatrix} 10 & -25 & -5 \\ 7 & -2 & 10 \end{bmatrix}$

例 3 $3\begin{bmatrix} x & y \\ z & w \end{bmatrix} = \begin{bmatrix} x & 6 \\ 1 & x \end{bmatrix} + \begin{bmatrix} 4 & x+6 \\ z+6 & 2 \end{bmatrix}$

$\Rightarrow \begin{bmatrix} 3x & 3y \\ 3z & 3w \end{bmatrix} = \begin{bmatrix} x & 6 \\ 1 & x \end{bmatrix} + \begin{bmatrix} 4 & x+6 \\ z+6 & 2 \end{bmatrix}$

$\Rightarrow \begin{cases} 3x = x+4 \\ 3y = 6+x+6 \\ 3z = 1+z+6 \\ 3w = x+2 \end{cases}$

$\Rightarrow x = 2, y = \dfrac{14}{3}, z = \dfrac{7}{2}, w = \dfrac{4}{3}$

例 4 $\begin{bmatrix} 1 & 2 \\ 2 & 3 \end{bmatrix}\begin{bmatrix} 1 & 3 & 2 \\ 2 & 0 & 1 \end{bmatrix}$

$= \begin{bmatrix} 1 \cdot 1 + 2 \cdot 2 & 1 \cdot 3 + 2 \cdot 0 & 1 \cdot 2 + 2 \cdot 1 \\ 2 \cdot 1 + 3 \cdot 2 & 2 \cdot 3 + 3 \cdot 0 & 2 \cdot 2 + 3 \cdot 1 \end{bmatrix}$

$= \begin{bmatrix} 5 & 3 & 4 \\ 8 & 6 & 7 \end{bmatrix}$

例 5 (1) $\begin{bmatrix} 11 & -6 & 14 \\ 1 & 2 & -14 \end{bmatrix}$，(2) 無法相乘

例 6 (1) $AB = \begin{bmatrix} 1 \\ 2 \\ 3 \end{bmatrix}\begin{bmatrix} 2 & 1 & 2 \end{bmatrix} = \begin{bmatrix} 2 & 1 & 2 \\ 4 & 2 & 4 \\ 6 & 3 & 6 \end{bmatrix}$

(2) $BA = \begin{bmatrix} 2 & 1 & 2 \end{bmatrix}\begin{bmatrix} 1 \\ 2 \\ 3 \end{bmatrix} = 2 + 2 + 6 = 10$

例 7 (1) $\begin{bmatrix} 5 & -19 & -6 \\ 1 & 4 & 17 \end{bmatrix}$，(2) 無法相乘

例 8 $\begin{bmatrix} 0 & 0 \\ 0 & 0 \\ 0 & 0 \end{bmatrix}$

例 9 (1) $\begin{bmatrix} -3 & -3 \\ \dfrac{5}{2} & 2 \end{bmatrix}$，(2) $\begin{bmatrix} \dfrac{4}{3} & 2 \\ -\dfrac{5}{3} & -2 \end{bmatrix}$，

(3) $\begin{bmatrix} 0 & 0 \\ \dfrac{1}{2} & 1 \end{bmatrix}$

例 10 設 $A = \begin{bmatrix} 1 & 0 \\ 0 & 0 \end{bmatrix}, B = \begin{bmatrix} 1 & 1 \\ 2 & 3 \end{bmatrix}, C = \begin{bmatrix} 1 & 3 \\ 2 & 4 \end{bmatrix}$

則 $BA = \begin{bmatrix} 1 & 1 \\ 2 & 3 \end{bmatrix}\begin{bmatrix} 1 & 0 \\ 0 & 0 \end{bmatrix} = \begin{bmatrix} 1 & 0 \\ 2 & 0 \end{bmatrix}$

$CA = \begin{bmatrix} 1 & 3 \\ 2 & 4 \end{bmatrix}\begin{bmatrix} 1 & 0 \\ 0 & 0 \end{bmatrix} = \begin{bmatrix} 1 & 0 \\ 2 & 0 \end{bmatrix}$

$\therefore BA = CA$ 但 $B \neq C$

例 11 $ABC = \begin{bmatrix} 2 & -1 & 1 \\ 1 & 2 & 1 \end{bmatrix}\begin{bmatrix} 3 \\ 1 \\ -1 \end{bmatrix}\begin{bmatrix} 1 & -1 \end{bmatrix}$

$$= \begin{bmatrix} 4 \\ 4 \end{bmatrix} \begin{bmatrix} 1 & -1 \end{bmatrix} = \begin{bmatrix} 4 & -4 \\ 4 & -4 \end{bmatrix}$$

例12 其可寫成 $\begin{bmatrix} 2 & 3 \\ 1 & -2 \end{bmatrix} \begin{bmatrix} x \\ y \end{bmatrix} = \begin{bmatrix} 4 \\ 3 \end{bmatrix}$。

其增廣矩陣為 $\begin{bmatrix} 2 & 3 & 4 \\ 1 & -2 & 3 \end{bmatrix}$

例13 其增廣矩陣為 $\begin{bmatrix} 1 & -2 & 1 & -1 \\ 2 & 1 & 0 & 2 \\ 0 & -2 & 1 & -3 \end{bmatrix}$，（註：

常數要放在等號右邊）

例14 (a) 此方程組的增廣矩陣為

$$\begin{bmatrix} 1 & 1 & 1 & 1 \\ 1 & -1 & 1 & 2 \\ 1 & 0 & 1 & c \end{bmatrix}$$，用「列相等」運算後，

$$\begin{bmatrix} 1 & 1 & 1 & 1 \\ 0 & -2 & 0 & 1 \\ 0 & 0 & 0 & 2c-3 \end{bmatrix}$$

(1) 若 $2c-3 \neq 0$，即 $c \neq \dfrac{3}{2}$，其為

無解。

(2) 若 $2c-3 = 0$，即 $c = \dfrac{3}{2}$，其為無

窮多組解。

(3) 此題沒有唯一解的情況

(b) $\begin{bmatrix} 1 & c & 3 \\ 1 & -1 & 3 \end{bmatrix} \Rightarrow \begin{bmatrix} 1 & c & 3 \\ 0 & -1-c & 0 \end{bmatrix}$

(1) 若 $-1-c = 0$，即 $c = -1$，其為

無窮多組解。

(2) 若 $-1-c \neq 0$，即 $c \neq 1$，其為

唯一解。

(3) 此題沒有無解的情況

例15 $x = 3, y = 2$

〔註：用增廣矩陣知，其中一個方程式

是其他二個的組合〕

例16 將 a, b, x, y 看成未知數，解上述四個聯

立方程式，可得

$x = 3, y = 4, a = 1, b = 2$

例17 甲將 a 看錯，所以將 $x = 1$、$y = 1$ 代入 (2)

式，得 $2 + b = 3 \Rightarrow b = 1$

乙將 b 看錯，所以將 $x = 2$、$y = -1$ 代

入 (1) 式，得 $2a - 2 = 4 \Rightarrow a = 3$

將 a, b 代入原方程式，解得

$x = 2, y = -1$

例18 (a) $a \neq 1$ 且 $a \neq -2$ 時，有一解；

(b) $a = 1$ 時，有無窮多解；

(c) $a = -2$ 時，無解

例19 $A^{-1} = \dfrac{1}{11} \begin{bmatrix} 4 & -3 \\ 1 & 2 \end{bmatrix}$

例20 可令 $A = \begin{bmatrix} 1 & 2 \\ 3 & -1 \end{bmatrix}$，$\vec{x} = \begin{bmatrix} x \\ y \end{bmatrix}$，$\vec{b} = \begin{bmatrix} 5 \\ 1 \end{bmatrix}$，

則 $A\vec{x} = \vec{b}$（前面同乘 A^{-1}）$\Rightarrow A^{-1}A\vec{x} =$

$A^{-1}\vec{b} \Rightarrow \vec{x} = A^{-1}\vec{b}$，可解得 x, y。

A 的反矩陣為

$$A^{-1} = \dfrac{1}{\begin{vmatrix} 1 & 2 \\ 3 & -1 \end{vmatrix}} \begin{bmatrix} -1 & -2 \\ -3 & 1 \end{bmatrix} = \begin{bmatrix} \dfrac{1}{7} & \dfrac{2}{7} \\ \dfrac{3}{7} & -\dfrac{1}{7} \end{bmatrix}$$

$$\vec{x} = A^{-1}\vec{b} = \begin{bmatrix} \dfrac{1}{7} & \dfrac{2}{7} \\ \dfrac{3}{7} & -\dfrac{1}{7} \end{bmatrix} \begin{bmatrix} 5 \\ 1 \end{bmatrix} = \begin{bmatrix} 1 \\ 2 \end{bmatrix}$$

所以 $x = 1, y = 2$

例23 (1) $\begin{bmatrix} 2 & 3 \\ -1 & 1 \end{bmatrix} \begin{bmatrix} 1 \\ 2 \end{bmatrix} = \begin{bmatrix} 8 \\ 1 \end{bmatrix}$

(2) $\begin{bmatrix} 2 & 3 \\ -1 & 1 \end{bmatrix} \begin{bmatrix} 2 \\ -1 \end{bmatrix} = \begin{bmatrix} 1 \\ -3 \end{bmatrix}$。

例24 $\begin{bmatrix} 2 & 3 \\ -1 & 1 \end{bmatrix} \begin{bmatrix} a \\ b \end{bmatrix} = \begin{bmatrix} 2 \\ -1 \end{bmatrix}$

$\Rightarrow \begin{bmatrix} a \\ b \end{bmatrix} = \begin{bmatrix} 2 & 3 \\ -1 & 1 \end{bmatrix}^{-1} \begin{bmatrix} 2 \\ -1 \end{bmatrix}$

又 $\begin{bmatrix} 2 & 3 \\ -1 & 1 \end{bmatrix}^{-1} = \dfrac{1}{\begin{vmatrix} 2 & 3 \\ -1 & 1 \end{vmatrix}} \begin{bmatrix} 1 & -3 \\ 1 & 2 \end{bmatrix}$

$$= \begin{bmatrix} \dfrac{1}{5} & -\dfrac{3}{5} \\ \dfrac{1}{5} & \dfrac{2}{5} \end{bmatrix}$$

代入得 $\begin{bmatrix} a \\ b \end{bmatrix} = \begin{bmatrix} 2 & 3 \\ -1 & 1 \end{bmatrix}^{-1} \begin{bmatrix} 2 \\ -1 \end{bmatrix}$

$$= \begin{bmatrix} \dfrac{1}{5} & -\dfrac{3}{5} \\ \dfrac{1}{5} & \dfrac{2}{5} \end{bmatrix} \begin{bmatrix} 2 \\ -1 \end{bmatrix} = \begin{bmatrix} 1 \\ 0 \end{bmatrix}$$

所以 **$a = 1$，$b = 0$**

例 25 令線性變換矩陣 $A = \begin{bmatrix} a & b \\ c & d \end{bmatrix}$，則

$\begin{bmatrix} a & b \\ c & d \end{bmatrix} \begin{bmatrix} 1 \\ 2 \end{bmatrix} = \begin{bmatrix} 1 \\ 2 \end{bmatrix} \Rightarrow \begin{cases} a + 2b = 1 \cdots\cdots(1) \\ c + 2d = 2 \cdots\cdots(2) \end{cases}$

$\begin{bmatrix} a & b \\ c & d \end{bmatrix} \begin{bmatrix} 3 \\ 4 \end{bmatrix} = \begin{bmatrix} 2 \\ -1 \end{bmatrix} \Rightarrow \begin{cases} 3a + 4b = 2 \cdots\cdots(3) \\ 3c + 4d = -1 \cdots\cdots(4) \end{cases}$

由 (1)(3) 式解得：$a = 0, b = 0.5$

由 (2)(4) 式解得：$c = -5, d = 3.5$

所以線性變換矩陣 $A = \begin{bmatrix} \mathbf{0} & \mathbf{0.5} \\ \mathbf{-5} & \mathbf{3.5} \end{bmatrix}$

例 26 (1) $\begin{cases} x' = x + h \\ y' = y + k \end{cases} \Rightarrow \begin{cases} x' = 2 + 5 = 7 \\ y' = 3 + 8 = 11 \end{cases}$，新坐

標值為 **(7, 11)**

(2)

$\begin{cases} x' = x\cos\theta - y\sin\theta = 2\cos30° - 3\sin30° = \dfrac{2\sqrt{3} - 3}{2} \\ y' = x\sin\theta + y\cos\theta = 2\sin30° + 3\cos30° = \dfrac{2 + 3\sqrt{3}}{2} \end{cases}$

新坐標值為 $(\dfrac{\mathbf{2\sqrt{3} - 3}}{\mathbf{2}}, \dfrac{\mathbf{2 + 3\sqrt{3}}}{\mathbf{2}})$

(3) $\begin{cases} x' = x \cdot S_x = 2 \cdot 2 = 4 \\ y' = y \cdot S_y = 3 \cdot \dfrac{1}{4} = \dfrac{3}{4} \end{cases}$，新坐標值為

$(\mathbf{4}, \dfrac{\mathbf{3}}{\mathbf{4}})$

(4) $\begin{cases} x' = x + ky = 2 + 4 \cdot 3 = 14 \\ y' = y = 3 \end{cases}$，新坐標值

為 **(14, 3)**

(5) $\begin{cases} x' = x = 2 \\ y' = y + kx = 3 + 5 \cdot 2 = 13 \end{cases}$，新坐標值

為 **(2, 13)**

例 27 $\triangle ABC$ 的面積 $= \dfrac{1}{2} \cdot 3 \cdot 4 = 6$

$\triangle A'B'C'$ 的面積 $= |\begin{vmatrix} 5 & 6 \\ 9 & 8 \end{vmatrix}| \cdot \triangle ABC$ 的面

積 $| = |(-14) \cdot 6| = \mathbf{84}$

Chapter 14 圓錐曲線　解答

例 1　$\sqrt{(x-5)^2 + y^2} = \dfrac{|x+5|}{\sqrt{1^2+0^2}}$

$\Rightarrow (x-5)^2 + y^2 = (x+5)^2$

$\Rightarrow \boldsymbol{y^2 = 20x}$

例 2　$\sqrt{(x-1)^2 + (y-2)^2} = \dfrac{|3x+4y-1|}{\sqrt{3^2+4^2}}$

$\Rightarrow (x-1)^2 + (y-2)^2 = \dfrac{(3x+4y-1)^2}{25}$

$\Rightarrow 25(x^2 - 2x + 1 + y^2 - 4y + 4) = 9x^2 + 16y^2 + 1 + 24xy - 6x - 8y$

$\Rightarrow \boldsymbol{16x^2 - 24xy + 9y^2 - 44x - 92y + 124 = 0}$

例 3　由「準線 $x = -2$」知，此拋物線方程式為 $(y-k)^2 = 4a(x-h)$ 的形式。由標準式知：頂點 $(h, k) = (1, 2)$，準線 $x - 1 + a = 0 \Rightarrow 1 - a = -2 \Rightarrow a = 3$，所以拋物線為 $(y-k)^2 = 4a(x-h)$，也就是 $(y-2)^2 = 4 \cdot 3(x-1) \Rightarrow$

$\boldsymbol{(y-2)^2 = 12(x-1)}$

例 4　由標準式知 $a + h = 1, k = 2, h - a = -2$

$\Rightarrow h = \dfrac{1-2}{2} = \dfrac{-1}{2}, k = 2, a = \dfrac{1+2}{2} = \dfrac{3}{2}$

所以拋物線方程式為 $\boldsymbol{(y-2)^2 = 6(x+\dfrac{1}{2})}$

例 5　由「頂點 $(1, 2)$，焦點 $(5, 2)$」知，其為 $(y-k)^2 = 4a(x-h)$ 的形式

由標準式知：$h = 1, k = 2, a + h = 5$

$\Rightarrow a = 5 - 1 = 4$。所以拋物線方程式為

$\boldsymbol{(y-2)^2 = 16(x-1)}$

例 6　由「對稱軸 $y = 2$」知，其為 $(y-k)^2 = 4a(x-h)$ 的形式

由標準式知：$h = 1, k = 2$ 且可設拋物線方程式為 $(y-2)^2 = 4a(x-1)$

再用 $(0, 0)$ 代入方程式內，可求出 $a = -1$。所以拋物線方程式為

$\boldsymbol{(y-2)^2 = -4(x-1)}$

例 7　已知對稱軸為 $y = 2$，且通過 $(3, 2)$ 和 $(7, 4)$，方程式可設為 $(y-2)^2 = 4a(x-h)$，再將 $(3, 2)$ 和 $(7, 4)$ 代入方程式內，可求出 $a = \dfrac{1}{4}$ 和 $h = 3$。所以拋物所以線方程式為

$\boldsymbol{(y-2)^2 = (x-3)}$

例 8　對稱軸平行於 x 軸，方程式可設為 $y^2 + ax + by + c = 0$，再將點 $(1, 2)$、$(3, 0)$ 和 $(9, -2)$ 代入，則 $a = -2, b = -4, c = 6$，拋物線方程式為 $\boldsymbol{y^2 - 2x - 4y + 6 = 0}$

例 9　拋物線方程式為

$\sqrt{(x-1)^2 + (y-2)^2} = \dfrac{|x+y|}{\sqrt{1^2+1^2}}$

$\Rightarrow (x-1)^2 + (y-2)^2 = \dfrac{(x+y)^2}{2}$

$\Rightarrow \boldsymbol{x^2 - 2xy + y^2 - 4x - 8y + 10 = 0}$

例 10　(1) 新拋物線方程式為 $\boldsymbol{(y-8)^2 = 20(x-5)}$

(2) 新拋物線方程式為

$(\dfrac{y}{3})^2 = 20 \cdot (\dfrac{x}{2}) \Rightarrow \boldsymbol{y^2 = 90x}$

例 11　新拋物線方程式為 $y^2 - 4x - 4y - 8 = 0$

$\Rightarrow y^2 - 4y + 4 = 4x + 12$

$\Rightarrow (y-2)^2 = 4(x+3)$

而原拋物線方程式為 $(y+1)^2 = 4(x-2)$

即 $(x-h) - 2 = x + 3 \Rightarrow h = -5$，即 x 軸坐標平移 -5 單位距離（往左平移 5 單位），

$(y-k) + 1 = y - 2 \Rightarrow k = 3$，即 y 軸坐標平移 3 單位距離（往上平移 3 單位），

所以 $\boldsymbol{h = -5, k = 3}$

例 12 若舊拋物線方程式為 $y^2 = 4ax$，則新拋物線方程式為 $y^2 = 4a \cdot t \cdot x$

$\Rightarrow a = 2$, $4at = 4$ $\Rightarrow t = \dfrac{1}{2}$

例 13 已知二焦點為 $(1, 0)$、$(1, 8)$，長軸長 10，所以橢圓方程式可設為

$\dfrac{(x-h)^2}{b^2} + \dfrac{(y-k)^2}{a^2} = 1$，中心點

$(h, k) = (1, 4)$，

$c = \dfrac{8-0}{2} = 4$，

長軸長 $2a = 10 \Rightarrow a = 5$,

$b = \sqrt{5^2 - 4^2} = 3$，

所以橢圓方程式為 $\dfrac{(x-1)^2}{9} + \dfrac{(y-4)^2}{25} = 1$

例 14 已知中心點為 $(1, 2)$，長軸長 6，短軸長 4，且長軸平行 x 軸，所以橢圓方程式為 $\dfrac{(x-1)^2}{3^2} + \dfrac{(y-2)^2}{2^2} = 1$

例 15 已知二焦點 $(1, 2)$、$(1, 8)$，且通過點 $(1, 10)$，其中心點為 $(1, 5)$，

$2a = \sqrt{(1-1)^2 + (10-2)^2} + \sqrt{(1-1)^2 + (10-8)^2}$

$= 10 \Rightarrow a = 5$，$c = \dfrac{8-2}{2} = 3$，

$b = \sqrt{a^2 - c^2} = \sqrt{5^2 - 3^2} = 4$，

所以橢圓方程式為 $\dfrac{(x-1)^2}{16} + \dfrac{(y-5)^2}{25} = 1$

例 16 由題目知，已知的二頂點為短軸的頂點，所以其中心點為 $(1, 6)$，短軸 $b = \dfrac{10-2}{2} = 4$，

$c = 4 - 1 = 3$，

長軸 $a^2 = b^2 + c^2 \Rightarrow a = \sqrt{4^2 + 3^2} = 5$，

所以橢圓方程式為

$\dfrac{(x-1)^2}{25} + \dfrac{(y-6)^2}{16} = 1$

例 17 中心點 $(3, 2)$，$b = |5-3| = 2$, $c = |4-2| = 2$，而 $a^2 = b^2 + c^2 = 8$

$\Rightarrow$ 橢圓方程式 $\dfrac{(x-3)^2}{4} + \dfrac{(y-2)^2}{8} = 1$

例 18 橢圓方程式為

$$\sqrt{(x-1)^2 + (y-2)^2} + \sqrt{(x-7)^2 + (y-10)^2} = 12$$

例 19 (1) 新橢圓方程式為

$$\dfrac{(x-5)^2}{4} + \dfrac{(y-8)^2}{8} = 1$$

(2) 新橢圓方程式為

$$\dfrac{x^2}{4 \cdot (3)^2} + \dfrac{y^2}{8 \cdot (2)^2} = 1 \Rightarrow \dfrac{x^2}{36} + \dfrac{y^2}{32} = 1$$

例 20 新橢圓方程式為 $8x^2 + 4y^2 - 32x + 24y + 36 = 0$

$\Rightarrow 8(x^2 - 4x + 4) + 4(y^2 + 6y + 9) = -36 + 32 + 36 = 32$

$\Rightarrow \dfrac{(x-2)^2}{\dfrac{32}{8}} + \dfrac{(y+3)^2}{\dfrac{32}{4}} = 1$

$\Rightarrow \dfrac{(x-2)^2}{4} + \dfrac{(y+3)^2}{8} = 1$

即 $(x - h) = x - 2 \Rightarrow h = 2$，圖形向右平移 2 單位距離，

$(y - k) = y + 3 \Rightarrow k = -3$，圖形向上平移 -3 單位距離，即向下平移 3 單位，所以 $h = 2$，$k = -3$

例 21 若舊橢圓方程式為 $\dfrac{x^2}{4} + \dfrac{y^2}{8} = 1$，則新橢圓方程式為 $\dfrac{x^2}{16} + \dfrac{y^2}{32} = 1$

$\Rightarrow 4 \cdot t^2 = 16$, $\Rightarrow t = 2$

例 22 若雙曲線的二焦點為 $(1, 2)$、$(1, 12)$，貫軸長 8，則其中心點座標為 $(1, 7)$，又

$a = \dfrac{8}{2} = 4$，$c = \dfrac{12-2}{2} = 5$，

$b = \sqrt{5^2 - 4^2} = 3 \Rightarrow$ 雙曲線方程式為

$\dfrac{(y-7)^2}{16} - \dfrac{(x-1)^2}{9} = 1$

例 23 若雙曲線的二焦點為 $(1, 2)$、$(1, 12)$，經過點 $(3, 1)$，則其中心點座標為 $(1, 7)$，又 $c = \dfrac{12-2}{2} = 5$，$2a =$

$|\sqrt{(3-1)^2 + (1-2)^2} - \sqrt{(3-1)^2 + (1-12)^2}|$

$= 4\sqrt{5}$

$\Rightarrow a = 2\sqrt{5}$，$b = \sqrt{5^2 - \left(2\sqrt{5}\right)^2} = \sqrt{5}$，雙

曲線方程式為 $\dfrac{(y-7)^2}{20} - \dfrac{(x-1)^2}{5} = 1$

例 24 若雙曲線的中心點為 $(2, -3)$，一頂點 $(5, -3)$，一焦點 $(-3, -3)$，則 $a = |5 - 2| = 3$，$c = |-3 - 2| = 5$，$c^2 = a^2 + b^2 \Rightarrow b = 4$。所以雙曲線方程式為

$$\Rightarrow \frac{(x-2)^2}{9} - \frac{(y+3)^2}{16} = 1$$

例 25 中心點座標 $(2, -3)$ 和 $a = \dfrac{|5-(-1)|}{2} = 3$，$c = |-3-2| = 5$

$\Rightarrow b = 4$，所以雙曲線方程式為

$$\Rightarrow \frac{(x-2)^2}{9} - \frac{(y+3)^2}{16} = 1$$

例 26 雙曲線方程式可設為 $(4x + 3y + 1)(4x - 3y - 17) = k$，再將點 $(5, -3)$ 代入 $\Rightarrow$ $(20 - 9 + 1)(20 + 9 - 17) = k \Rightarrow k = 144$

所以雙曲線方程式為 $(4x + 3y + 1)(4x - 3y - 17) = 144 \Rightarrow \dfrac{(x-2)^2}{9} - \dfrac{(y+3)^2}{16} = 1$

例 27 雙曲線方程式可設為 $(4x + 3y + 1)(4x - 3y - 17) = k$

$\Rightarrow 16(x - 2)^2 - 9(y + 3)^2 = k$

$\Rightarrow \dfrac{(x-2)^2}{\dfrac{k}{16}} - \dfrac{(y+3)^2}{\dfrac{k}{9}} = 1$，而

$(h \pm c, k) = (-3, -3) \Rightarrow (2 \pm c, -3) = (-3, -3) \Rightarrow c = 5$ 且 $a^2 = \dfrac{k}{16}, b^2 = \dfrac{k}{9}$

$\Rightarrow c^2 = a^2 + b^2 \Rightarrow 25 = \dfrac{k}{16} + \dfrac{k}{9} \Rightarrow k = 144$

所以雙曲線方程式為

$$\Rightarrow \frac{(x-2)^2}{9} - \frac{(y+3)^2}{16} = 1$$

例 28 若雙曲線的二焦點為 $(7, -3)$、$(-3, -3)$，一漸近線斜率為 $\dfrac{4}{3}$，則其中心點為 $(2, -3)$，而 $c = \dfrac{|7-(-3)|}{2} = 5$，其方程式可設為 $\dfrac{(x-2)^2}{a^2} - \dfrac{(y+3)^2}{b^2} = 1$，其一漸近線斜率為 $m = \dfrac{b}{a} = \dfrac{4}{3}$，而 $c^2 = a^2 + b^2$，

可解得 $a^2 = 9$，$b^2 = 16$，所以此雙曲線

為 $\dfrac{(x-2)^2}{9} - \dfrac{(y+3)^2}{16} = 1$

例 29 (1) 新雙曲線方程式為

$$\frac{(x-5)^2}{4} - \frac{(y-8)^2}{8} = 1$$

(2) 新雙曲線方程式為

$$\frac{x^2}{4 \cdot (3)^2} - \frac{y^2}{8 \cdot (2)^2} = 1 \Rightarrow \frac{x^2}{36} - \frac{y^2}{32} = 1$$

例 30 新雙曲線方程式為 $8x^2 - 4y^2 - 32x - 24y - 36 = 0$

$\Rightarrow 8(x^2 - 4x + 4) - 4(y^2 + 6y + 9) = 36 + 32 - 36 = 32$

$\Rightarrow \dfrac{(x-2)^2}{\dfrac{32}{8}} - \dfrac{(y+3)^2}{\dfrac{32}{4}} = 1$

$\Rightarrow \dfrac{(x-2)^2}{4} - \dfrac{(y+3)^2}{8} = 1$

即 $(x - h) = x - 2 \Rightarrow h = 2$，圖形向右平移 2 單位距離，

$(y - k) = y + 3 \Rightarrow k = -3$，圖形向上平移 -3 單位距離，即向下平移 3 單位，所以 $h = 2$，$k = -3$

例 31 若舊雙曲線方程式為 $\dfrac{x^2}{4} - \dfrac{y^2}{8} = 1$，則新雙曲線方程式為 $\dfrac{x^2}{16} - \dfrac{y^2}{32} = 1$

$\Rightarrow 4 \cdot t^2 = 16, \Rightarrow t = 2$

例 32 設 $P(x, y)$ 為軌跡上的一點，則有兩種可能

(1) $\dfrac{\sqrt{(x-1)^2 + (y-2)^2}}{\sqrt{(x-5)^2 + (y-0)^2}} = \dfrac{1}{2}$

$\Rightarrow \dfrac{(x-1)^2 + (y-2)^2}{(x-5)^2 + y^2} = \dfrac{1}{4}$

$\Rightarrow 3x^2 + 3y^2 + 2x - 16y - 5 = 0$

$\Rightarrow x^2 + y^2 + \dfrac{2}{3}x - \dfrac{16}{3}y - \dfrac{5}{3} = 0$，其為

一圓，圓心為 $\left(-\dfrac{d}{2}, -\dfrac{e}{2}\right) = \left(-\dfrac{1}{3}, \dfrac{8}{3}\right)$，

半徑為

$\dfrac{\sqrt{d^2 + e^2 - 4f}}{2} = \dfrac{\sqrt{\left(\dfrac{2}{3}\right)^2 + \left(-\dfrac{16}{3}\right)^2 - 4\left(-\dfrac{5}{3}\right)}}{2}$

$=\dfrac{4\sqrt{5}}{3}$。所以其為一圓，圓心$=$

$(-\dfrac{1}{3}, \dfrac{8}{3})$，半徑$=\dfrac{4\sqrt{5}}{3}$

(2) $\dfrac{\sqrt{(x-5)^2+(y-0)^2}}{\sqrt{(x-1)^2+(y-2)^2}}=\dfrac{1}{2}$

$\Rightarrow \dfrac{(x-5)^2+y^2}{(x-1)^2+(y-2)^2}=\dfrac{1}{4}$

$\Rightarrow 3x^2+3y^2-38x+4y+95=0$

$\Rightarrow x^2+y^2-\dfrac{38}{3}x+\dfrac{4}{3}y+\dfrac{95}{3}=0$，其

為一圓，圓心為$\left(-\dfrac{d}{2}, -\dfrac{e}{2}\right)=\left(\dfrac{19}{3}, -\dfrac{2}{3}\right)$

半徑為

$$\dfrac{\sqrt{d^2+e^2-4f}}{2}$$

$$=\dfrac{\sqrt{\left(\dfrac{-38}{3}\right)^2+\left(\dfrac{4}{3}\right)^2-4\left(\dfrac{95}{3}\right)}}{2}$$

$$=\dfrac{\sqrt{320}}{6}=\dfrac{4\sqrt{5}}{3}$$

其也可能圓心$=(\dfrac{19}{3}, -\dfrac{2}{3})$，半徑$=\dfrac{4\sqrt{5}}{3}$

例 33 (1) 其為橢圓方程式，其二焦點為

$(3 , 2), (3 , -4) \Rightarrow$ 中心點 $(3 , -1)$，

$c=\dfrac{2-(-4)}{2}=3$

方程式可令為 $\dfrac{(x-3)^2}{b^2}+\dfrac{(y+1)^2}{a^2}=1$，

因距離和為 $10 \Rightarrow 2a=10$ 得 $a=5$，

而 $c^2=a^2-b^2 \Rightarrow b^2=a^2-c^2=25-9=16$

所以方程式為 $\dfrac{(x-3)^2}{16}+\dfrac{(y+1)^2}{25}=1$

(2) 其為雙曲線方程式，其二焦點為 $(3 , 2), (3 , -4) \Rightarrow$ 中心點 $(3 , -1)$，

$c=\dfrac{2-(-4)}{2}=3$

方程式可令為 $\dfrac{(y+1)^2}{a^2}-\dfrac{(x-3)^2}{b^2}=1$

因距離差為 $4 \Rightarrow 2a=4$ 得 $a=2$，而 $c^2=a^2+b^2 \Rightarrow b^2=5$

所以方程式為 $\dfrac{(y+1)^2}{4}-\dfrac{(x-3)^2}{5}=1$

例 34 (1) 為一圓 $\Rightarrow k+5=2k+5 \Rightarrow k=0$，

(2) 為一橢圓 $\Rightarrow k+5>0$ 且 $2k+5>0$ 且 $k+5 \neq 2k+5$

$\Rightarrow k>-5$ 且 $k>\dfrac{-5}{2}$ 且 $k \neq 0$

$\Rightarrow k>\dfrac{-5}{2}$ 且 $k \neq 0$，

(3) 為一雙曲線

$\Rightarrow (k+5)(2k+5)<0 \Rightarrow -5<k<\dfrac{-5}{2}$，

例 35 (1) $\overline{AB}$ 的中垂線；(2) 雙曲線；(3) 兩射線（以 A，B 為端點，方向相反的兩射線）；(4) 無此圖形；(5) 無此圖形；(6) $\overline{AB}$；(7) 橢圓。